Alexander von Prónay
Das große Buch vom Horoskop

ALEXANDER VON PRÓNAY

DAS GROSSE BUCH VOM
HOROSKOP

MOEWIG

FÜR MEINE KLIENTEN

Originalausgabe
© 1994 by Verlagsunion Erich Pabel-Arthur Moewig KG, Rastatt
Alle Rechte vorbehalten
Umschlagentwurf und -gestaltung: Werbeagentur Zeuner, Ettlingen
Umschlagillustration: Gerhard Vehns
Satz: Typo Design Hecker GmbH, Heidelberg
Druck und Bindung: Ebner Ulm
Printed in Germany 1994
ISBN 3-8118-1263-7

Inhalt

Die Partnerschaftsanalyse 135

Leben mit dem Horoskop 144

Entscheidungen – Sorgen – Probleme 144

Das Horoskop – Ein Meditationsbild 219

LAIENASTROLOGIE

Die Zeitungsastrologie –
Entstehung und Entwicklung

Neugier ist eine starke Triebfeder. Sie beflügelt auch unser verständliches Verlangen zu erfahren, was die Zukunft bringt. Die Medien nützen das für ihr lukratives Geschäft mit den Sternen aus. Daß die *Laienastrologie* überhaupt funktioniert, hat im wesentlichen drei Ursachen.

Die Menschen sind nicht nur neugierig, sondern zudem unverbesserlich wundergläubig. Alles Geheimnisvolle, Mysteriöse reizt, wenn es nur einigermaßen glaubhaft erscheint, unsere Vernunft zu betrügen. Der Alltag ist ja schließlich grausam genug, uns alle Blütenträume vom großen Glück zu zerschlagen und uns unbarmherzig immer wieder auf den Boden der Realität herunterzuziehen. So hoffen wir, daß unsere Zuversicht auf morgen, auf eine bessere Zeit sich doch irgendwie realisieren möchte. Gleichzeitig sind die Menschen zu bequem, sich kritisch damit auseinanderzusetzen, wie sie von den Medien hinters Licht geführt werden. Weil man es gar nicht so genau wissen will, nimmt man willig Steine statt Brot.

In der Gegenwart haben die Medien die *Sterndeutung* als wundervoll brauchbar für ihr Geschäft entdeckt. Sie scheint die Neugier zu befriedigen, den Glauben an Wunder zu nähren, und da ohnedies die meisten nur völlig unklare Vorstellungen davon haben, was der „Blick in die Sterne" überhaupt erkennen läßt, kommt auch das Odium des Geheimnisvollen nicht zu kurz. Gern kolportieren die

Medien immer wieder möglichst sensationelle Voraussagen. Ersatzweise druckt oder sendet man Diskussionen pro und contra über den Wahrheitsgehalt der Astrologie, um das Interesse an Zeitungs-„Horoskopen" wachzuhalten.

Was an der ganzen Sache verwundert, ist der Umstand, daß es die ominösen Zeitungs-„Horoskope" erst seit 1930 gibt. War denn die Presse vorher weniger geschäftstüchtig? Keineswegs. Nur war die Hemmschwelle zu früherer Zeit größer, jemanden für dumm zu verkaufen. Um die Astrologie nach einer Abstinenz von zweihundert Jahren überhaupt ins Gespräch zu bringen, mußte schon einiges geschehen. Schließlich war es zuletzt in der Zeit Goethes möglich, sich über Horoskope zu unterhalten, ohne sich der Lächerlichkeit preiszugeben.

Bis zur Jahrhundertwende war Astrologie tot, mausetot, denn die Welt war fasziniert vom technischen Fortschritt: vom elektrischen Licht, von Telegraph, Telephon, Automobil, von den großen Erfindungen der Physiker und Chemiker, von Röntgenstrahlen und Dynamit, das den Bau von Kanälen ermöglichte und den Bergbau revolutionierte, von den Entdeckungen der Medizin. Die ungeheure Fortschrittsgläubigkeit schlug auf alle Gebiete durch, einschließlich der Politik. Nur das wissenschaftlich Beweisbare zählte. Horoskope konnten diesem Anspruch nicht gerecht werden. Mit ihnen beschäftigten sich allenfalls Kulturhistoriker und einige Forscher, die sich vom Wahrheitsgehalt überzeugt hatten.

Zwar gab es in Europa auch im vergangenen Jahrhundert da und dort astrologische Studiengruppen, doch der entscheidende Anstoß kam aus den USA. Früher hieß es: „ex oriente lux" – aus dem Osten kommt das Licht. Seit dem Ende des 1. Weltkrieges kommt vieles, was unsere Zivilisation beeinflußt, aus Amerika. Auch die Geschäftemacherei mit der Zeitungsastrologie hat dort ihre tiefste Wurzel.

Die Erfolgsstory der Evangeline Adams

Räumlich war es von New Jersey nach New York auch vor hundert Jahren nur ein Katzensprung, doch keineswegs für die 34 Jahre alte Miss *Evangeline Adams* (1865–1932). Sie hatte sich diese Weltstadt als Schauplatz für das Abenteuer ihres Lebens auserkoren und sich darauf gut vorbereitet. Nichts fesselte die Dame mehr als Horoskope, seit sie sich an Hand einiger alter Bücher das Wichtigste über Astrologie selbst beigebracht hatte. Wie alle Astrologen überzeugt, den Schlüssel zum Verständnis der Menschen und der Welt zu besitzen, wollte diese junge Frau auf ihre Weise Karriere machen. Es war ein modernes amerikanisches Märchen wie das vom Tellerwäscher, der zum Millionär wurde.

Der Startschuß zu ihrer ganz ungewöhnlichen Karriere, die sie nach ihrem Horoskop sorgfältig geplant hatte, fiel am Donnerstag, dem 16. März 1899. An diesem Tag hatte die unternehmungslustige Dame in ihrer Heimatstadt New Jersey den Zug bestiegen und war nach New York gefahren. Eine Droschke brachte sie samt ihren beiden Koffern mit der Garderobe und ihrem Schatz, den astrologischen Büchern und Tabellen, zum Windsor-Hotel. Ihre Eintragung „Astrologin" ins Gästebuch war damals höchst ungewöhnlich und weckte das Interesse des Hotelbesitzers. Sie kamen ins Gespräch, und Miss Adams erbot sich, ihm sein Horoskop zu stellen. Über das, was sie herausfand, mußte sie sehr erschrocken sein, denn ihr Biograph berichtet, daß sie feststellte, daß dieser Mann „sich unter einer der schlimmsten möglichen Kombinationen von Planeten befand – was zu Umständen führen mußte, deren Unfreundlichkeit erschreckend war". Miss Adams zögerte jedenfalls nicht, noch am selben Abend ihre Erkenntnisse dem Hotelier mitzuteilen.

Im Morgengrauen des nächsten Tages brannte das Hotel bis auf die Grundmauern nieder, wobei die Tochter des Besitzers und mehrere weitere Mitglieder seiner Familie getötet wurden. Der Hotelier erzählte seine Geschichte der Presse, und Miss Adams' Ruf als fähige Astrologin war damit begründet. Schon sehr bald eröffnete die junge Dame über dem Konzertsaal der Carnegie Hall ein Studio, um dort Klienten zu beraten. Der Millionär *J.P. Morgan*, die Schauspielerin *Mary Pickford*, der Sänger *Enrico Caruso* und sogar der englische König *Edward VII.* zählten zu ihren Klienten.

Der persönliche Erfolg von Miss Adams hatte sich 1914 stark gefestigt, als es gegen sie einen Strafprozeß wegen Wahrsagerei gab. „In der Gerichtsverhandlung gab man ihr ein anonymes Horoskop zum Auslegen. Nach der Lektüre ihrer Interpretation erklärte der Richter, das Horoskop sei das seines Sohnes gewesen, und sie habe ihn in allen Punkten richtig beurteilt. In seinem Urteil sagte er, sie habe die ‚Astrologie zur Würde einer exakten Wissenschaft erhoben', und sprach sie frei.[1]

1930 wurde Evangeline Adams vom Radio entdeckt. Dreimal wöchentlich gestaltete sie ein astrologisches Rundfunkprogramm. Die Resonanz war enorm. Innerhalb eines Jahres bekam sie 4000 Briefe pro Tag, und als sie starb, kamen Tausende von Klienten, um die im Studio aufgebahrte Leiche zu sehen.[2]

Evangeline Adams' Berühmtheit war die Voraussetzung für das Interesse der Medien an ihr und an der Veröffentlichung astrologischer Voraussagen.

Ihren Tod 1932 hatte sie genau vorhergesagt. Eine dreiwöchige Vortragsreise, die ein paar Tage zuvor begonnen hätte, lehnte sie höflich ab.

Die Erfindung des Zeitungshoroskops durch R.H. Naylor im Jahre 1930

Auf dem europäischen Kontinent erfolgte der Durchbruch der Astrologie in der Presse im Vergleich zu Amerika entsprechend spät. Bekanntlich dauert es immer einige Jahre, bis das, was Vorreiter Amerika ausprobiert hat, sich in Europa niederschlägt. Es war der Astrologe *R.H. Naylor* (1899–1952), der 1930 in London die entsprechende Pionierarbeit leistete. Der Herausgeber des „Sunday Express" war selbst astrologisch interessiert und hatte von Miss Adams' Tätigkeit erfahren. Daher beauftragte er den ihm bekannten englischen Astrologen R.N. Naylor, das Horoskop der gerade geborenen Prinzessin *Margaret Rose* (*21.8.1930) zu stellen, der Tochter des späteren Königs *Georg VI.* Naylor kam der Aufforderung nach und entwarf in seinem Artikel im „Sunday Express" nicht nur ein Charakterbild, das sich später als durchaus zutreffend erwies, sondern er sagte auch voraus, daß sich Ereignisse von ungeheurer Bedeutung für die königliche Familie und die Nation um das siebte Lebensjahr der Prinzessin abspielen würden. Tatsächlich hatten wenige Monate vor ihrem siebten Geburtstag unvorhergesehene Ereignisse die Thronbesteigung ihres Vaters zur Folge, da ihr Onkel *Edward VIII.* auf den Thron verzichtete.

Doch als noch bedeutender für die Astrologie erwies sich ein weiterer Artikel, den der Herausgeber bei R.H. Naylor für die Ausgabe am 5.10.1930 bestellte. In diesem wies der Astrologe auf eine mögliche Gefahr für die britische Luftfahrt hin. Genau am Tage der Veröffentlichung stürzte das Luftschiff R-101 in Nordfrankreich ab. Das Sonntagsblatt machte massive Propaganda für Naylor, und er wurde über Nacht berühmt. Seitdem mochte es sich keine Zeitung oder Zeitschrift mehr leisten, auf regelmäßige Voraussagen zum Zeitgeschehen zu verzichten.

Naturgemäß fühlten sich von derlei astrologischen Zeitungsartikeln nicht alle Leser angesprochen. Daher galt es, eine Technik zu finden, die jedem Leser das Gefühl vermittelte, mit einbegriffen zu sein. Und so wurde R.H. Naylor derjenige, der die Tierkreiszeichen-Spalten erfand. Er unterteilte seine Prognosen in zwölf Abschnitte, einen für jeden, der beim Durchgang der Sonne durch ein bestimmtes Tierkreiszeichen geboren war.

Die Initiatoren solcher Zeitungs-„Horoskope" haben stets vorgegeben, die Tierkreiszeichen wären besonders wichtige Grundlagen der astrologischen Technik. Richtig ist hingegen, daß es auf den betreffenden Tag und auf die genaue Uhrzeit und den Ort der Geburt ankommt, um ein korrektes Horoskop zur Grundlage einer Charakterdeutung wie einer Prognose zu machen.

Die fortgesetzte Ausrichtung auf jeweils ganze Sonnenzeichen hat den Eindruck einer leichten Handhabung der Astrologie hervorgerufen, vor allem auch die Hemmschwelle abgebaut, sich mit ihr zu beschäftigen. Sie hat ihr aber in viel größerem Maß geschadet als genutzt, was alle jene bitter beklagen, denen Horoskope ein echtes Anliegen sind.

Ein gutes halbes Jahrhundert nach dem Aufkommen der Zeitungsastrologie ist diese populärer denn je, doch verdrängt sie auch zu sehr die wirkliche Chance, den Menschen eine brauchbare Hilfe zu leisten.

Die zwölf Tierkreiszeichen

Das Wissen um die zwölf Tierkreiszeichen ist heute ziemlich verbreitet. Zumindestens kennen die meisten ihr eigenes Sternzeichen, ohne damit allerdings rechte Kenntnisse zu verbinden. So ist es weithin unbekannt, daß die zwölf Abschnitte der Sonnenbahn eigentlich Zonen sind, die bestimmten Typen entsprechen, die durch jene Planeten chrakterisiert sind, die in diesen Feldern herrschen, d. h., die hier ihre stärkste Stellung haben.

Um für alle künftigen Überlegungen überhaupt eine gewisse Basis zu haben, sollen diese zwölf Grundformen der Tierkreiszeichen zunächst in einer lockeren Form besprochen werden. So kann sich jeder einige Gedanken machen, was die Zeitungsastrologie bietet und was sie offen läßt. Ergänzt wird die Darstellung durch die Symbole der Zeichen und durch Hinweise auf die Schicksalstendenzen dieser Typen. Eine uralte Tradition schreibt den reinen Sternzeichentypen ganz bestimmte Schicksalsaussichten zu, die natürlich im individuellen Horoskop beträchtlich modifiziert werden.

Widder (♈) – ein Zeichen des Mars (♂)

Widder gelten als entschluß- und einsatzfreudig, leidenschaftlich, betriebsam, machen keine Umstände und denken geradeaus. Ihr grenzenloser Optimismus macht sie aber auch unsensibel, banal, aggressiv oder gar roh. Widder brauchen Abwechslung, Aktion und Aufregungen. Dank ihres Selbstvertrauens und ihrer taktischen Begabung sind sie häufig Führernaturen, die „freie Hand" haben und sich unabhängig fühlen müssen.

Die Sonne zieht durch das Zeichen Widder ♈ vom 21.3.–20.4.

In der Liebe will der Widder der Erste und der Letzte sein. Als Partner oder Partnerin ist dieser Typ ungeduldig, streitsüchtig und oft gehörig halsstarrig, in Gesellschaft aber brillant und in materiellen Dingen nicht kleinlich.

Widder stürzen sich in jede Affäre voller Überzeugung, daß diese Liebe die einzig wahre seit Romeo und Julia sei. Sozusagen aus dem Stand springt der Widdertyp in den Liebesakt und sprüht ein Feuerwerk. Das Vorspiel ist ebenso kurz wie das Nachspiel. Widder treiben es gern oft, kurz und bündig. Ihre Überrumpelungstaktik ist primitiv, doch wirkungsvoll. Mit Vollgas geht's ins Bett, denn sie glühen vor Eifer und sind hemmungslos. Das Körperliche ist ihnen vor allem wichtig: Umarmen, Fühlen, Berühren.

Die Widder-Frau braucht Wärme und will feurige Liebesbezeigungen spüren. Weil der Widder ziemlich naiv ist, wird er auch erst eifersüchtig, wenn er merkt, daß er nicht der oder die einzige ist. Dann aber knallt's. Im Grunde ihrer Seele sind Widder romantisch. Der weibliche Widder kann eine sensible Träumerin sein, nur zeigt sie's nicht. In ihrem unschuldigen Glauben an Wunder wartet sie unverdrossen auf ihren Märchenprinzen. Im Umgang ist sie grundehrlich und offen, kann damit sogar verletzen, denn sie hält nicht hinterm Berg. Mit Geld und Zeit geht sie ebenso großzügig um wie mit der Treue. Energisch und blitzschnell in ihrer Auffassung, haßt der weibliche Widder die Langweile, ist fröhlich und kann sich begeistern. Der Partner darf nicht den Boß spielen wollen, obwohl sie sich im Grunde danach sehnt, beschützt zu werden. Weibliche Arglist ist ihr fremd. Erst verliebt sich ihr Herz, dann folgt der Verstand und danach das körperliche Verlangen. Wurde sie enttäuscht, schaltet sie auf absolute Selbständigkeit und reagiert frostig. Muß der männliche Widder tagaus, tagein am selben Platz die gleiche Arbeit tun, geht ihm das gewaltig gegen den Strich, denn er verabscheut Routine. Er ist ein guter Kollege, nimmt aber höchst ungern Befehle entgegen. Die Schwächen des Vorgesetzten werden schnell durchschaut und kritisiert.

Symbole und Analogien des Widders

WOCHENTAG: Dienstag;
FARBE: Rot,
ZAHL: 9;
METALL: Eisen;
EDELSTEINE: Diamant, Rubin;
KLEIDUNG: Uniform, Sportdreß;
HIMMELSRICHTUNG: Osten;
TIERE: Widder, Habicht, Adler, Ziege, Nachteule;
PFLANZEN: Zwiebel, Hanf, Ginster, Stechpalme; dürre und unfruchtbare Gegenden;
GEOGRAPHISCHE ZUORDNUNG: Deutschland, England als Teil Großbritanniens, Israel, Japan.

1. Können Sie von sich sagen, daß Sie selbstbewußt sind?
2. Handeln Sie am liebsten spontan, bisweilen übereifrig?
3. Befehlen Sie lieber, als sich unterzuordnen?
4. Legen Sie Wert darauf, es beruflich zu etwas zu bringen?
5. Gewiß haben Sie im Laufe Ihres Lebens gelernt, sich zu beherrschen. Fühlen Sie aber dennoch, daß Sie manchmal der Jähzorn packt?
6. Sind Sie rasch für eine Person entflammt, bzw. können Sie sich für eine Sache rasch begeistern?
7. Ist Ihnen bei Verhandlungen der direkte Weg lieber als ein diplomatischer Umweg?
8. Ist Ihnen Stillhalten ebenso zuwider wie eine Einschränkung Ihrer Freiheit?
9. Liegt Ihnen praktisches Arbeiten mehr als theoretische Überlegungen, die systematisches Vorgehen erfordern?
10. Fällt es Ihnen schwer, zuzuhören und Geduld zu haben?

Wenn Sie zehnmal mit „Ja" antworten, überwiegen bei Ihnen die Verhaltenseigenschaften des Widdertyps.

Für den reinen Widder-Typ, und nur für ihn, soll gelten, daß er einmal im Leben durch eine günstige Spekulation, durch ein Abenteuer oder ein Erlebnis ganz besonderer Art in glückliche Lebensumstände kommt. Er ist meistens das einzige Kind seiner Eltern. In seiner Jugend stößt er oft auf Hindernisse. Seine starke Lebenskraft verlangt nach Betätigung in der freien Natur. Er hat frühzeitig Begegnungen mit dem anderen Geschlecht und neigt auch schon in jungen Jahren zum Eheschluß; aber das Zusammenleben mit ihm ist selten harmonisch. Ein echter Widder bleibt nicht gern an einem Ort, er will und muß viel reisen.

Eine Ortsveränderung kann zum Anlaß einer gewissen Berühmtheit werden. Im Beruf ist er ehrenhaft und kann sozial aufsteigen. Allerdings wird er auch immer wieder Mißgeschicke erleben, vor allem, wenn er sich mit einer untergeordneten Stellung zufriedengeben muß. Persönliche Ziele erreicht er jedoch fast immer. Unglücksfälle verursacht ein Widder in der Regel selbst, wie er auch auf irgendeine Weise an seinem Tod selbst schuld hat.

Freunde sind ihm zwar bei seinem Aufstieg behilflich, werden ihm aber später durch Falschheit schaden. Obwohl er Streit nicht ausweicht, ist er gegenüber den Fehlern seiner Lieben und seiner Freunde nachgiebig. Streitigkeiten gibt es wegen Frauen oder in Verbindung mit Hab und Gut. Feinde erwachsen ihm durch sein öffentliches Auftreten oder aus den Kreisen der Wissenschaft oder der Religion. Wirkliche Feindschaften sind aber nur von kurzer Dauer und bringen keinen bleibenden Schaden.

Stier ♉ – ein Zeichen der Venus (♀)

Die Sonne zieht durch das Zeichen Stier (♉) vom 21.4. - 20.5.

Stiere leben fest auf dieser Erde, am liebsten unter einem stabilen Dach, unter dem sie sich mit der Familie wohl fühlen können. Ist der Kühlschrank gefüllt, kümmern sie sich allein um ihre Angelegenheiten. Als ein Berg an Zuverlässigkeit, Mut, Geduld und Überzeugungskraft ist der Stier weder launisch noch wehleidig. Dafür ist er dickköpfig und vergißt nie, was ihm jemand angetan hat. Der Stier will sanft behandelt werden. Hauptsächlich ist er besitzergreifend, denn er braucht Sicherheit, um sich wohl zu fühlen.

In der Liebe zeigt es sich, wie sinnlich, lustvoll und leidenschaftlich dieser Typ im Bett sein kann, vor allem, wenn er sich vorher an einer Schlemmerei erquickt hat. Nach Champagner und Kaviar startet ein Freudenfest der Erotik. Es kann lange dauern, denn Stiere sind unermüdlich, handeln kraftvoll, bedachtsam und wohlüberlegt.

„Mystische Kreativität" wird man an einem Stierpartner vermissen, dafür aber kann der Sex schon mal lustig sein. Stiere sind irdische Naturen, stark, herzlich, liebevoll. Die Stier-Frau ist treu wie Gold, hat als Lebensziel und Lebensraum ein gemütliches Zuhause. Es ist stets aufgeräumt, die Wäsche gebügelt und die Stromrechnung bezahlt. Keine Frage: Sie kocht wundervoll und ist eine perfekte Gastgeberin. Im Alltag macht es sich die Stierfrau gern bequem. Ein pingeliger Gatte wird es weniger schätzen, wenn sie den halben Tag mit Lockenwicklern im Haar umherläuft. Andererseits kann sie mit einem Wutausbruch reagieren, wenn der Partner die Schuhe auf dem neuen Teppich abtritt.

Bei der Stier-Frau hat nur Erfolg, wer ihr finanzielle Sicherheit bietet, ehrlich ist und kein Auge auf andere wirft. Ihre grenzenlose Eifersucht stammt aus der Angst, „ihn" zu verlieren, denn „er" ist ihr Besitz, an dem keiner und keine rütteln darf. Die Parole heißt in der Liebe wie im Leben: „Nur keine Experimente!" Stiere starten langsam, beobachten, wägen ihre Chancen, doch haben sie sich entschlossen, bringt nichts und niemand sie von ihrer Bahn ab.

Am Arbeitsplatz zeigen Stiere, welch ein phänomenales Gedächtnis sie haben, wie man eine Aufgabe praktisch angeht und realistisch löst. Lärm und Hektik wird jedoch nicht vertragen, und Ruhe und Entspannung sind zwischendurch nötig, um die Batterien aufzuladen. Im Umgang mit Geld ist dieser Typ ein As. Die Autorität des Vorgesetzten wird respektiert, solange seine Leistung anerkannt wird. Zuverlässig, verschwiegen, treu und fleißig – es kann keine besseren Mitarbeiter geben.

WOCHENTAG: Freitag;
FARBE: Blau, Kupfer;
ZAHL: 6;

Symbole und Analogien des Stiers

METALL: Kupfer;
EDELSTEINE: Achat, Karneol, Saphir, weiße Korallen und weiße Steine;
HIMMELSRICHTUNG: Nordost;
TIERE: Stier, Büffel, Bock, Taube, Nachtigall;
PFLANZEN: Apfel, Kirsche, Holunder, Flieder, Mangold, Akelei, Flachs; fruchtbare Landschaften, Ackerbaugebiete;
GEOGRAPHISCHE ZUORDNUNG: Polen, Holland, Schweiz, Schweden, Irland, Südrußland, teilw. China.

Sind Sie ein echter Stiertyp?

1. Erfreuen Sie sich an gutem Essen, schätzen Sie Tafelfreuden?
2. Mögen Sie im Alltagsleben und bei der Arbeit gelassene Routine lieber als Unruhe und Herumexperimentieren?
3. Verrichten Sie praktische Arbeiten methodisch, um Kraft und Zeit zu sparen?
4. Führen Sie Ihre Pläne konsequent durch?
5. Fassen andere Menschen rasch Vertrauen zu Ihnen?
6. Ist Ihnen häusliche Gemütlichkeit lieber als aufregender Zeitvertreib?
7. Haben Sie Sinn für Kunst und Musik?
8. Fühlen sich Gäste bei Ihnen wohl, weil Sie gesellig und humorvoll sind?
9. Halten Ihre Freundschaften lange?
10. Sind Sie überdurchschnittlich eifersüchtig?

Wenn Sie zehnmal mit „Ja" antworten, überwiegen bei Ihnen die Verhaltenseigenschaften des Stiertyps.

Die Schicksalstendenz des Stiertyps

Um seine materielle Zukunft braucht sich der reine Stiertyp nicht zu sorgen, denn er wird es durch seine Arbeit oder durch einen Gewinn zu beträchtlicher Wohlhabenheit bringen. In der Jugend allerdings sind die Erwerbsverhältnisse oft unsicher, festigen sich später jedoch. Empfängt die Stiersonne am Geburtstag harmonische Aspekte, wird sich dies als Schenkung oder Erbschaft auszahlen, schlechte aber verweisen auf Verluste, z. B. durch Prozesse. Das Verhältnis zu Geschwistern oder zu anderen nahen Verwandten ist weniger harmonisch. Dagegen sind die Beziehungen zu den Eltern, besonders zum Vater, gut. Stiergeborene haben meistens mehrere Kinder. Wenn ihre Ehe nicht frei von Streit und Disharmonien ist, dann teils wegen Geld, teils aus Eifersucht. Unterdrückt ein Stier seine Genußsucht, wird seine Lebenskraft für ein hohes Alter ausreichen. Die Zufriedenheit hängt oft von der materiellen Grundlage ab, häufig kann es wegen Besitzangelegenheiten zu Prozessen kommen. Todesfälle sind von großem Einfluß auf den Schicksalsgang. Freundschaften wechseln, und nur wenige werden sich als nützlich erweisen. Ja, Freunde, mit denen der Stiertyp sich geschäftlich verbindet, können sogar Verluste verursachen. Die wenigen Feinde lassen sich an den Fingern abzählen, doch können sie viel Kummer bereiten.

Zwillinge (♊) – ein Zeichen des Merkurs (☿)

Der Zwillingetyp hat zwei Seelen in der Brust. Gestern zärtlich, zurückhaltend, ruhig, gelegentlich wehmütig, heute reizbar, zynisch, mißtrauisch, beleidigend. Morgen ist der Irrwisch, der Träume und Ideen wie Konfetti verstreut, ein blendender Unterhalter, konservativ, gelassen. Zwillinge sind Gaukler, engagieren sich heute hier, morgen da, politisch, sozial und immer überzeugt. Neugier und Experimentierfreudigkeit werden nicht von jedem Partner leicht verkraftet. Zwillinge können anstrengen und auf die Nerven gehen. Sie selbst mißtrauen engen Beziehungen, weil sie zu Recht eine Einschränkung ihrer Bewegungsfreiheit fürchten. Wer mit leichtem Gepäck reist, sich weder an Orte noch an Personen gebunden fühlt, hat kaum das Zeug zum Familienmenschen. Dafür sind Zwillinge

Die Sonne zieht durch das Zeichen Zwillinge ♊ vom 21.5.–21.6.

21

viel zu sehr mit sich, ihren Launen und Plänen beschäftigt, um eifersüchtig zu sein.

Zwar vermögen Zwillinge den Partner oder die Partnerin durch ihren Charme und ihre Munterkeit zu fesseln, doch ist es nicht jedermanns Sache, bei der Liebe zu diskutieren, Witze zu erzählen, zu theoretisieren, zu rechnen, zu analysieren oder zu verurteilen. Zwillinge sind Verstandesmenschen. Andererseits können sie Illusionen erzeugen und dem Partner ein ganz normales Bett erscheinen lassen, als stünde es im Harem eines Sultans. Die heitere Zwillingedame kann den Partner wahnsinnig irritieren, wenn sie im falschen Moment lacht. Ebenso kann sie aber einen Orkan der Leidenschaft entfesseln oder zu anderer Zeit still, zärtlich und voller Zuneigung sein. Zwillinge stecken eben voller Überraschungen, haben plötzlich das Bedürfnis, sich in der Natur auf einer Wiese leidenschaftlich zu lieben, und finden jederzeit Abswechslungen. Ruhelosigkeit ist ein Wesenszug dieser Patenkinder des Merkurs, die durch Vielseitigkeit, schnelle Auffassungsgabe und geschicktes Urteilen glänzen. Die weniger erfreulichen Seiten sind Doppelzüngigkeit, Unzuverlässigkeit, Launenhaftigkeit und die Neigung, mit ihrem brillanten Scharfsinn intellektuellen Terror auszuüben.

Geschäftlich sind die Zwillinge auf Draht, sie können Eskimos Eiswürfel verkaufen, betreiben PR-Agenturen, einen Verlag, sind Journalisten, die über dem neuesten Klatsch sogar den Sex vergessen, oder sie sind Vertreter, die durch die Hintertür wieder hereinkommen, wenn man sie vorn hinausgeworfen hat. Die sprachbegabten Zwillinge haben glänzende Ideen und können reden, reden, reden. Routine hat der Zwilling rasch über, doch verzettelt er sich zu schnell. Dennoch kann er Theorien meistens besser und schneller in die Praxis umsetzen als irgendein anderes Tierkreiszeichen.

WOCHENTAG: Mittwoch;

FARBE: alle hellen und frischen Töne, auch Lichtgrün und Hellblau;

ZAHLEN: 5, 7;

METALL: Quecksilber;

EDELSTEINE: Beryll, Topas, Aquamarin;

KLEIDUNG: Konfektion;

HIMMELSRICHTUNG: Nordost;

TIERE: Affe, Fuchs, Libelle, Schwalbe, Sperling, Papagei;

PFLANZEN: Birke, Lärche, Lorbeer, Jasmin, Schafgarbe; hochgelegene sonnige Landschaften;

GEOGRAPHISCHE ZUORDNUNG: USA, Belgien, Westengland, Nordostafrika, Unterägypten.

1. Reisen Sie gern?
2. Lieben Sie die Abwechslung mehr als das Bekannte oder die Routine?
3. Haben Sie gern zwei Eisen im Feuer?
4. Reden Sie gern?
5. Urteilen Sie durchaus mit dem Verstand, also nicht nach Ihrem Gefühl?
6. Bewältigen Sie Ihre Arbeit mit Schwung?
7. Sind Sie in Ihrer Freizeit lieber mit anderen zusammen als allein?
8. Wenn Sie Ihr Herz verlieren sollten, müßte Sie der Partner mit Geist und Witz fesseln?
9. Sind Sie in Ihren Ansichten, auch was die Ehe und sexuelle Moral angeht, tolerant?
10. Fällt es Ihnen schwer, sich für längere Zeit auf eine bestimmte Sache zu konzentrieren, die Sie weniger interessiert?

Wenn Sie zehnmal mit „Ja" antworten, überwiegen bei Ihnen die Verhaltenseigenschaften des Zwillingetyps.

Das Schicksal des reinen Zwillingetyps ist oft mit dem anderer Menschen verknüpft, weil er sich stark für andere interessiert. Ihnen gegenüber ist er tolerant und nachsichtig, wenn aufgebracht, aber auch schnell wieder versöhnt. Ruhelosigkeit, Angst und Selbstquälerei lassen den Lebensgang unstet ausfallen. Größeren Wechselfällen ist auch der materielle Besitz unterworfen, so daß gute Zeiten mit mageren Jahren wechseln können. Daher macht der Zwillingetyp während seines Lebens zweierlei entgegengesetzte Erfahrungen: Einerseits muß er entbehren, andererseits kann aus dem vollen geschöpft werden. In der Familie gibt es Geheimnisse oder eigentümliche Vorgänge, die Kummer bereiten. Auf ein gutes Verhältnis zu Geschwistern und sonstigen Verwandten wird Wert gelegt. Kinder sind zwar zahlreich, doch machen sie nicht nur Freude. Gleichermaßen verursachen Untergebene Ungemach und Sorgen. Untreue in einer Partnerschaft kann zwar nach außen hin vertuscht werden, doch bleibt es oft bei Schwierigkeiten mit dem anderen Geschlecht. Der reine Zwillingetyp „heiratet" in der Regel zweimal (doch Standesamt steht nicht in den Sternen). Um die Lebensmitte stören Schwierigkeiten mit Vorgesetzten oder Behörden die innere Harmonie. Solche Feindseligkeiten können der Ehre und dem Ansehen schaden. Die vielen Freunde meinen es nur selten gut, und heimliche Feinde erweisen sich als ausdauernd und hartnäckig; selbst der Ehepartner kann zu diesen zählen. Allerdings wird eine glückliche Fügung über Verleumdung und Mißgeschick siegen lassen.

Krebs (♋) – das Zeichen des Mondes (☽)

Krebse wechseln die Stimmung wie der Mond seine Lichtgestalt. Sie sind ebenso rätselhaft wie Ebbe und Flut. Mal ist dieser Mond-Typ rührend-gutmütig und freundlich-gesprächig, an anderen Tagen verdrossen, deprimiert und schweigsam. Man sollte sich nicht darauf verlassen, daß er immer Zurückhaltung übt. Krebse können durchaus aggressiv sein. Als Vertreter eines kardinalen Tierkreiszeichens möchten Krebse gern, daß sich alles um sie dreht, und sie tun einiges dafür.

Eines aber muß man dem Krebs-Typ bescheinigen: Familiensinn. Das Urteil seiner Mutter bewertet der Krebs noch höher als seinen Instinkt, was etwas heißt. Wer sich mit einem Krebs-Mann einläßt, sollte dessen Werteskala kennen: Obenan rangiert die Mutter, dann sein eigenes Heim, Geld, Kinder, exquisites Essen und geistreiche Gespräche. Nicht zu übersehen ist die Eifersucht, die er sogar genießen kann. Seine Schwächen sind die Abhängigkeit von Stimmungen, Übersensibilität und Verletzbarkeit. Auf den Flügeln seiner Phantasie schwebt er ins Zauberreich der Elfen oder plant weite Seereisen. Die Fähigkeit, sich in andere einzufühlen, macht ihn in Geschäften ebenso erfolgreich wie beim anderen Geschlecht. In der Intimbeziehung sucht er Liebe, Zärtlichkeit, denn Gefühl ist ihm alles.

Die Krebs-Frau reagiert ebenso. Was sie besitzt, will sie behalten, koste es, was es wolle. Nie verzichtet sie auf etwas, das ihr am Herzen liegt oder woran sie einst gehangen hat: alte Freunde, vergilbte Liebesbriefe, Omas alter Seidenschal. Kinder sind der wahre Lebensinhalt einer Krebsmutter. Nur schätzen es die meisten nicht, bis ans Ende der Tage kontrolliert zu werden. Zu den drei Hauptwünschen der Krebs-Frau – Heirat, Kinder, Geld – kommt noch das Verlangen nach Zuneigung und Sicherheit.

Die Krebs-Frau ist eine der femininsten Typen. Deshalb kultiviert sie die traditionellen weiblichen Tugenden. Sie wirtschaftet auch mit schmalem Haushaltsgeld, sorgt für gutes Essen und ein geschmackvolles Heim. Das richtet sie am liebsten mit Erbstücken stilvoll ein. Freilich erwartet sie auch, daß man ihre Leistung anerkennt. Sie vergißt kein Lob, erst recht nicht aber eine Kränkung. So heiter und locker sie sich gibt, registriert sie jedes falsche Wort oder jede Geste und wägt ab, ob sie auch aufrichtig gemeint ist.

Zu den starken Seiten des Krebs-Naturells gehören Ausdauer und Zähigkeit. Wer den Charakter einer Krebs-Frau nach ihren Tränen beurteilen wollte, hätte keine Menschenkenntnis. Nicht, daß ihre Hilflosigkeit gespielt wäre. Sie macht nur den Eindruck, als ginge es nicht ohne starke Schultern zum Anlehnen und Ausweinen.

Symbole und Analogien des Krebses

WOCHENTAG: Montag;

FARBE: Weiß, Grün;

ZAHLEN: 2, 7;

METALL: Silber, Platin;

EDELSTEINE: Smaragd, Bernstein, Mondstein, Koralle, weiße Perle;

KLEIDUNG: Schiffer-, Segelkleidung;

HIMMELSRICHTUNG: Nord;

TIERE: Krebs, Frosch, Schnecke, Muscheln, Fledermaus, Hund;

PFLANZEN: Gurke, Kürbis, Melone, Seerose, Anemone, Tulpe; wasserreiche, am Meer gelegene Landschaften;

GEOGRAPHISCHE ZUORDNUNG: Schottland, holländische Küste, Neuseeland, Nordwestafrika.

Sind Sie ein echter Krebstyp?

1. Sind Sie eher gefühlvoll als nüchtern-sachlich?
2. Hängen Sie an Ihrer Heimat, an der Tradition, beeinflußt Sie also die Vergangenheit?
3. Sind Sie weich und von Stimmungen abhängig?
4. Kapseln Sie sich gegen Fremde zunächst ab, bevor Sie auftauen?
5. Sind Sie nachtragend, wenn man Sie gekränkt hat?
6. Mögen Sie Malerei und Musik?
7. Schätzen Sie ein unauffälliges Leben mehr, als im Mittelpunkt zu stehen?
8. Achten Sie auf Ihre Gesundheit?
9. Handeln Sie eher vorsichtig als spontan?

10. Passen Sie sich Ihrem Partner bzw. Ihrer Partnerin an?

Wenn Sie zehnmal mit „Ja" antworten, überwiegen bei Ihnen die Verhaltenseigenschaften des Krebstyps.

Eine Klippe für die Daseinsgestaltung kann der häufige Wechsel in Freundschaften sein, wodurch sich der reine Krebstyp erbitterte Feinde schafft. Sein Leben gestaltet sich im allgemeinen wechselvoll. Wohlstand oder reicher Besitz ist nur mit Mühe zu erlangen und schwer zu erhalten. Oft geht auch eine Hinterlassenschaft verloren. Verluste können im Zusammenhang mit einer Liebessache oder durch Kinder entstehen. Die zweite Lebenshälfte ist besser als die erste. Mit Geschwistern oder anderen Verwandten gibt es häufiger Verdruß. Der Krebstyp hat meistens einige Kinder, um die er sich Sorgen macht. Zwar ist er vielen Gefahren ausgesetzt, doch hilft ihm eine gute Fügung zur rechten Zeit weiter. Die Ehe ist bisweilen weniger glücklich, als es Außenstehenden scheint; mitunter werden, durch die Umstände bedingt, mehrere Verbindungen eingegangen.

Die Schicksalstendenz des Krebstyps

Durch eine Heirat kann der Krebs an ein Erbe kommen, muß sich aber mit Rechtsschwierigkeiten auseinandersetzen. Typisch sind für den Krebs weite Reisen, Aufenthalt an Gewässern oder am Meer, woraus ihm materielle Vorteile erwachsen. Seine Jugend verläuft stürmisch. Bis zum mittleren Lebensalter muß sich der Krebs immer wieder mit beruflichen Hindernissen oder Schwierigkeiten auseinandersetzen. Erst nach dem 35. Lebensjahr werden die Verhältnisse sicherer, und vieles regelt sich zum Besten. Etwa ab dieser Zeit stehen ihm Freunde oder Freundinnen auch treu zur Seite. Da dem Krebstyp Verleumdung oder üble Nachrede droht, sollte er sich so verhalten, daß heimliche Widersacher, die hinterlistig und schlau zu Werke gehen, ihm nicht schaden können. Beruflich liegt dem Krebstyp eine fürsorgliche oder verwaltende Tätigkeit. Typisch sind aber auch für dieses Tierkreiszeichen Schauspieler, Erzieher, Angestellter, Krankenschwester.

Löwe (♌) – das Zeichen der Sonne (☉)

Die Sonne zieht durch das Zeichen Löwe ♌ vom 23.7.–23.8.

Wird der Löwe verwöhnt und ist frei von jeder Bevormundung, geht es dem Löwen gut, dann ist er der wahre König, ein generöser Herr im Haus. Doch ist sein Stolz verletzt, schmollt oder brüllt er. Er ist ein geborener Schauspieler, der alle Register ziehen kann – von nobel, tapfer, liebenswert bis hin zu arrogant, rechthaberisch und geltungssüchtig. Seine Rollen spielt er indessen nicht, sondern lebt sie. Das macht ihn unwiderstehlich. Ob beim Flirten oder in der Not, der Löwe behält einen kühlen Kopf. Daher ist er der geborene Herrscher und Beschützer. In das Element seines Lebens, die Liebe, legt er alles: Temperament, Leidenschaft, Seele. Nicht, daß er sich beim Vorspiel lange aufhält, er kommt rasch zur Sache. Doch sein sicherer Instinkt sagt ihm, was seine Partnerin wirklich von ihm erwartet. Sie soll die Königin im Ehebett sein. Doch besitzen wird sie ihn nie. Er dagegen demonstriert ständig, wie sehr er die Freiheit braucht und sich herausnimmt, was er der Partnerin verweigert.

Die Löwe-Frau ist aus ähnlichem Holz – stolz, distanziert – und weiß doch, wie verzehrend das Feuer der Leidenschaft brennt. Deshalb heizt sie es an, steigert die Raffinesse der intimen Begegnung. Sie zu lieben, ist eine lebenslange Aufgabe, der nur ein ganzer Mann gewachsen ist. Wer hält schon Überheblichkeit, Eitelkeit und Egozentrik aus, auch wenn der Liebhaber königlich belohnt wird? Diese wahre Dame mag nicht zugeben, was ihr Rang fordert. So tarnt sie sich nach außen hin als sparsam. Fühlt sie einen Mangel an Bewunderung, wird sie nicht angebetet, reagiert sie mit Desinteresse oder stillt ihr Bedürfnis an Romantik durch Flucht in ihre Vergangenheit.

Der Gatte einer Löwe-Frau sollte betucht sein, um ihr den gebührenden Lebensstil zu bieten. Wird es aber mal klamm, packt sie ebenso entschlossen zu, wie sie auch ihre Kinder verteidigt.

Löwen lieben Exklusives, kaufen gern um der Sache willen oder um sich von anderen abzuheben. Das Sozialprestige der Löwen ist beträchtlich, weshalb sie auch ein leichtes Opfer aller Schmeichler und Schönredner werden. Für dumm verkaufen läßt sich der Löwe zwar nicht, doch macht ihn die Eifersucht gelegentlich blind.

Wer so veranlagt ist, muß auch im Beruf die erste Geige spielen. Je nach der sozialen Ebene muß er Boß sein, sei es als Vorarbeiter oder Direktor. Anpassung oder gar Unterordnung fallen schwer. Echte Leistung allerdings erkennt er an, denn als tüchtiger Organisator weiß er sie zu schätzen.

WOCHENTAG: Sonntag;
FARBEN: Gold, Goldgelb, Orange;
ZAHLEN: 1, 4;
METALL: Gold;
EDELSTEINE: Diamant, Rubin, Hyazinth;
KLEIDUNG: Ornat; halsfrei, tiefer Ausschnitt;
HIMMELSRICHTUNG: Nordwest;
TIERE: Löwe, Tiger, Luchs, Hahn, Drache, Hirsch;
PFLANZEN: Sonnen- und Schlüsselblume, Rose, Eiche, Anis, Kamille, Fenchel; felsige Gegenden;
GEOGRAPHISCHE ZUORDNUNG: Italien, Sizilien, Frankreich, Nordrumänien, Böhmen.

1. Sind Sie stark von sich selbst überzeugt, glauben Sie also an sich?
2. Imponieren Sie anderen oder wollen es zumindest?
3. Sind Sie sich Ihrer Fähigkeiten und Talente, Begabungen bewußt?
4. Lieben Sie Partys oder Geselligkeit?

5. Organisieren Sie Ihr Leben und Ihre Arbeit?
6. Setzen Sie sich an Ihrem Arbeitsplatz oder in Ihrer Umwelt durch?
7. Bemühen Sie sich, gerecht zu urteilen?
8. Sind Sie mutig, wenn es darauf ankommt?
9. Hat es ein Betrüger leicht, wenn er Ihnen als Bewunderer schmeichelt oder Sie bei Ihrer Ehre packt?
10. Sind Sie sehr eifersüchtig?

Wenn Sie zehnmal mit „Ja" antworten, überwiegen bei Ihnen die Verhaltenseigenschaften des Löwetyps.

Die Schicksalstendenz des Löwetyps Mut, eine der besten Eigenschaften des Löwetyps, wird diesen nach oben bringen. Machtsucht, Anmaßung und Verschwendung können ihn aber stürzen lassen. Der Löwetyp erringt Ehre und Ansehen durch eigenes Verdienst. Ehrgeiz und Fleiß lassen ihn eine einträgliche Position einnehmen. Wer von diesem, dem stärksten Zeichen des Tierkreises beeinflußt ist, setzt sich überall gut durch. Wohlstand wird vor allem durch eigene Arbeit errungen, doch fehlt es auch nicht an Gönnern, bzw. es gibt finanzielle Zuwendungen von anderer Seite. Sein Verhältnis zu Geschwistern ist weniger harmonisch. Er meint, daß ihm auch die Eltern Hindernisse beim beruflichen Aufstieg in den Weg legen. Kinder sind bei diesem Typ weniger zahlreich. Sind sie erwachsen, verursachen sie wenig Freude, obwohl der weibliche Löwetyp sehr mütterlich ist. Mindestens einmal im Leben gerät der Löwetyp in große Gefahr, neigt allgemein auch zu Unfällen, die jedoch ohne ernstliche Verletzungen abgehen. Vor Untergebenen muß er auf der Hut sein, sie können ihm schaden. Die typische Löwe-Ehe verläuft ruhig und harmonisch, jedoch gibt es zuvor Verwicklungen mit den künftigen Verwandten. Gern unternimmt der Löwe weite Reisen. Sie sollen seinem Fortkommen dienen oder ihn beruflich fördern. Mit Seereisen hat er allerdings kein Glück, auch Auslandsaufenthalte versprechen nichts Gutes. Sie können durch behördliche Schwierigkeiten gestört werden. Der Löwe braucht einen Beruf, in dem er Chef sein kann. Zwar kann er auf viele Freunde zählen, hat aber ebenso viele Neider, denn Personen von Rang fördern ihn durch Protektion. Seine heimlichen Feinde braucht er nicht zu fürchten; sie werden es nicht auf eine Auseinandersetzung ankommen lassen.

Jungfrau (♍)– ein Zeichen des Merkurs (☿)

Merkur, das Vernunftssymbol, regiert nicht nur die Zwillinge, sondern auch das Zeichen Jungfrau. Daher deren kritischer Sinn, die Fähigkeit (aber auch der Zwang), Menschen und Situationen kritisch zu analysieren. Ein Ergebnis ist das Verlangen der männlichen und weiblichen Jungfrauen, die Welt zu verbessern, Frieden zu stiften, Fehler anderer auszubügeln. Vor lauter Idealismus wird dabei die eigene Familie oft vernachlässigt.

Der Jungfrautyp braucht Zeit für sich. Bekommt er die nicht, wird er zum Nörgler und kehrt die reizbare, launische Seite seines Naturells heraus. Wenn er aber spürt, daß man ihn braucht, ist er fürsorglich und freigebig. Hat sich der Jungfrau-Mann verliebt, zeigt er seine poetische Ader und ist wundervoll zärtlich. Für ihn brennt die Flamme der Liebe hell, rein und klar. Deswegen hält er auch nicht viel von unverbindlichen Flirts. Allerdings sieht er sich durch jedes Gespräch, auch durch jede Anmache, intellektuell gefordert. Die Scheu, sich zu binden, hat mit seinem Bedürfnis nach Freiheit zu tun, denn auf sie möchte er nicht verzichten. Fühlt er sich bedrängt, reagiert er sarkastisch, mit beißender Ironie, und die Partnerin hat nichts zu lachen.

Die weibliche Jungfrau hat die Fähigkeit, Ordnung in jedes chaotische Durcheinander zu bringen, auch in jenes, das in einer männlichen Brust tobt und das diese Jungfrau selbst angerichtet hat. Ihr Sex mag ein wenig unterkühlt

Die Sonne zieht durch das Zeichen Jungfrau ♍ vom 24.8.–23.9.

wirken, weil sie von einer Aura der Reinheit und Ruhe umgeben ist. In Wirklichkeit lebt diese Dame aber in einer Vorstellungswelt, die voller Wunder ist. Ihre hervorragende Einfühlungsgabe läßt sie auch intime Wünsche des Partners ahnen. Sind die Umstände geordnet, ist ein sauberer Rahmen vorhanden, wird sie zur aufregenden Geliebten. Daß die Dinge sich manchmal nüchterner abwickeln, hängt wohl damit zusammen, daß Jungfrauen nichts dem Zufall überlassen. Auch die Liebe wird geplant. Wann, wo und wie werden wir uns lieben? Wird jedoch alles bis ins Detail in Gedanken vorweggenommen, bleiben Spontaneität und Leidenschaft auf der Strecke.

Jungfrauen beiderlei Geschlechts sind Pedanten, möchten alles in Kästchen sortieren, sehen aber oft den Wald vor lauter Bäumen nicht. Sie leben gesundheitsbewußt, hassen Gewöhnlichkeit und Verschwendung. Wenn Jungfrauen viel erreichen, dann durch ihre Geduld, Pünktlichkeit und den praktischen Sinn für das Machbare. Das vorzügliche Gedächtnis, ausgiebige Kenntnis der Fakten, gründliche Vorbereitung und ein scharfer Blick für die Erfordernisse sind Grundlage ihrer Karriere. Sie verläuft geradlinig und ist ebenso geprägt durch stete Einsatzbereitschaft wie durch den Verzicht auf Experimente.

Symbole und Analogien der Jungfrau

WOCHENTAG: Mittwoch;
FARBE: Grau, Zartviolett, neutrale Töne;
ZAHL: 5;
METALL: Magnesium;
EDELSTEINE: Hellblauer Saphir, Jaspis, Achat, Beryll;
KLEIDUNG: einfache Garderobe;
HIMMELSRICHTUNG: Nordwest;
TIERE: Sperling, Biene, Ameise;
PFLANZEN: Kornähre, Hafer, Veilchen, Schafgarbe, Stiefmütterchen, Jelängerjelieber, Baldrian; bebaute, fruchtbare, gesegnete Gefilde;

GEOGRAPHISCHE ZUORDNUNG: Schweiz, Griechenland, Elsaß, Brasilien.

1. Sind Sie auch in Kleinigkeiten korrekt, in der Erledigung Ihrer Pflichten stets gewissenhaft und sorgfältig?
2. Schätzen Sie bei der Arbeit eine eigene Methode mehr als planloses Probieren?
3. Haben Sie Hemmungen, sich so zu geben, wie Sie sind?
4. Werden Sie ärgerlich, wenn man Sie in der Routine Ihrer Tätigkeit stört?
5. Machen Sie Fehler, indem Sie „den Wald vor lauter Bäumen nicht sehen", sich also ins Detail verrennen?
6. Treffen Sie Ihre Entscheidungen so, daß Sie diese vor sich selbst und für andere begründen können?
7. Könnte Ihnen ein Diplomat durch seine geschickte Verhandlungsführung ein Vorbild sein?
8. Schätzen Sie eine natürliche, naturverbundene Lebensweise?
9. Soll bei einer Eheschließung die Vernunft mehr gelten als das Gefühl?
10. Kommen Ihnen oft Zweifel, ob Sie richtig handeln?

Wenn Sie zehnmal mit „Ja" antworten, überwiegen bei Ihnen eindeutig die Verhaltenseigenschaften des Jungfrautyps.

Der reine Jungfrautyp hat einen gleichmäßigen Lebensgang zu erwarten, weil die reservierte Haltung, der sachliche Verstand und ein fester Wille das Temperament zügeln. Der gütige und bescheidene Charakter liebt zwar die Zurückgezogenheit, doch kann er in Geschäften sehr erfolgreich sein und zu Ansehen und Ehren kommen. Die Neigung, sich für anderer Leute Angelegenheiten zu interessieren, kann zu Unfrieden führen. Obwohl die eigenen Interessen stets gut im Auge behalten werden, ist nur selten großer Wohlstand zu gewinnen. Besitz wird nur durch harte Arbeit und oft genug durch große Kämpfe errungen. Erst die späteren Jahre bringen eine gewisse materielle Sicherheit, wofür bisweilen ein Ortswechsel die Voraussetzungen schafft. Durch eine Heirat kommt Geld ins Haus, wie auch die Aussichten auf eine Erbschaft erfreulich sind. Bis gegen das mittlere Lebensalter gilt es immer wieder, mit Verlusten oder Schicksalsschlägen fertig zu werden.

Der Aufenthalt im Ausland verspricht mehr als das Leben in der Heimat. Geschwister oder Nachbarn verursachen Unannehmlichkeiten oder stiften Unfrieden. Mit reichlichem Kindersegen ist nicht zu rechnen, auch sind Kinder für Jungfrauen schwer lenkbar. Das Liebesleben ist nicht frei von Enttäuschungen. Ebenso sollen die persönlichen Voraussetzungen für die Ehe nur selten glücklich sein. Häufig kommt es zu einer zweiten Verbindung, die dann besser verläuft. Die Freundschaften dieses Typs sind wandelbar und nur selten von langer Dauer. Feinde stammen aus einer höheren Gesellschaftsschicht und vermögen auf eine geheime Art und Weise zu schaden.

Waage (♎) – ein Zeichen der Venus (♀)

Die Sonne zieht durch das Zeichen Waage ♎ vom 24.9.–23.10.

Da Venus, der Liebesstern, zugleich das Harmoniesymbol, das Waagezeichen beherrscht, mag es stimmen: Waagen sind immer verliebt. Und deshalb sind sie phantasievoll in der Liebe. Das ist die eine Seite der Waage, sanft, ruhig, liebenswürdig, harmonisch, charmant zu sein. Hockt ein Waagetyp auf der Schattenseite, ist er faul, lästig, streit- und vergnügungssüchtig, eigensinnig, ruhelos, konfus und deprimiert.

Mal kann ein Waagetyp wie ein Pferd arbeiten, dann nach einer Zeit der Anstrengung wieder in Lethargie verfallen. Faulheit kann sich also auch als ein Zustand der Erschöpfung darstellen, bis die Batterien wieder aufgeladen sind. Waagen sind am liebsten unabhängig, weshalb man sie oft in freien Berufen findet. Weil ein starkes Bedürfnis vorliegt, Autorität und Einfluß auszuüben, ordnen sich Waagen nicht gern unter. Es ist kein Zufall, daß es gerade unter diesem Zeichen auch sehr viele Chefinnen gibt, oder sie marschieren in vorderster Front der Frauenbewegungen. Nicht nur in verantwortungsvoller Position, wonach es den Waagetyp drängt, spielt er seinen Sinn für Fair play und Gerechtigkeit voll aus. Waagen gelten wegen ihres guten Geschmacks als die Künstler unter den Tierkreiszeichen. Sie haben einen sicheren Instinkt für Schönheit und Harmonie, für Proportionen und Farbe.

Viele Waage-Männer benutzen ihren Charme und ihre Überredungskunst als Waffe. Sie bewähren sich als hervorragende Anwälte, politisieren aber auch gern oder diskutieren stundenlang. Auch oder meistens um Kleinigkeiten. Hierin zeigt sich ein typischer Wesenszug der Waagen: Entscheidungsschwäche. Geht es um ernste Dinge, wird alles mögliche bedacht, erwogen, verglichen und schließlich aufgeschoben. „Morgen" wird zum Termin, der oft niemals kommt. Diese Unbeständigkeit der Waagen zeigt sich auch bei anderer Gelegenheit. Hat ein Waage-Mann seinen Charme versprüht, hat er sein Ziel erreicht, kommt ihn bald die Langeweile an. Dann geht es wieder über die Dörfer, oder er wird zum Playboy, der sich von seiner Clique feiern läßt. Von einer Tour heimgekehrt, will er gestreichelt und verwöhnt werden, doch auf keinen Fall einen Krach erleben. Da aber nur die wenigsten Partnerinnen seine Spielchen immer wieder neu tolerieren mögen, ist die Konsequenz die Scheidung. Deshalb ist Waage das Tierkreiszeichen, das statistisch am häufigsten geschieden wird. Nach der Trennung zieht es den Waage-Mann wieder hinaus, und erneut ist er auf der Suche nach neuen, ungewöhnlichen erotischen Erfahrungen. Wieder wird er eine Schöne, Attraktive becircen. Die ganze Nacht wird er sie in seinen Arme halten, und sie wird sich vielleicht wünschen, er möge nicht so viel von Erotik schwärmen, sondern sie seine Zuneigung körperlich spüren lassen. Er stilisiert eben Sex und Liebe zur Kunst.

Auch die Waage-Dame will in der Liebe nicht nur ihr sexuelles Verlangen stillen. Auch sie sieht in der Erotik eine Kunst, die nach Vollendung strebt. Der beiderseitige Genuß ist ihr wichtig. Vom Partner verlangt sie die totale Hingabe, ja, er soll sie wie eine Göttin lieben.

Die Waage-Dame ist sowohl außerordentlich intelligent als auch haarsträubend naiv und leichtgläubig. Sie redet zwar ebensoviel wie ihr männliches Gegenstück, ist aber eine bessere Zuhörerin. Meistens ist sie sehr hübsch und gefällt durch ihre anmutigen, weichen Bewegungen. Ist man bei dieser charmanten Gastgeberin eingeladen, kann man den Luxus in ihrem Heim und ihren edlen Schmuck bewundern. Man sieht, wo das Geld bleibt, denn im Ausgeben ist sie ziemlich leichtfertig. Sie will teilhaben an den angenehmen und schönen Seiten des Lebens. Was unter ihrem Niveau ist, übersieht sie. So hätte ein Partner, der geistig nicht mithalten kann, auch von ihr nichts zu erhoffen. Auf eine dumme, plumpe Anmache reagiert sie ablehnend. Ebenso hat sie nichts übrig für grobes, obszönes oder rüpelhaftes Benehmen. Großen Wert legt sie darauf, als Dame behandelt zu werden. Der Drang nach einer Führungsrolle sitzt tief. Weil sie die Partnerschaft wie die Luft zum Atmen braucht, bleibt eine Waage-Frau auch nicht allein. Sie ist keine Einsiedlerin. Lieber wird sie zumindest für eine Zeit sogar ihr Herz an ein untaugliches Opfer verschwenden. Waagen verschreiben sich dem Genuß, besser gesagt, dem raffinierten Genießen. Eine Waage-Dame kann selbstverständlich schwärmen, jedoch nicht aus einer romantischen Verzückung oder aus sentimentalem Überschwang. Waage ist ein Luftzeichen, und Luft heißt Verstand. Er wird im Falle des Falles immer mehr gelten als Gefühl. Sie wird immer versuchen, im Gleichgewicht zu bleiben. Balance ist ihr Streben.

WOCHENTAG: Freitag;
FARBEN: Rosa, Blau, lichte und duftige Töne;
ZAHL: 6;
METALL: Kupfer;
EDELSTEINE: Saphir, Opal;
KLEIDUNG: modische, elegante Garderobe;
HIMMELSRICHTUNG: West;
TIERE: Pfau, Fasan, Taube, Lerche, Schwan, Gans;
PFLANZEN: weiße Rose, Aster, Ehrenpreis, Primel, Melisse, Veilchen; hochgelegene, fruchtbare Landschaften, Länder mit alter Kultur;
GEOGRAPHISCHE ZUORDNUNG: Österreich, Savoyen, China, Ägypten, Argentinien, Tibet, Indochina.

Symbole und Analogien der Waage

1. Fällt es Ihnen schwer, sich spontan zu entscheiden oder rasch zu starten?
2. Gefällt Ihnen Eleganz, weil sie Schönheit und Harmonie ausdrückt?
3. Ist das Ihre Meinung: Ohne Ordnung gibt es keine Gerechtigkeit?
4. Versuchen Sie, es sich bequem zu machen, um kultiviert genießen zu können?
5. Sind Sie als Schiedsrichter absolut unparteiisch?
6. Sind Sie im Umgang mit anderen taktvoll, behandeln Sie Ihre Gegner fair?
7. Bemühen Sie sich um kultivierte Manieren?
8. Schließen Sie mühelos Kontakte?
9. Bemühen Sie sich, immer attraktiv auszusehen?
10. Brauchen Sie Beifall und Lob?

Sind Sie ein echter Waagetyp?

Wenn Sie zehnmal mit „Ja" antworten, überwiegen bei Ihnen die Verhaltenseigenschaften des Waagetyps.

Der Waagetyp hat die Gabe, sein Leben glücklicher oder froher zu gestalten als andere Tierkreiszeichen. Wohlstand wird indessen erst in den mittleren Jahren erworben.

Die Schicksalstendenz des Waagetyps

Durch die Ehe wird der Besitzstand vergrößert, doch Verträge oder Bürgschaften bringen Verluste. Das Eheleben ist nicht so sorglos, wie man meinen sollte, obwohl die angeheiratete Verwandtschaft Nutzen bringt und der Ehepartner meistens gutsituiert ist. Die Harmonie in der Ehe kann durch Nebenverbindungen getrübt sein. Eine Trennung liegt nahe, denn Waage ist statistisch das Tierkreiszeichen mit den meisten Scheidungen. In der Regel gibt es nur wenige Kinder, die aber glücklich sein und Befriedigung bringen werden. Mit fortschreitendem Alter wächst die Popularität. Auch die wirtschaftliche Position ist dann gesichert. Der reine Waagetyp hat viel mit der Öffentlichkeit zu tun. Häufig wechselt er in Verbindung mit seinem Beruf den Wohnsitz oder Aufenthaltsort. Im Laufe seines Lebens kann der Waagetyp einmal erben, was sich für ihn als Glücksfall darstellt. Eine ähnliche unerwartete Förderung wird ihm durch die Protektion höhergestellter Freunde oder Gönner zuteil. Heimliche Feinde gibt es vor allem von der Seite väterlicher Verwandter, oder es ergeben sich Gegnerschaften durch Familienangelegenheiten. Wie bei keinem anderen Tierkreiszeichen ist für den Waagetyp das richtige Milieu lebensnotwendig. Sind die Umweltbeziehungen nicht in Ordnung, kommt seelisches Ungemach auf, das sich körperlich niederschlägt. An seinem Tod ist der Waagetyp meistens selbst schuld.

Skorpion (♏) – ein Zeichen des Mars und Plutos (♂, ♇)

Die Sonne zieht durch das Zeichen Skorpion ♏ vom 24.10.–22.11.

Im Zeichen des Skorpions geboren zu sein, heißt Mars und Pluto als Paten zu haben. Damit scheint ein besonderer Lebensweg programmiert zu sein, kein leichter, denn Schicksalhaftes spielt eine Rolle. Ob heiße Leidenschaft oder eiskalte Berechnung, der Bogen der Möglichkeiten ist weit gespannt. Harmlose Unschuldslämmer gibt es unter diesem Stern nicht. Meistens wird es hinter zur Schau getragener Zurückhaltung brodeln. Skorpione sind Sinnenmenschen, zu Ausschweifungen fähig wie zur Askese. Sie können Heilige sein oder Verbrecher. Lob, Dank und Anerkennung werden sie nicht vergessen, doch sind auch Demütigungen und Niederlagen, Leid und Ungerechtigkeiten tief im Gedächtnis verankert. Geduldig warten sie, daß irgendwann die Stunde ihrer Rache schlägt. Dann sticht der Skorpion gnadenlos zu. Mit Halbheiten hat er nichts am Hut. Mißtrauen und Eifersucht sind für ihn enorme Triebfedern. Andererseits sind Skorpione zur völligen Hingabe fähig, an Partner wie an ein Werk.

Dieser Typ ist ein Glücksucher besonderer Art. Sex verbunden mit Liebe kann zum Inhalt und Geheimnis seines Lebens werden, ein sehr intensives, animalisches, das seinen Tribut einfordert. Der Lebensweg sieht entsprechend aus. Nicht nur der männliche Typ kann Sex als Waffe anwenden. Es sind gleichermaßen explosive, doch auch ausdauernde Liebhaber. Männer wie Frauen haben eine hypnotische Ausstrahlungskraft.

Unkompliziert kann man weder mit ihm noch mit ihr zusammenleben. Ihre zur Schau getragene Sanftmut trügt, denn die Skorpion-Frau ist zu stärksten Emotionen fähig. Sie vermag rücksichtslos zu sein. Deshalb kann man mit ihr Pferde stehlen oder eine Firma oder Familie gründen. Als eine tolle Kameradin läßt sie weder den Partner noch die Familie im Stich. Da sie nie aufgibt, sind Kompromisse keineswegs ihre Sache. Außerdem nimmt sie schnell übel, ist beleidigt oder verletzt. Sie ist weder das unschuldige, hilflose Heimchen am Herd noch ein Sexobjekt. Ihren Wert kennt die Skorpion-Frau genau und will respektiert werden. Fühlt sie sich betrogen, dann gnade Gott dem Partner, denn sie übt rachsüchtig Vergeltung, und er wird sein Leben lang daran denken. Sexuelle und andere Spielchen mag sie nicht.

Skorpione sind im allgemeinen treu und stehen zu ihrem Wort. Deswegen sind sie dort am Platz, wo Verantwortung zu tragen ist, wo eine Aufgabe den vollen Einsatz erfordert. Besonders bewährt sich dieser Typ, wenn es gilt, etwas zu erforschen oder ein Geheimnis zu entdecken. Skorpione sind fähige Polizisten, besonders Kriminalisten, doch ebenso auch Chirurgen, Psychiater, Forscher, Reporter.

Symbole und Analogien des Skorpions

WOCHENTAG: Dienstag;
FARBE: Dunkelrot;
ZAHLEN: 9, 13;
STOFFE: Eisen, Schwefel;
EDELSTEINE: Granat, Rubin, Malachit;
KLEIDUNG: schwarze (Trauer-)Kleidung;
HIMMELSRICHTUNG: Südwest;
TIERE: Schlangen, Spinne, Feuersalamander, Wolf, Specht, Phönix;
PFLANZEN: Ahorn, Brennessel, Roter Fingerhut, Brombeere, Heidekraut. Sumpfige und eher lebensfeindliche Landschaften.
GEOGRAPHISCHE ZUORDNUNG: Bayern, Marokko, Algerien, Syrien, Norwegen.

Sind Sie ein echter Skorpiontyp?

1. Entscheiden Sie sich eindeutig?
2. Steuern Sie Ihre Ziele energisch an?
3. Hat es in Ihrem Leben oft Streit und Auseinandersetzungen gegeben?
4. Wenn Sie die Leidenschaft packt, sind Sie dann auch zäh?
5. Sie lassen sich nichts vormachen und wollen alles selbst prüfen?
6. Beobachten Sie sich selbst kritisch?
7. Mißtrauen Sie anderen?
8. Sind Sie in Ihrer Eifersucht rachsüchtig?
9. Suchen Sie immer nach „tieferen Gründen"?
10. Gilt für Sie in der Liebe „alles oder nichts"?

Wenn Sie zehnmal mit „Ja" antworten, überwiegen bei Ihnen die Verhaltenseigenschaften des Skorpiontyps.

Wird die übermäßige Energie des Skorpions richtig geleitet, kann er große Ziele erreichen. Unermüdlich sucht er nach Genüssen, will Geheimnisse aufdecken und bringt sich dabei in Schwierigkeiten. Als Feind wird er gefürchtet, doch neigt er auch zum Raubbau mit den eigenen Kräften, weil er nicht lockerläßt, wenn er sich eine Aufgabe gestellt hat. Sein Lebensweg ist zwar durch Prozesse, Sorgen und Schwierigkeiten gekennzeichnet, die besonders die Ehe betreffen, kann aber auch ungewöhnlich erfolgreich sein. Die finanziellen Angelegenheiten entwickeln sich in den ersten drei Jahrzehnten selten günstig, doch werden später mindestens stabile Verhältnisse erreicht. Der Besitz wird vor allem durch Geschäfte in Verbindung mit den Wissenschaften und der Ausbeutung von Produkten fremder Länder vermehrt. Angeheiratete Verwandte fördern den Besitz. Der reine Skorpiontyp hat selten Geschwister, dagegen meist zahlreiche Kinder, die viel Freude machen, sich jedoch frühzeitig verheiraten. Er heiratet oft mehrmals, wobei seine Ehe selten glücklich ist. Es kann auch eine Trennung durch den Einfluß dritter Personen erfolgen. Weite Reisen, besonders zur See, versprechen Erfolge und Ehren. Die Jugend verläuft selten glatt und bringt viele Hindernisse. Erst in reiferen Jahren gelangt der Skorpiontyp in eine einträgliche Position und zu dauerhaftem Glück und Erfolgen. Ernster Kummer bereitet der Verlust einer geliebten Person vor dem 35. Lebensjahr. Gönner findet der Skorpion in den Kreisen Gelehrter oder Künstler. Auch sozial Höherstehende fördern ihn. An Feinden herrscht kein Mangel, sie sind zahlreich, doch nur selten vermögen sie den Skorpion ernstlich zu schädigen.

Die Schicksalstendenz des Skorpiontyps

Schütze (♐) – ein Zeichen Jupiters (♃)

Die Sonne zieht
durch das Zeichen
Schütze ♐ vom
23.11.–21.12.

Ohne den fröhlichen, verspielten, mitunter kauzigen, weisen und höflichen Schützen, ohne seinen Witz, Humor und spontanen Enthusiasmus wäre die Welt ärmer und kälter. Das heißt nicht, daß man mit einem solchen Partner – ob männlich oder weiblich – das große Los gezogen hätte. Der Schütze hat meistens Angst, daß er etwas verpassen könnte. Deshalb bleibt er stehen, wenn zwei sich streiten, ist auf Partys meist der letzte Gast und verliebt sich leicht. Letzteres ist ein typisches Schütze-Hobby. Es scheint, als wäre dieser Typ immer auf der Suche nach einem attraktiven Geschöpf, das er mit seinen Wortspielen und geistreichen Sprüchen einfangen könnte. Schützen sind passionierte Schürzenjäger. Nur beim Wort nehmen darf man sie nicht. Man braucht ihnen nur mit Verpflichtungen zu kommen, und schon sind sie auf der Flucht. In ihrer Ehescheu ähneln sie den Zwillingen und sind wie diese am liebsten unterwegs. Reisen ist das Lebenselixier der Schützen, da sie hier ihre Neugier am besten stillen. Außerdem steckt in diesem Typ ein Don Quichotte, ein Wahrheits- und Gerechtigkeitsfanatiker, der gern den Oberlehrer spielt und alles besser weiß. Schützen sind weder besonders häuslich, noch haben sie einen starken Familiensinn. Doch ist Not am Mann, helfen sie spontan. Dabei ist der Umgang mit Geld nicht gerade ihre Stärke.

In der Liebe sind Schütze-Mann und Schütze-Frau Egoisten, die immer wieder Neues ausprobieren müssen. Vielleicht ist es diesmal die ganz große Liebe? Doch wer sich Hals über Kopf verliebt, fällt schnell auf die Nase. Deshalb halten Beziehungen auch erst, wenn die frühen Blütenträume ausgeträumt sind. Schütze-Damen sind meistens gebildet, nicht selten auch eingebildet, herrschsüchtig und rücksichtslos, haben aber oft viel Optimismus und „Glück". Weil tatsächlich vieles gut läuft, leistet sich dieser weibliche Typ Experimente und mitunter mehrere Affären gleichzeitig. Schützen lieben Visionen, Tagträume, die sie in eine schönere, bequemere und amüsantere Welt entführen. Geduldig zu sein fällt ihnen schwer, schließlich ist Schütze ein Feuerzeichen.

In seinem Job leistet er gern ganze Arbeit, ist begeistert bei der Sache und entwickelt allerhand Ideen. Und er nimmt kein Blatt vor den Mund, sagt, was er denkt, und tritt munter in alle möglichen Fettnäpfchen. Gegen Leute, die ihn herumkommandieren wollen, rebelliert er. Mag sein, daß er sie mit seiner Fragerei nervt, denn er will immer alles ganz genau wissen.

WOCHENTAG: Donnerstag;
FARBEN: Purpur, Goldbraun, Oliv, Blaugrün;
ZAHL: 9;
METALL: Zinn;
EDELSTEINE: Saphir, Smaragd, Türkis;
KLEIDUNG: Wanderkleidung, Sportdreß;
HIMMELSRICHTUNG: Südwest;
TIERE: Pferd, Hirschkuh, Elefant, Falter;
PFLANZEN: Palme, Rotbuche, Edelkastanie, Glockenblume. Liebliche, schöne Gefilde;
GEOGRAPHISCHE ZUORDNUNG: Württemberg, Sachsen, Hessen, Spanien, Ungarn, Norwegen, Dalmatien, Albanien, Toskana, Arabien, Afghanistan, Australien.

Symbole und Analogien des Schützen

1. Ist Ihnen die persönliche Freiheit und Unabhängigkeit sehr wichtig?
2. Sind Sie unbedingt ehrlich, auch wenn es sich für Sie nicht auszahlt?
3. Bleiben Sie immer bei der Wahrheit?
4. Treiben Sie gern Sport, und sind Sie gern im Freien?
5. Kann man Sie als einen fröhlichen Optimisten bezeichnen?
6. Werden Sie böse, wenn jemand Ihren Stolz verletzt?
7. Möchten Sie gern in die Ferne reisen?

Sind Sie ein echter Schützetyp?

8. Ist es Ihnen wichtig, angesehen zu sein und beruflich wie privat eine wichtige Rolle zu spielen?
9. Sagen Sie: „Recht muß Recht bleiben"?
10. Hat man Sie schon als Besserwisser bezeichnet?

Wenn Sie zehnmal mit „Ja" antworten, überwiegen bei Ihnen die Verhaltenseigenschaften des Schützetyps.

Die Schicksalstendenz des Schützetyps Der reine Schützetyp hat einen geraden und erfolgreichen Lebensweg vor sich, wenn er seinen Begabungen folgt. Seine Entwicklung wird durch das Elternhaus vorgezeichnet und verläuft zumeist in konservativen Bahnen, die möglichst abgesichert sein sollen. Es wird danach getrachtet, altruistische Gedanken zu verwirklichen. Schützen erwerben sich durch ihren impulsiven Herzensdrang rasch Sympathien. Leidenschaften treten oft stärker hervor und bestimmen den Lebensgang. Im ersten Teil des Daseins können sie jedoch Anlaß zur Sorge geben. Häufig fehlen da zu dieser Zeit auch die materiellen Mittel, obwohl eine einfache Lebensweise bevorzugt wird. In den späteren Jahren stellt sich Wohlstand ein, sei es durch eigenes Verdienst im Beruf, durch einen Glücksfall oder durch eine Erbschaft. Die Verwandten zeigen sich wohlgesinnt. Kinder sind wenige zu erwarten, oft besteht Kinderlosigkeit. Die Vitalität reicht für ein langes Leben. Der Schützetyp hat die Neigung, mehrere Ehen zu schließen. Weite Reisen sind unter diesem Zeichen selten und zur See mit Gefahren verknüpft. Angeblich droht der Tod in einem fremden Land. Freunde erweisen sich für das Fortkommen als nützlich. Schütze ist das Tierkreiszeichen, das die meiste Protektion erwarten kann, vor allem durch einflußreiche Personen. Es gibt aber auch zahlreiche erbitterte Feinde, die vor Gewalttätigkeiten nicht zurückschrecken. Mehr noch gefährden Heuchler das häusliche Leben und das eheliche Glück. Es fehlt nicht an Verleumdungen und Angriffen gegen die Ehre.

Steinbock (♑) – ein Zeichen des Saturns (♄)

Mit den Steinböcken ist es merkwürdig. Als kleine Kinder wirken sie irgendwie erwachsen, sind sie dann an Jahren über die Lebensmitte hinaus, werden sie in ihrem Wesen immer jünger. So stimmt die bekannte Beschreibung nicht ganz, die den männlichen Typ ernst, aber liebevoll, weise, geduldig, ruhig, fest, zuverlässig und auch halsstarrig nennt. Im Alter ist der Steinbock lebenslustig, heiter, locker und will offensichtlich Versäumtes nachholen. Allerdings steht er zu seinem Wort und ist treu. Gewohnheiten spielen dabei eine entscheidende Rolle, denn der Steinbock ist konservativ und wandelt sich nicht in seinen Prinzipien. Der Steinbock kann auf originelle Weise kreativ sein. Es liegt ihm, auf lange Sicht zu planen. Spontane Aktionen sind nicht seine Sache. Auch zärtlich ist er nicht, genießt es aber, verwöhnt zu werden. Der männliche wie der weibliche Vertreter dieses Zeichens handeln vorsichtig und diszipliniert. Das bremst natürlich auch die sexuellen Impulse. Er sucht nicht das Abenteuer, sondern Ruhe und Geborgenheit. Dennoch ist die körperliche Annäherung intensiv und direkt, wenn auch ohne Feingefühl.

Die Steinbock-Dame ist so sexy wie die Mona Lisa. In einer vertrauten Umwelt vermag sie sich sehr liebevoll zu zeigen und auf eigene Weise Attraktivität auszustrahlen. Ihr kritischer Sinn weiß materiellen Erfolg zu schätzen. Für Geldangelegenheiten hat sie ein Händchen. 100-Mark-Scheine sind ihr denn auch die liebsten Blüten. Wer ihr mit einem dicken Bankkonto winken kann, ist schon halber Sieger, denn Liebe ist der Steinbock-Dame gleichbedeutend mit Sicherheit. Deshalb möchte sie auch den Zustand der Verliebtheit auf ewig festschreiben. Sie ist keine Frau, mit der man nur ein Verhältnis hat. Akzeptiert man die Bedingungen ihrer saturnischen Natur, kann man sich einer Steinbock-Frau lebenslang anvertrauen. Ohne zu klagen tut sie viel für den Mann, den sie liebt. In Krisenzeiten

Die Sonne zieht durch das Zeichen Steinbock ♑ vom 22.12.–20.1.

wächst sie geradezu über sich selbst hinaus. Deshalb wäre es unfair zu sagen, sie hätte ein steinernes Herz. Ihre mitleidvolle Seele zeigt sich in der Art, wie sie für jene sorgt, denen es schlechtergeht als ihr.

Die Steinbock-Dame ist eine vorzügliche Hausfrau, was mit dem Geschick in handwerklichen Belangen zu tun hat, das auch der männliche Typ hat. Steinböcke haben eine innere Beziehung zum Soliden, zur Qualität. Deshalb sind sie auch so fleißige Arbeiter, die Pfusch nicht ausstehen können. Sie huldigen der goldenen Regel: Nur was für die Dauer ist, kann gut sein.

Symbole und Analogien des Steinbocks

WOCHENTAG: Samstag;
FARBEN: Schwarz, Dunkelblau;
ZAHL: 8;
STOFFE: Blei, Kalk;
EDELSTEINE: Onyx, Chalzedon;
KLEIDUNG: Berufskleidung;
HIMMELSRICHTUNG: Süd;
TIERE: Esel, Kamel, Eisbär, Rabe;
PFLANZEN: Tanne, Fichte, Zypresse, Eibe, Zeder, Klette, Kümmel, Schierling. Große Gärten, Wiesen;
GEOGRAPHISCHE ZUORDNUNG: Steiermark, Bulgarien, Griechenland, Indien, Iran, Mexiko.

Sind Sie ein echter Steinbocktyp?

1. Fällt es Ihnen schwer, sich in die Rolle anderer zu versetzen und deren Bedürfnisse zu verstehen?
2. Handeln Sie eher methodisch und langsam als spontan und schnell?
3. Sind Sie eher verschlossen und zurückhaltend als offen?
4. Gehen Sie die Aufgaben, die Ihnen das Leben stellt, entschlossen an?
5. Planen Sie auf lange Sicht?
6. Sind Sie bei der Arbeit geduldig und stetig?
7. Fühlen Sie sich öfter einsam oder zurückgesetzt?

8. Gehen Sie gern auf Nummer Sicher?
9. Ist Ihnen im Leben wie im Beruf Disziplin wichtig?
10. Können Sie sich auf das Wesentliche konzentrieren?

Wenn Sie zehnmal mit „Ja" antworten, überwiegen bei Ihnen die Verhaltenseigenschaften des Steinbocktyps.

Der reine Steinbocktyp kann nur durch unablässige und harte Arbeit aufsteigen. Verdienst und Einkünfte hat er nur sich selbst zu verdanken. Zwar hat er meistens viele Geschwister, doch bringen sie ihm keinen Nutzen, eher Unannehmlichkeiten oder Feindschaft. Unter dem Tierkreiszeichen Steinbock gibt es wenige Kinder. Bevor es zur Eheschließung kommt, müssen Schwierigkeiten ausgeräumt werden. Hindernisse und Zwistigkeiten entstehen durch den Vater oder durch die Familie. Die Ehe verändert das Leben, jedoch selten zum Besseren. Obwohl eine Abneigung gegen den Eheschluß vorliegt, heiratet der Steinbock oft früh, mitunter mehrmals. Die Zweitehe fällt oft glücklicher aus und bringt finanzielle Vorteile. Es werden viele Reisen unternommen, oft sind sie mit Gefahren verknüpft. Der Beruf schafft Feinde, kann aber durch Frauengunst gefördert werden. Die meisten Lebensumstände sind wechselnder Natur. Schicksalsschläge können schwer treffen, aber nicht brechen. Einschneidende Veränderungen ergeben sich in späteren Jahren. Zahlreiche Freunde fördern. Feinde gibt es weniger in der Heimat (obwohl unter Anverwandten), eher dagegen im Ausland. Aber weder sie noch falsche Freunde können ernsthaft schaden.

Die Schicksalstendenz des Steinbocktyps

Wassermann (≈) – ein Zeichen
des Uranus und Saturns (♅, ♄)

Die Sonne zieht durch das Zeichen Wassermann ≈ vom 21.1.–19.2.

Wer unter dem Stern des Uranus geboren wird, läßt sich nicht in Kästchen einordnen, ist schwer zu durchschauen und nicht zu begreifen. Wassermann ist das Zeichen der absoluten Individualisten. Damit hängt auch das starke Freiheitsbedürfnis zusammen. Doch wer weiß, daß er ein nahezu neurotischer Exzentriker ist, in mancher Hinsicht auch genial und seiner Zeit weit voraus, schätzt und akzeptiert ihn. Er selbst ist tolerant, großzügig, freundlich, hilfsbereit, kurzum ein Original. Wer mit ihm umgeht, muß stets auf irgendwelche Überraschungen gefaßt sein. Wahrscheinlich tut er gerade das, was man nicht vermutet. Gute Nerven und Geduld hat er nicht, die braucht aber, wer mit ihm Kontakt hat. Je nach Stimmung beeindruckt ein Wassermann durch ein Brillantfeuerwerk an Ideen wie durch kluge, ja weise Einsichten. Oder er verbreitet Weltschmerz. Wenn ein Wassermann lacht, weint er vielleicht innerlich; wenn er den Tränen nahe ist, fühlt er sich möglicherweise gerade glücklich. Dieser Typ kann zärtlich und sanft sein, lieb oder lustig.

Vor allem sind Herr und Frau Wassermann schrecklich neugierig und wissensdurstig. Deshalb trifft man sie, wo etwas los ist, wo ein Abenteuer in der Luft liegt. Die Zukunft ist immer attraktiver als die Gegenwart. Ist ein Genuß befriedigt, erlischt sogleich der Reiz. Das gilt auch für die Liebe. Die frauliche, zerbrechliche und freie Wassermann-Dame ist zwar eine Lady, wird dessenungeachtet aber rasch ein Opfer immer neuer Faszinationen. Nur ein supergeduldiger, großzügiger, verständnisvoller Partner kommt mit ihr zurecht. Sie sammelt Antiquitäten oder hängt ihr Herz an sentimentale Erinnerungen, an Kindheitsfotos, oder sie schwärmt für die modernste Kunst.

Zwischen gestern und morgen, zwischen Mythen, geheimnisvollen Ritualen, Magie und nüchterner wissenschaftlicher Forschung pendeln ihre Interessen. Und natürlich zwischen Partnern, die ungewöhnlich sind oder mit denen die Phantasie sich beschäftigen kann. Wassermann-Damen schließen schnell Freundschaften. Ihr großer Freundeskreis kann dem Partner auf die Nerven gehen, denn sie versammelt allerlei seltsame Vögel um sich. Wer geistig in einem Feenland lebt, ist kaum eheorientiert. Wer Sex als Zeitverschwendung oder Klempnerarbeit ansieht, macht sich nicht viel aus einer romantischen Beziehung. Diese Frau zu gewinnen, kann mit einigen Tricks klappen, sie jedoch zu halten, erfordert einen Partner von Format. Im Job ist der Wassermann ein geschätzter Ideenproduzent. Vertrauen kann man ihm, wenn er Entscheidungen nach seinem Instinkt trifft. Denn da irrt er nicht.

Symbole und Analogien des Wassermanns

WOCHENTAG: Freitag;
FARBEN: Violett, irisierende Töne;
ZAHL: 10;
METALLE: Aluminium, Uran, Radium;
EDELSTEINE: Aquamarin, Amethyst, Jade;
KLEIDUNG: moderne Mode, Jeans, Turnschuhe;
HIMMELSRICHTUNG: Südost;
TIERE: Gemse, Reiher, Pfau, Silberfuchs;
PFLANZEN: Alpenveilchen, Orchidee, Farne, Rosmarin, Thymian, Myrte; gebirgige Landschaften;
GEOGRAPHISCHE ZUORDNUNG: Westfalen, Rußland, Polen, Abessinien.

Sind Sie ein echter Wassermanntyp?

1. Sie mögen nicht so sein wie die anderen?
2. Liegt Ihnen das Wohl der anderen sehr am Herzen?
3. Schätzen Sie den Fortschritt und das Neue?
4. Sind Sie wählerisch, was Freunde und Bekannte angeht?
5. Sagen Sie: „Der Mensch soll fröhlich sein, dann hat er es leichter"?
6. Schätzen Sie es, unabhängig zu sein?

7. Haben Sie Sinn für Antiquitäten, für Uraltes, auch in geistiger Hinsicht?
8. Lieben Sie die Bewegung, sind Sie also gern unterwegs?
9. Sind Sie fair, wenn es mal zum Streit kommt?
10. Schätzen Sie die Geselligkeit?

Wenn Sie zehnmal mit „Ja" antworten, überwiegen bei Ihnen die Verhaltenseigenschaften des Wassermanntyps.

Die Schicksalstendenz des Wassermanntyps Weil Zuversicht und Hoffnungsfreude den Wassermann aufmuntern, vermag er rasch zu verkraften, wenn ihm das Schicksal einen Streich spielt. Obwohl für äußere Ehren durchaus empfänglich, fehlt es ihm doch an irdischen Gütern. Dennoch gewinnen die von diesem Tierkreiszeichen Beeinflußten Zutritt zu höheren Kreisen, schaden sich aber in diesen selbst auf eine ihnen unerklärliche Art und Weise. Der Wassermanntyp sucht sein Leben stets nach Idealen zu gestalten, weshalb er nur schwer mit anderen zusammensein mag. Ausgeprägt ist sein Hang zur Originalität. Die Neigung, in Extreme zu fallen, kann der geradlinigen Entwicklung schaden. Die finanzielle Lage ist meistens unsicher und schwankend. Verluste entstehen durch die Familie, aber auch durch heimliche Widersacher. Zu den Geschwistern besteht keine harmonische Verbindung. Kinder sind nicht zahlreich. Ihnen drohen Gefahren und Unglücksfälle oder Verletzungen. Die Ehe ist harmonisch und friedlich, wird frühzeitig geschlossen und zeichnet sich durch unveränderliche Gefühle aus. Der Wassermanntyp ist beständig und treu. Er neigt zu zahlreichen Veränderungen oder Reisen. In seiner Position genießt er Achtung und Ehren. Häufig wechselt er seine Tätigkeiten. Viele Freunde sind für ihn von großem Nutzen, weil sie ihm dank ihres Einflusses helfen. Gegen gefährliche Anschläge seiner Feinde findet er Schutz und Hilfe. Berufe, die das Wesen des Wassermanns ausdrücken, sind Schriftsteller, Psychologe, Künstler, Organisationsleiter, Fernsehmitarbeiter, Ingenieure der Elektrotechnik, Flieger, Fahrer, Artisten, Fremdenführer, Gewerkschafter.

Fische (♓) – ein Zeichen Neptuns und Jupiters (♆, ♃)

Unter Fischen findet sich eine facettenreiche Typenvielfalt. Man trifft unter ihnen Heilige und Sünder, aber nur selten durchschnittliche Erdenbürger. Manche sind sanft, ruhig, gemütvoll und doch von praktischem Tatendrang erfüllt. Viele stecken voller Illusionen, neigen zum Selbstbetrug, oder es drängt sie, andere in die Irre zu führen. Fische können überzeugte Einzelgänger sein oder von einer Beziehung in die andere stolpern. Auch wenn der Fische-Mann sich maskulin gibt, weicht er gern allen unangenehmen Dingen oder Personen aus. Sein sechster Sinn warnt ihn vor Konflikten. Er ist kein Kämpfer, verlegt sich eher aufs Taktieren oder auf hinhaltenden Widerstand. Wer Liebe und Sex für eine Art Drehtür hält, sollte gute Ausreden parat haben. Die sind zwar für Fische kein Problem, aber direkte Fragen schätzen sie nicht. Sie lassen sich nicht gern festlegen und flüchten aus der rauhen Wirklichkeit in die Welt der Illusionen.

Die Sonne zieht durch das Zeichen Fische ♓ vom 20.2.–20.3.

Fische sind kreativ, phantasievoll, erahnen telepathisch die Gedanken anderer. Das gilt auch in der Liebe. Sex mit einem Fische-Menschen ist ein ewiger, wunderbarer Wechsel von gegenseitiger Anziehung, explosiver Aktivität oder kühler Stille. Die Einstellung zur Liebe ist sinnlich und romantisch, ganz im Sinne Neptuns, des Herrn des Fische-Zeichens. Daher auch die Neigung zu Geheimnissen und zu heimlichen Liebschaften.

Die Fische-Dame ist die personifizierte Eva. Sie könnte das Flirten erfunden haben, vermag sich vollkommen anzupassen und dem Partner das Gefühl zu geben, nur für ihn dazusein. Keine ist weiblicher, keine so lieblich, bezaubernd und voller Zärtlichkeit. Die Fische-Dame ist eine ausgezeichnete Zuhörerin, die sich in Sorgen und Nöte anderer einfühlt oder sich mit ihnen freuen kann. Als gute Nachbarn und Freunde sind Fische unersetzlich. Mit ihren Schwächen – dem aufreizenden Ausweichen und der Geheimnistuerei – muß man sich abfinden.

Ihre eigenen Chancen nehmen Fische mittels eines nur ihnen zugänglichen Signalsystems wahr. Um sich immer wieder neu zu sensibilisieren, muß der empfindsame Fischetyp Ruhepausen haben oder verreisen, denn das ist sein typisches Hobby. Andere können mit Kunst und Musik zu tun haben oder mit dem Tanz.

Im Job kann man mit Fischen sehr gut zusammenarbeiten, vorausgesetzt, man verletzt ihre Empfindsamkeit nicht. Seine Fähigkeiten machen den Fischetyp eher zu einem außergewöhnlich tüchtigen Mitarbeiter als zum Chef, aber es behagt ihm nicht, sture Arbeit zu leisten. Der Arbeitsplatz soll Abwechslung bieten. Sind die Voraussetzungen schlecht, werden Fische faul, zeigen sich uninteressiert oder resignieren. Sie wollen bei Laune gehalten werden und müssen fühlen, daß man ihre Privatsphäre respektiert.

Symbole und Analogien der Fische

WOCHENTAG: Samstag;
FARBEN: Violett, Lila und schwer definierbare Töne;
ZAHL: 11;
STOFFE: Rauch, Äther;
EDELSTEINE: Chrysolith, Korallen, Saphir;
KLEIDUNG: Vermummung, Überwurf;
HIMMELSRICHTUNG: Südost;
TIERE: Fische, Wassertiere, Schildkröte, Möwe;
PFLANZEN: Schneeglöckchen, Mohn, Malve, Tabak, Jasmin, Seerose, Moos; Meer, Küste, sumpfige Niederungen;
GEOGRAPHISCHE ZUORDNUNG: Normandie, Kalabrien, Portugal, Java, Ceylon.

1. Empfinden Sie schnell Mitleid für andere?
2. Haben Sie vor anderen Geheimnisse?
3. Geben Sie auf, wenn Sie auf Widerstand stoßen, resignieren Sie also leicht?
4. Suchen Sie in Religionen oder Philosophien Halt?
5. Kennen Sie Ihre Schwächen?
6. Haben Sie Illusionen, bzw. machen Sie sich leicht etwas vor?
7. Weinen Sie leicht?
8. Stimmt es, daß Sie von anderen nicht leicht durchschaut werden?
9. Sagen Sie bisweilen: „Da habe ich einen Fehler gemacht, weil ich an der Wirklichkeit vorbeigeplant habe"?
10. Können Sie sich vorstellen, in sozialen oder pflegerischen Berufen tätig zu sein?

Wenn Sie zehnmal mit „Ja" antworten, überwiegen bei Ihnen eindeutig die Verhaltenseigenschaften des Fischetyps.

Der Fischetyp ist in seinem Leben vielen Einschränkungen unterworfen. Die tief in seinem Herzen wurzelnde Liebesnatur wird durch Härten leicht verletzt. Seine Leistungen werden oft nicht recht gewürdigt, seine großen Talente verkannt. Der Fischetyp versteht es aber trotzdem, sich Autorität zu verschaffen. Er tut dies unaufdringlich und auf eine sympathische Art. Im Beruf ist er sorgfältig und pflichtbewußt, privat hängt er an seinen Lieben und Freunden, leidet aber unter Antipathien. Pessimismus und Resignation sind ihm vertraut. Immer wieder muß er Kämpfe durchstehen, bei denen es Mißgeschicke und Enttäuschungen gibt. Beredsamkeit hilft ihm weiter, doch innerlich ist er fahrig und ruhelos und bringt sich so um den Erfolg.
Der Wohlstand ist selten beträchtlich. Die Ehe ist nicht immer glücklich, bringt Sorgen und Unannehmlichkeiten. Eine Zweitehe fördert häufig den Vermögenszuwachs.

Kinder sind oft zahlreich. Trotz aller Wechselfälle des Lebens haben sie Glück und Erfolg zu erwarten. Sehr häufig werden vom reinen Fischetyp zwei Berufe gleichzeitig ausgeübt, die sehr unterschiedliche Karrieren begünstigen. Freunde sind mächtig und einflußreich, Feinde böswillig. Es sind Neider oder zum Gegner gewordene Freunde.

INFORMATIONEN ZUM HOROSKOP

Das echte Horoskop

Nur drei Argumente lassen sich gegen die Astrologie anführen: Vorurteil, Unwissenheit aus Mangel an Information und Erfahrung und – Desinteresse am eigenen Wohlergehen.

Dieses Buch ist ein Ratgeber für interessierte Laien, die beabsichtigen, sich ein Horoskop stellen zu lassen oder die bereits ein solches besitzen und es besser verstehen möchten. Auch allen, die aus anderen Gründen Informationen wünschen und einen Zugang zur Astrologie suchen, soll das Buch ein Leitfaden sein.

Warum Sie dieses Buch lesen sollten

Nach dem ersten Teil, der der Laien- bzw. Zeitungsastrologie gewidmet war, erhalten Sie nun Einblicke in das Know-how der astrologischen Diagnose und Prognose und werden über die Techniken des Horoskopierens und die damit verbundenen Probleme informiert. Damit werden Sie künftig in der Lage sein, eine individuelle astrologische Ausarbeitung objektiv und kritisch einzuschätzen. Sie können sich selbst ein Urteil bilden, was sie wert ist. Das wird Sie davor bewahren, sich Illusionen zu machen oder Opfer eines Scharlatans oder falscher Versprechungen zu werden.

Ferner zeigt das Buch Wege, den tieferen Sinn des Horoskops zu begreifen und daraus den größtmöglichen Nutzen zu ziehen. Sie könnten Ihrem Leben eine neue Perspektive geben und es erfüllter gestalten, wenn Sie sich näher mit Astrologie befassen und das Horoskopieren zu Ihrem Hobby machen.

In mythischen Zeiten war es das Privileg heiliger Männer oder gar von Propheten, sich mit einer höheren Macht in Einklang zu wissen. Mochte man ihnen auch eine religiöse Verantwortung zubilligen, gereichte ihre Auskunft dem Fragesteller jedoch keineswegs immer zum Segen. Recht zweideutig wurde meistens verkündet, was man im Schoß der Zukunft verborgen sah. Wer sich in antiken Zeiten den Besuch eines Orakels, etwa des Delphischen, leisten konnte, erhielt selbst für wertvolle Geschenke an die Priester kaum objektive und damit nützliche Informationen.

Mit der Profanierung des alten Priesterwissens sank das Niveau der Zukunftsschau. Während es mit solchem *Wahr-Sagen* in den letzten zweitausend Jahren immer schneller bergab ging, blühte doch die Astrologie auf. Heute sind die dürftigen Relikte einstigen Sehertums wie *Tarot*, *Pendeln*, die Kundgebungen von Hellsehern oder andere esoterische Praktiken nur sehr bedingt als seriös anzusehen. Ihre Wurzeln haben sie allesamt im Unbewußten mehr oder weniger medial Veranlagter. Der Scharlatanerie ist damit Tür und Tor geöffnet, weil es keine Möglichkeiten der Objektivierung von derlei Voraussagen gibt. Anders ist es bei der echten Horoskopie, bei der ein Deuter bestimmte folgerichtige, auf Erfahrung beruhende Regeln anwendet. Wer einschlägige Kenntnisse besitzt, kann alle Feststellungen nachvollziehen.

Zwar darf man Astrologie mit den erwähnten Praktiken nicht in einen Topf werfen, aber leider tut nicht nur der Laie dies. Mit Vorliebe und wider besseres Wissen differenzieren auch Kritiker nicht hinreichend zwischen Astrologie und bekannten Praktiken. Dabei kann sich heute jeder, sofern er nur ernsthaft möchte, Zugang zu astrologischem Wissen verschaffen und die Fakten und Ergebnisse nachprüfen. Die neue „Astro Complett Prognose" erlaubt dies sogar dem Laien ohne jegliche Fachkenntnisse.

Astrologie wird heute noch von vielen Menschen dem Gebiet des *Okkultismus* zugerechnet. Vor vielen hundert Jahren mag das berechtigt gewesen sein, denn okkult heißt verborgen. In der Antike und im Mittelalter bis in die Neuzeit hinein erforderte das Studium bzw. das Praktizieren der Astrologie Kenntnisse, über die damals nur Gelehrte, also nur sehr wenige, verfügten. Etwa in Ägypten oder Babylon war Astrologie ein ausgesprochenes Priesterwissen und somit tatsächlich eine Geheimlehre und keine *Exoterik*. So nennt man ein Wissen, das allen zugänglich ist. Geheimwissen aber bezeichnete man als *Esoterik*. Heute kann sich, wer will, maximal über Astrologie und Horoskopieren informieren und auch selbst Horoskope stellen. Die Berufsbezeichnung Astrologe ist nicht geschützt.

Woran liegt es, daß der schlechte Ruf allen Wahrsagens, der zu keiner Zeit gänzlich abgebaut war, kaum abschreckend gewirkt hat? Es muß wohl daran liegen, daß wissenschaftliche Untersuchungen einerseits bestätigt haben, daß es Hochsensitive, also Medien, gibt, die eindeutig über einen sechsten Sinn, über den „Faktor Psi", verfügen. Andererseits kann hinsichtlich der Astrologie jeder ganz für sich den Wahrheitsgehalt der Horoskope testen.

Den Schleier vor der eigenen Zukunft zu lüften, ist ein verständlicher und durchaus legitimer Wunsch, ihn zu realisieren aber eine andere Sache. Da wir uns alle tagtäglich auf morgen einstellen müssen, wäre es töricht, einfach in den Tag hineinzuleben. Nur – welchen Voraussagen kann man trauen, auf welche darf man seine Entschlüsse gründen? Der Suchende wünscht keine Prophezeiung, sondern eine objektivierbare, sachliche, fundierte Prognose. Das heißt nicht, daß nur gelten darf, was aus der kausalen Sichtweise der Naturwissenschaften wissenschaftlich beweisbar ist.

Vernünftig ist in jedem Fall, nichts auf die platten Zeitungs-„Horoskope" zu geben. Sie dienen der Unterhaltung. Selbst wenn einzelne so gewissenhaft wie möglich angefertigt werden, bieten sie allenfalls einen Ausschnitt aus einem möglichen, sehr viel umfangreicheren Konzept. Die Prognosen in den astrologischen Kalendern „Prónay – Mein astrologisches Jahrbuch 1994" (1973 bis 1991 „Lorcher Astrologischer Kalender", 1992 und 1993 „Jupiter – Lorcher Jahrbuch") sind zwar Sonnenstandsprognosen, jedoch nach dem Geburtstag ausgerichtete, wie diese u. a. im individuellen Horoskop auch eine Rolle spielen, wodurch ihnen eine gewisse Wahrscheinlichkeit zukommt. Keineswegs können Voraussagen aller Art in den Medien eine vollständige astrologische Prognose ersetzen.

Wurzeln, Entwicklung und Wertschätzung der Astrologie als Deutungskunst Wie hat man in diesem Zusammenhang Astrologie zu bewerten? Zwar darf man vermuten, daß ihre Urformen ebenfalls wie das Wahrsagen aus gleicher Quelle, dem Unbewußten, stammen, Astrologie sich schon in uralten Zeiten jedoch davon gelöst hat und im Laufe Tausender Jahre eigenständig entwickelte. Antike Autoren, allen voran der große Gelehrte des 2. Jahrhunderts, *Claudius Ptolemäus* aus Alexandrien, begründeten keineswegs die Horoskopie, sondern trugen das überkommene Wissen der Vorzeit zusammen. Ungezählte hervorragende Gelehrte, besonders die arabischen Astrologen des Mittelalters, bauten auf seinen Werken, besonders den Tetrabiblos, auf und steuerten den Schatz eigener Studien und Erfahrungen bei. So wurde die bis Anfang des 19. Jahrhunderts an den Universitäten gelehrte Astrologie zu dem grandiosen „geistigen Abenteuer, die zahllose Mannigfaltigkeit menschlicher Äußerungen in ein zahlenbegrenztes System mit wenigen, logisch überschaubaren Elementen zu fassen", wie *Thomas Ring* formulierte.

Luthers Mitstreiter *Philipp Melanchthon* bekannte: „Denn dieses steht fest: Wertvoll und wahrhaftig ist die Wissenschaft der Astrologie. Eine Krone ist sie des Menschengeschlechts und ihre ganz ehrwürdige Weisheit ein Zeugnis Gottes." In unserer Zeit sah der Erkenntnistheoretiker *Ernst Cassirer* in der Astrologie gar „einen der

58

großartigsten Versuche einer systematisch-konstruktiven Weltbetrachtung, der je vom menschlichen Geist gewagt wurde". Insofern konnte der bekannte Psychoanalytiker *Fritz Riemann* feststellen: „Astrologie kann eine Hilfe sein, ‚leben zu lernen'; sie vermittelt uns einen Zugang zu uns selbst und zu anderen, den wir so nicht bekommen; sie kann uns menschlicher, verständiger und toleranter machen – welche Wissenschaft kann das von sich sagen?"

Daß Horoskopieren gewiß eher Deutungskunst als Wissenschaft ist, entwertet sie keineswegs. In jedem Fall ist die persönliche Leistung des Astrologen das alles entscheidende Kriterium. „Wer sich von einem Astrologen ein Horoskop stellen läßt, erwartet und darf erwarten, für sein gutes Geld eine fachgerechte Leistung zu erhalten", urteilte im Oktober 1962 das Oberverwaltungsgericht Bremen. Es erkannte in der Ausarbeitung eines Horoskops eine freiberuflich-wissenschaftliche Gutachtertätigkeit, wobei das Horoskop ausdrücklich „nach den Regeln der Kunst" zu erstellen sei.

Juristischer Rahmen des Horoskopstellens

Dieser juristische Rahmen ist natürlich ebenfalls eine Vorgabe für alle Horoskope, auch für die mittels eines Computers produzierten, das heißt sowohl die berechneten wie die gedeuteten. Zur Perfektion entwickelt, können sie möglicherweise einmal eine ganz große Chance sein, einem Laien einen leichteren Zugang zur Astrologie zu verschaffen. Sind Computerhoroskope aber unzureichend, ja sogar schlecht, weil deren Arbeitsprogramme von horoskopisch wenig erfahrenen Autoren oder schludrig geschrieben wurden, können sie das Vorurteil zementieren, daß Horoskope Unfug seien.

Der Einsatz von Computern bei horoskopischer Diagnose und Prognose

Von *Jean Baptist Morin* (* 1583), Hofastrologe am französischen und schwedischen Hof, dem Vertrauten der Kardinäle *Richelieu* und *Mazarin*, wird berichtet, er solle fünfzig Rechenmeister beschäftigt haben, um seinen Auftraggebern mit astrologischem Rat dienen zu können. Das mag belegen, wie zeitaufwendig es früher war, allein die rechnerischen Unterlagen für eine ausführliche Prognose zu erstellen. Deshalb beließen es routinierte Astrologen leider meistens bei oberflächlichen und damit unzureichenden Recherchen. Auch heute noch würde eine Mehrleistung von den Klienten nicht bezahlt werden (können oder wollen), denn Laien überschauen weder den Wert noch den Umfang erforderlicher Berechnungen. Wer keine Ahnung von Horoskopen hat, setzt meistens Quantität mit Qualität gleich und läßt sich durch einen Riesenumfang – das Werbeargument der Scharlatane – täuschen.

Die Qualität der Auswertung der Fakten und damit eines Horoskops hängt von der fachlichen Erfahrung des Bearbeiters ab, von seinen Kenntnissen, seiner Bildung und psychologischen Einfühlung, seiner persönlichen Lebenserfahrung, seiner menschlichen Reife. Das aber sind auch die Vorbedingungen, die der Autor eines Computerprogramms erfüllen muß.

Heute überlassen es die Astrologen durchweg dem Computer, alle erforderlichen Horoskopberechnungen durchzuführen. Ist er richtig programmiert, vermag er die kompliziertesten Aufgaben in kürzester Zeit auszuführen. Keiner muß heute noch mühsam mit Hilfe von Tabellen und umständlichen mathematischen Berechnungen das Deutungsmaterial aus dem Planetenlauf zusammentragen. Der Computer liefert bewundernswerte Rechenarbeit, vorausgesetzt, der Programmierer hat mit seinem Arbeitsprogramm für die Maschine fehlerfreie Arbeit geleistet. Die Erstellung eines astrologischen *Computerprogramms* ist eine sehr schwierige Sache, die ganz spezifische EDV-Kenntnisse und Fähigkeiten erfordert. Diese kann man bei einem Astrologen nicht selbstverständlich voraussetzen. Daher ist es ein Glücksfall, wenn z. B. ein Programmierer wie *Gerhard Vehns*, der das *SESAM-Berechnungsprogramm* entwickelt hat, zugleich ein versierter Astrologe ist.

Bereits Ende der 60er Jahre kamen clevere Geschäftsleute auf die Idee, die damals gerade erst aufgekommenen Computer auch für die Deutung der Horoskope einzusetzen. Ihnen ging es um den Profit, nicht etwa darum, die Qualität der astrologischen Arbeit zu verbessern. Die ersten dieser *Computerhoroskope* fielen entsprechend dürftig aus und ruinierten den Ruf solcher Erzeugnisse auf Jahre hinaus. Wie konnte das geschehen?

Im folgenden wird dargelegt, daß die Deutung eines Geburtshoroskops so umfassend wie komplex ist. Sie hat sehr viel mit Psychologie zu tun. Es müssen nicht nur einzelne Wesenszüge eines Menschen erkannt und für sich genommen interpretiert werden, ebenso wichtig ist die Zusammenschau aller Faktoren, woraus sich das Persönlichkeitsbild ergibt. Viele Astrologen scheitern daran, die einzelnen, oft einander anscheinend widersprechenden Fakten abzuwägen und daraus ein Wesensbild zu gewinnen, das der Realität gerecht wird. Schließlich ist das Naturell eines Menschen vielschichtig, nuanciert, kein Schwarzweißprodukt.

Die Geschäftsleute, die von 1970 an bis in unsere Tage hinein Computerhoroskope für billiges Geld anbieten, ließen und lassen sich deshalb keine grauen Haare wachsen. Früher gab es auf Jahrmärkten oder der Kirmes Automaten. Da mußte man ein Markstück einwerfen und den Geburtstag eintippen, womit man sich für eine von zwölf Möglichkeiten der Deutung entschieden hatte. Dann wurde von dem Automaten ein Zettel mit der Schilderung des betreffenden Tierkreiszeichens ausgeworfen, in das der Geburtstag fiel. Die ersten „Computerhoroskope" funktionierten nicht viel anders. Ein Fortschritt war es, daß sie schon bald nach einem Programm arbeiteten, das auch die Mondposition innerhalb des Tierkreises berücksichtigte, was immerhin $12 \times 12 = 144$ Mischformen des Charaktertyps lieferte. Als weiterer Schritt konnte der Computer auch den *Aszendenten* berechnen, also das zur Minute der

Geburt im Osten gerade aufsteigende Tierkreiszeichen. Das Ergebnis waren dann 1728 Mischformen von bis zu drei Tierkreiszeichen. Das mochte durchaus genügen, um sich in einem solchen Mischtyp wiederzuerkennen, vor allem, wenn verwandte, also ähnliche Zeichen überwogen und so die Qualität der Mischung eindeutig gewichtet war. Dies ist z. B. an einem Neumondtag der Fall, wenn Sonne und Mond im selben Zeichen stehen.

Aber es gab auch viele, die mit der Tatsache, wie zum Beispiel Sonne im Widder, Mond in den Fischen und Aszendent im Krebs nichts anzufangen wußten, da Widder und Krebs ganz verschiedene, ja sogar gegensätzliche Verhaltensneigungen zugeschrieben werden. Der Computer lieferte bis dahin Schubladendeutungen, er druckte die zwar richtig errechneten und mehr oder weniger ausführlich erklärten einzelnen Fakten einfach nacheinander aus. Er war aber nicht in der Lage, entstehende Widersprüche zu erkennen und aufzulösen. Leider ist das im Prinzip bis heute nahezu ausschließlich so geblieben. Um von dieser eklatanten Schwäche abzulenken, gaukelt man dem Käufer eines solchen Horoskops eine besondere Qualität durch den Hinweis auf viele, viele Druckseiten vor. Doch noch niemals konnte man Qualität durch Quantität ersetzen.

In der Horoskopie müssen nicht nur Fakten berechnet werden, etwa in welchem Zeichen ein Planet seinen Platz hat oder in welchen Winkelverbindungen er mit anderen steht. Vielmehr entspricht es gängiger Erfahrung, daß eine bestimmte Gestirnposition einen höheren Wert, d. h., mehr Gewicht haben kann als eine andere. Über die Beurteilung einiger Fakten sind sich die Astrologen in den Details allerdings uneinig. Da stehen klassische Auffassungen gegen die von Modernisten oder von bestimmten Schulen. Ein Ende der Fachdiskussionen ist nicht abzusehen. Wie könnte das auch anders sein, ist Astrologie doch eine *Deutungskunst*, nicht anders als die Malerei, die Bildhauerei oder die Heilkunst, die Medizin.

Produzieren also Computerhoroskope von vornherein mehr Probleme als positive Ergebnisse? Das kann man nicht sagen. Wenn der Programmierer ein echter Könner auf seinem Fachgebiet ist und der Deuter die richtigen Worte findet, kann das Arbeitsprogramm ausgezeichnet sein. Doch nur wenige ausgedruckte Horoskopdeutungen vermögen selbst bescheidenen Ansprüchen zu genügen. Dennoch kann sogar ein solches mit Hilfe eines Computers erstelltes Horoskop eine bessere Orientierung erlauben als das von einem Pfuscher oder einem Scharlatan verfaßte, der seinen Kunden das Blaue vom Himmel herunter vorschwindelt. Manche Klienten schreiben einem Computerhoroskop auch mehr Objektivität zu als der Beratung durch einen leibhaftigen Astrologen. Sie wissen, daß der Computer nicht mogeln kann, daß er bei gleicher Faktenlage der Person A nicht mehr oder etwas anderes versprechen kann als der Person B. Ein Computer arbeitet anonym und scheint unbestechlich zu sein – je nachdem, wie er programmiert ist. Stets liegt es am Deuter, ob die Konstellationen sachlich abgehandelt werden.

Immer besseren, d. h. zutreffenderen, weil ausgeklügelteren Computerprogrammen gehört die Zukunft, denn die Forderung der Interessenten lautet: „mehr Qualität zu einem vernünftigen Preis". Wie die Entwicklung etwa eines neuen Auto- oder Flugzeugmodells Millionen kostet, verschlingt die Entwicklung eines hochwertigen astrologischen Arbeitsprogramms nicht nur Fleiß und Intelligenz, sondern auch viel Zeit und damit Geld. Das muß sich zwangsläufig im Preis einer computerisierten Beratung niederschlagen.

In der Juristerei werden Rechtsanwälte und Richter durch den Computer zwar einen besseren Überblick über Gesetzessammlungen und Urteile erhalten, sie bleiben aber doch auf den eigenen Sachverstand und die eigene Lebenserfahrung angewiesen, um gute Juristen zu sein. So wird in der Praxis eines astrologischen Beraters künftig zwar mehr und mehr das Deutungsprogramm eingesetzt werden, aber auf das Individuum und seine beratenden Fähigkeiten kann die Astrologie nicht verzichten. Das Ergebnis einer auf computerisierten Fakten aufbauenden Beratung würde das „Horoskop von der Stange" aufwerten zur „Maßkonfektion". Vor einigen Jahren schien es noch unmöglich zu sein, was sich schon bald als Realität erweisen wird: Das Computerhoroskop setzt die Qualitätsmaßstäbe, und der durchschnittliche Astrologe wird Mühe haben, sich an ihnen zu messen.

Im Prinzip trifft das gleichermaßen auf Diagnose wie Prognose zu. Die Basis der letzteren ist die Veranlagung des Horoskopeigners, sind seine Talente bzw. seine Handlungsmotive u. a. Durchaus können zu einer bestimmten Zeit ein Dutzend verschiedener Konstellationen (= Gestirnstellungen) gleichzeitig, d. h., für denselben Termin, vorliegen, die nicht nur jede für sich zu deuten wäre, sondern die der Deuter auch aufeinander abstimmen muß. Vergleichsweise ist vorstellbar, daß jemand zu einem bestimmten Zeitpunkt sehr vom Glück begünstigt wird. Er könnte im Lotto sechs Richtige getippt, gleichzeitig jedoch im Straßenverkehr einen Unfall verursacht haben, oder er erleidet einen persönlichen Verlust.

„Ereignisse", „Resultate" sind astrologisch ohnehin nicht im voraus erkennbar, wohl aber kann eine Prognose auf Chancen wie auf Gefahren hinweisen, auf die zu einem bestimmten Termin bestehende Neigung, auf einen gewissen Sachverhalt so und nicht anders zu reagieren. Bedenkenswert ist in dem Zusammenhang auch, was die Dichterin *Marie v. Ebner-Eschenbach* mit einem Aphorismus ausdrückt: „Nicht was wir erleben, sondern wie wir empfinden, was wir erleben, macht unser Schicksal aus."

Trend- statt Ereignisdeutung Der Astrologe muß die unterschiedlichen Tendenzen oder Trends einer bestimmten Periode überschauen, um sie aufeinander abzustimmen. Daher ist es kein Wunder, daß Astrologie Studierende weniger an der Berechnung der

Horoskope scheitern, die ihnen ja ohnedies der Computer abnehmen kann, als vielmehr an der kombinierbaren Deutung. Tatsächlich liegt jeder Fall anders, wie es auch niemals zwei völlig identische Horoskope gibt. Strenggenommen müßte ein Computerprogramm zur Deutung alle nur erdenklichen Sonderfälle der gegebenen persönlichen Situation berücksichtigen. Weil das aber unmöglich ist, müssen *Kompromisse* geschlossen werden. Sie sind bei der Prognose dort möglich, wo es gilt, durch Beispiele die Entsprechungen bestimmter Konstellationen zu erläutern. Davon wird noch zu reden sein.

Eine grundsätzliche Überlegung sei an dieser Stelle angestellt, denn mit ihr verbindet sich eine häufig gestellte Frage: „Warum arbeitet der Astrologe mit dem Geburtshoroskop und nicht mit einem Empfängnishoroskop?" Die Antwort ist einfach: Wann eine Zeugung geschieht, weiß man, doch ist dieser Akt nicht gleichzusetzen mit dem Zeitpunkt der Konzeption, der Vereinigung eines Spermiums mit der Eizelle. Es ist daher praktisch, von der Geburt auszugehen, also dem Zeitpunkt, zu dem das Neugeborene mit dem ersten Atemzug unabhängig vom mütterlichen Organismus zu leben beginnt. Nach astrologisch-esoterischem Verständnis wird ein Mensch geboren, wenn er seinen Lebensweg beginnen soll. Dieser Auffassung war schon Paracelsus.

Die Geburtshoroskope Blutsverwandter lassen auffallende Ähnlichkeiten erkennen. Darüber hinaus funktioniert die Geburtsastrologie zwar nicht hundertprozentig, aber doch überzeugend, was auch auf die Prognose zutrifft. Es gibt daher keinen Grund, von den Geburtshoroskopen auf spekulative Konzeptionshoroskope auszuweichen. Die Astrologen setzen sich seit jeher mit diesem Problem auseinander. Das erste bekannte Horoskop aus Babylon aus dem Jahr 410 v. Chr. ist vermutlich ein Empfängnishoroskop. Ein nur wenig jüngeres nimmt sowohl auf die Konstellation vom 17. 3. 258 v. Chr. als auch auf die vom

Geburts- oder Empfängnishoroskop

20. 12. 258 v. Chr. Bezug. Aufgrund des Intervalls von 270 Tagen wird vermutet, daß es sich hier um ein Empfängnis- wie um ein Geburtshoroskop derselben Person handelt.

Bemerkenswert ist ferner, daß die altindische wie die altchinesische Astrologie mit Konzeptionshoroskopen arbeitete, wie *Hans Oster* in seinem grundlegenden Werk zum Thema darlegt. Für die Gegenwart gilt, daß wir solange mit Geburtshoroskopen auskommen müssen, bis es einmal möglich sein wird, den Zeitpunkt der Konzeption exakt zu bestimmen. Da aber erst die Rückschau auf gelebtes Leben ein Urteil ermöglicht, ob das Konzeptionshoroskop tatsächlich bessere Ergebnisse liefert als ein auf den Zeitpunkt des ersten Schreies gegründetes *Radix* (lat. die Wurzel, daher Grundhoroskop), wird das Ergebnis noch einige Jahrzehnte auf sich warten lassen.

Wenn Sie ein Horoskop in Auftrag geben wollen

Kennzeichen eines guten Astrologen

Nehmen wir an, Sie wollen sich, aus welchen Gründen auch immer, ein Horoskop ausarbeiten lassen. Sie haben die Wahl, sich an einen Astrologen zu wenden oder sich ein Computerhoroskop zu kaufen. Einschlägige Angebote finden Sie in der Presse, sofern Sie nicht einer persönlichen Empfehlung folgen mögen. Der Eigenwerbung Ihnen unbekannter Astrologen sollten Sie allerdings nicht ohne weiteres trauen. Sie wenden sich einem Feld zu, auf dem leider mehr Scharlatane zu finden sind als Könner, die Ihr Vertrauen verdienen.

Astrologen, die vorgeben, selbst in aussichtslosen Fällen helfen zu können, etwa Partner zusammenzuführen, oder die Lottogewinne versprechen und Glückszahlen nennen, sind unseriös. Der Hinweis „bekannt durch Presse und Fernsehen" kann heißen, daß von dem Astrologen einmal in einer Kundenzeitung, wie sie beim Fleischer oder in der Apotheke ausliegt, ein paar Zeilen abgedruckt wurden (was durchaus keine Empfehlung sein muß) oder daß man ihn einmal zum Jahreswechsel in einem 3. TV-Programm kurz befragt hat. Auch der Hinweis auf Referenzen ist wertlos. „Berater von Filmstars" (eine zwar alberne, aber vermeintlich doch zugkräftige Werbung) kann jeder schreiben, der einmal einem Schauspieler (oder einem Prominenten, einem Fürsten o. ä.) ein kleines Horoskop kostenlos angefertigt und zugeschickt hat. Vielleicht hat er dafür ein Autogramm bekommen. Wenn in der Annonce allerdings „Geprüfter Astrologe D. A. V." (des *Deutschen Astrologenverbandes*) steht, kann man zumindest sicher sein, daß der Betreffende vor einem Prüfungsausschuß nachgewiesen hat, daß er ein Horoskop korrekt berechnen und interpretieren kann. Über seine psychologischen Kenntnisse, seine Intuition oder die ethische Einstellung, über die Fähigkeit, die Fakten eines Horoskops im speziellen Fall korrekt, verständlich und einfühlsam zu beschreiben, besagt der Hinweis ebensowenig, wie ein Doktortitel über die tatsächlichen Fähigkeiten eines Arztes Auskunft gibt.

In jedem Fall kann es eine Hilfe sein, zunächst ein unverbindliches Angebot des Astrologen einzuholen. Prüfen Sie ihn, indem Sie Ihre „Glückszahlen" verlangen. Ist er bereit, Ihnen solche auszurechnen, ist er ein Scharlatan. Dann sparen Sie sich Geld und Ärger, wenn Sie sich einen anderen Astrologen suchen.

Das Einholen eines Angebots

Ihm sagen oder schreiben Sie, was Sie von ihm verlangen. Sie sollten präzise Fragen stellen, auf die Sie Antworten erwarten. Es ist ein Unterschied, ob Sie ein ausführliches Geburtshoroskop haben wollen oder eine Prognose für ein Jahr, etwa um bestimmte Entscheidungen abzuklären. Sagen Sie ihm, ob Sie etwa Probleme mit der Gesundheit haben oder befürchten, daß Ihre wirtschaftliche Existenz oder Ihre Partnerschaft bedroht sei. Im letzteren Fall müssen zwei oder drei Horoskope durchgearbeitet werden, was ein ganz anderes Vorgehen erfordert. Erwarten Sie von einem „Lebenshoroskop" nicht zuviel. Sie selbst müssen schließlich das Ergebnis der Beratung auf Ihre ganz persönlichen Lebensumstände beziehen. Wie diese in zehn Jahren tatsächlich aussehen werden, vermögen weder Sie noch ein Astrologe im voraus zu sagen.

An dieser Stelle sei schon darauf hingewiesen, wovon noch ausführlicher zu sprechen sein wird: Ein Horoskop ist nicht mehr und nicht weniger als der Versuch, die Zeitqualität für einen bestimmten Termin bezogen auf einen bestimmten Ort der Erde zu erfassen und durch Worte zu beschreiben. Immer geht es in der Astrologie ganz ausschließlich um die Qualität einer Zeit. Deswegen muß Astrologie auch eine Deutungskunst sein, denn es steht weder Geburt noch Tod, weder Karriere noch Hochzeit in den Sternen, alles das wird nur erfahrbar durch die Interpretation der Zeitqualität.

Was Astrologie so interessant macht, ist die Vorstellung, so etwas wie einen Entwurf des Lebens aus dem Horoskop erkennen zu können. Aber im Grunde ist das doch mehr Theorie, denn auch in diesem Fall muß die Zeitqualität des Geburtstermins für die Deutung eines ganzen Lebensablaufs herhalten. Es wird an anderer Stelle noch auf den Begriff *Entelechie* hingewiesen werden, den *Aristoteles* verwendete. Die Übersetzung aus dem Griechischen lautet: Was das Ziel, die Vollendung in sich trägt. Ein Geburtshoroskop stellt gewiß einen vertikalen Schnitt durch die Lebensphasen dar, enthält demnach bereits alles, was später zur „Ent-Wicklung" bzw. „Ent-Faltung" gelangt. Insofern ist der Mensch wohl „eine geprägte Form, die lebend sich entwickelt", wie *Goethe* meinte. Doch den menschlichen Erkenntnissen sind deutliche Grenzen gesetzt. Es ist demnach wohl besser, sich zu bescheiden, als in wildes Spekulieren zu verfallen. Das aber geschieht, wenn eine Prognose zu weit in die Zukunft ausgreift. Die

68

Interpretation einer künftigen Zeitqualität würde sich zu weit von den bekannten Umständen entfernen.

Man sollte also schon wissen, was man von einem Astrologen erwarten kann, und abklären, wie weit er den zeitlichen Rahmen für seine Prognose ziehen soll. Bei Ihrer Anfrage können Sie sich kurz fassen. Bedenken müssen Sie jedoch, daß ein Astrologe durchaus auf Ihre Informationen angewiesen ist. Schließlich steht er vor der Aufgabe, den Symbolgehalt der Konstellationen und damit die Qualität der Zeit für Sie zu deuten, d. h., diese auf Ihre Situation zu beziehen. Erhalten Sie auf Ihre Anfrage ein Angebot mit irgendwelchen großartigen Versprechungen, lassen Sie die Finger von dem Auftrag. Wie umfangreich dasjenige ist, was man aus einem Horoskop wirklich ermitteln kann, weiß man erst, wenn alle erforderlichen Berechnungen vorliegen. Ein seriöser Astrologe wird Sie zumindest informieren, ob und in welchem Rahmen er auf diese oder jene Ihrer Fragen überhaupt antworten kann. Das Honorar sollte vorher abgesprochen sein, damit nicht später Nachforderungen gestellt werden. Entscheiden müssen Sie selbst, was Ihnen die Sache wert ist. Die gewissenhafte Durcharbeitung aller Fakten, die Niederschrift kann eine Arbeit von vielen Stunden sein. Außerdem muß auch der Astrologe Steuern zahlen. So wird das Honorar neben den Versandkosten derzeit 15 % Mehrwertsteuer enthalten.

Eine schriftliche Beratung hat den Vorzug, daß der Astrologe sich seine Ausführungen überlegen kann, daß er sich nicht spontan äußern muß und daß der Klient etwas schwarz auf weiß bekommt. Machen Sie in dem Fall aber aus, daß Sie telefonisch nachfragen können, wenn Ihnen etwas unklar ist. Bei der schriftlichen Beratung ohne persönlichen Kontakt gehen Sie sicher, daß der Astrologe nur sein Handwerkszeug und Ihre Informationen verwenden kann, daß er sich nicht durch äußere Umstände beeinflussen läßt, Ihnen etwa nach dem Mund redet. Letzteres ist ein Vorwurf, den Kritiker gern ins Feld führen.

Schriftliche oder mündliche Beratung

69

Viele Astrologen kann man indessen nur mündlich konsultieren. In diesem Fall sollten Sie eine Tonbandaufzeichnung des Gesprächs verlangen, damit Sie nachvollziehen können, was gesprochen wurde. Andernfalls wissen Sie hinterher nicht mehr, wovon eigentlich die Rede war. Doch bevor es zu einem Gespräch kommt, muß der Astrologe ausreichend Zeit haben, alle erforderlichen Berechnungen durchzuführen. Sitzen Sie ihm dann gegenüber, schildern Sie kurz, aber präzise Ihre Situation und stellen Sie die Fragen, auf die Sie Antworten wünschen. Sie können die ganze Angelegenheit zwar anonym abwickeln, müssen nicht Ihren Namen nennen, doch ist ein Stichwort erforderlich, zweckmäßigerweise ein Vorname, damit Ihre Unterlagen archiviert oder abgespeichert werden können. Machen Sie falsche Angaben, sei es in den Daten oder zu Ihrer Lage, haben Sie Ihr Geld umsonst ausgegeben. Die Ergebnisse würden nicht zutreffend sein, denn die Zeitqualität muß ja nach Ihren Angaben gedeutet werden.

Selbst ein gutes Computerhoroskop ist in jedem Fall billiger als eine persönliche Beratung, so daß Sie gut die Probe aufs Exempel machen können. Das gilt auch für eine „Astro Complett Prognose". Allerdings ist mit dieser keine Geburtszeitkorrektur verbunden, aber wenn Sie Erfahrungen mit der Ausarbeitung gesammelt haben, kann sie nachträglich erstellt werden.

Obwohl die meisten Computerhoroskope, die angeboten werden, reine Schubladendeutungen sind, können sie selbst in dieser Form als Prognose der Entscheidungshilfe dienen.

Angabe des kompletten Geburtsdatums

Welche Angaben müssen Sie dem Astrologen bzw. bei der Bestellung eines Computerhoroskops machen? Erforderlich ist Ihr Geburtsdatum, also Tag, Monat und Jahr der Geburt, die möglichst genaue Zeit des „ersten Schreis" und des Geburtsorts. Bedeutungslos ist, ob Sie an einem Montag oder Sonntag geboren wurden. Früher behauptete der Volksmund, „Sonntagskinder" hätten mehr Glück im Leben, aber das ist Aberglaube.

Damit sind wir bei der Frage der *Geburtszeit*. Soll das Horoskop genau sein, und nur ein solches kann eine Diagnose oder Prognose rechtfertigen, muß es auf dem Geburtsmoment aufbauen. Deswegen ist es unerläßlich, die Geburtsminute anzugeben. Nun weiß jeder, daß eine Geburt sich über Stunden hinziehen kann. Entscheidend ist der Zeitpunkt, zu dem das Eigenleben beginnt, das Kind also selbst atmet und nicht mehr vom mütterlichen Organismus abhängig ist. Da der erste Atemzug aber nicht zu vernehmen ist, orientiert man sich an dem „ersten Schrei", der auf diesen folgt. Die Hebamme ist gehalten, die Uhrzeit der Geburt in ein Formular einzutragen, das die Grundlage für die Registrierung der Geburt beim Standesamt ist. Seit Bismarck, also seit rund hundert Jahren, wird die Geburt auf eine Viertelstunde genau registriert, wobei nicht festgelegt ist, ob der „erste Schrei" oder das Abnabeln das hierfür relevante Ereignis ist. Nun kann es geschehen, daß die Geburt etwas kompliziert verläuft oder daß andere Gründe vorliegen, weshalb die Hebamme oft erst auf die Uhr schaut, wenn sie ihre Arbeit getan hat. Deshalb ist häufig zu beobachten, daß die Geburt tatsächlich um fünf bis zehn Minuten früher als angegeben erfolgt ist. Geburtszeitangaben mit der vollen Stunde 3 Uhr, 15 Uhr etc. sind sehr wahrscheinlich gerundete Werte. Ausgehen sollte man indessen von den standesamtlichen Angaben, denn die Mütter irren häufig. Sie sind infolge der physischen und psychischen Anstrengungen der Geburt zu genauen Beobachtungen selten in der Lage.

Wer seine Geburtszeit nicht kennt, kann sie vom Standesamt erfahren. Man verlange einen großen Registerauszug mit Angabe der Geburtszeit. Auf der üblichen *Geburtsurkunde*, auch im Familienstammbuch, fehlt diese Notiz in der Regel. In Österreich oder in der Tschechoslowakei war der Taufschein das Geburtsdokument, so daß man sich in diesem Fall an die Kanzlei der Kirche wenden muß, die das Dokument ausgestellt hat. Oft enthält der

Taufschein die Zeitangabe. Heute wird die Geburtszeit durchgehend in der 24-Stunden-Form angegeben, etwa 5 Uhr nachmittags als 17 Uhr. Bei alten Zeitangaben muß man beachten, ob die Geburt am Vormittag oder Nachmittag, das heißt in den zwölf Stunden vor dem Mittag (12 Uhr) oder in den zwölf Stunden des Nachmittags erfolgt ist. 1 Uhr vorm. ist demnach soviel wie 1 Uhr in der Nacht. Ein Viertel drei heißt 02.15 Uhr, ein Viertel vor drei wird in manchen Gegenden auch als dreiviertel drei bezeichnet, beides meint 02.45 Uhr.

MEZ oder Sommerzeit? Die Zeit wird seit 1893 bei uns stets in Mitteleuropäischer Zeit (= MEZ) angegeben. War am Geburtstag Sommerzeit, so ist das in den Urkunden nicht vermerkt. Der Astrologe hat allerdings Unterlagen, um den Sachverhalt festzustellen. Machen Sie nicht etwa den Fehler, selbst die Geburtsstunde von Sommerzeit in MEZ umzurechnen. Sie nennen dem Astrologen die Ihnen bekannte amtliche Zeitangabe.

Sommerzeit, in den USA Daylight Saving Time oder War Time genannt, gab und gibt es in vielen Ländern. Das bekannte SESAM-Berechnungsprogramm ist da sehr ausführlich. Sollten Sie sich für die Sommerzeiten bei uns interessieren, finden Sie eine Tabelle im Anhang.

Geburtsort Zu den Angaben, die man dem Astrologen machen muß, gehört auch der Geburtsort. Ein tüchtiger Astrologe wird entsprechende Unterlagen haben, den geographischen Längen- und Breitengrad des Geburtsortes zu ermitteln. Es genügt nicht, „Berlin" als *Geburtsort* zu benennen, denn **Die geographischen Koordinaten** beispielsweise liegt Berlin-Reinickendorf auf 52° 35' nördl. Breite, Berlin-Babelsberg aber auf 52° 24' 24". Handelt es sich um ein Dorf, muß man die nächstgrößere Stadt angeben, zumal wenn die Gefahr der Verwechslung bei gleichnamigen Orten besteht.

Telefonischer oder schriftlicher Auftrag Ein großes Risiko geht man ein, wenn man die doch so wichtigen Geburtsdaten dem Astrologen telefonisch übermittelt. Es besteht immer die Gefahr eines Hörfehlers. Nur wenn Sie die Angaben dem Astrologen schriftlich mitteilen und sich am besten davon einen Durchschlag oder eine Kopie machen, können Sie im Zweifelsfall belegen, wer für eine fehlerhafte Ausarbeitung verantwortlich ist. Es gibt sogar Fälle, in denen das eigene Geburtsdatum schriftlich falsch mitgeteilt wurde.

Bedeutung des „Aszendenten" für die Prognose und beim Partnerschaftsvergleich

Warum sind exakte Angaben so wichtig? Beispielsweise bewegt sich der Mond innerhalb von 24 Stunden etwa durch ein halbes Tierkreiszeichen. Das heißt, daß er am Morgen im Krebs, am Nachmittag im Tierkreiszeichen Löwe stehen kann. Das aber ergäbe einen beträchtlichen Unterschied nicht nur in der Beurteilung der Gemütsverfassung. Nach der Geburtszeit wird vor allem der Verlauf des Horizonts und des Meridians berechnet. Es sind die beiden Hauptachsen der Horoskopzeichnung. Die Endpunkte des Horizonts sind der Aszendent oder Aufgangspunkt und der Deszendent oder Untergangspunkt. Von der Erde aus gesehen gehen Sonne, Mond und Sterne im Osten auf, erreichen am Mittag die höchste Stellung ihrer täglichen Wanderung und gehen am Abend dann im Westen unter. Jeweils alle vier Minuten wandert ein neuer Grad des 360°-Tierkreises durch den Meridian und nimmt damit die Position des MC (lat. medium coeli, die Himmelsmitte) ein. Da die Erdachse bekanntlich schief steht, ist die Dauer, die jedes der zwölf Tierkreiszeichen benötigt, um am östlichen Himmel aufzugehen, dagegen unterschiedlich. So benötigen etwa die Zeichen Waage und Skorpion im mittleren Deutschland je zwei Stunden und 49 Minuten für einen Durchlauf ihrer 30 Zeichengrade. Demnach würde bei diesen Zeichen jeweils alle 5 Min. 38 Sek. ein neuer Grad im Osten aufsteigen. Das Tierkreiszeichen Widder dagegen läuft in nur 50 Minuten mit allen seinen 30 Graden durch, so daß bereits jeweils nach 1 Minute 40 Sekunden ein neuer Grad Aszendent wird. Nun gibt es Prognoseverfahren, bei denen eine Verschiebung der Geburtszeit um nur ein Grad eine veränderte zeitliche

Auslösung eines Trends um ein ganzes Jahr ausmacht. Würde die Geburtszeit um zehn Minuten falsch angegeben werden, würde das bei einem aufgehenden Widderzeichen einen bestimmten bedeutsamen Trend (Ereignistendenz) um sechs Jahre und acht Monate verschieben.

Auch bei einer Partnerschaftsanalyse kommen Horizont und Meridian ganz besondere Bedeutung zu. Leider hat die Zeitungsastrologie bewirkt, daß die Sonnenposition, die sich im Geburtstag ausdrückt, überbewertet wird, während doch Horizont (also „Aszendent") und Meridian die eigentlichen individuell wichtigsten Fakten des Horoskops liefern.

Weitaus die meisten Menschen können keine genaue Geburtszeit angeben, wobei man auch noch bedenken muß, daß manche Hebammen das Durchtrennen der Nabelschnur als maßgeblich ansehen und nicht den ersten Schrei. Oder man notiert den Zeitpunkt des Austretens des Kopfes. Folglich muß der Astrologe davon ausgehen, daß die Geburtszeit nur annähernd stimmt, was zwangsläufig zu Ungenauigkeiten in der Prognose führen muß.

In jedem Fall wird der Astrologe also die Richtigkeit der Geburtszeit an Hand von Ereignissen prüfen wollen oder müssen. Das kann ein sehr zeitraubendes Verfahren sein, unter Umständen zeitaufwendiger als alle anderen Berechnungen zusammengenommen.

Möglichkeiten der Kontrolle oder Korrektur der Geburtszeit

Ein gewissenhafter Astrologe fragt den Auftraggeber eines Horoskops nach markanten Ereignissen aus seinem Leben. Denn wenn es möglich sein soll, künftige ungewöhnliche Zeiten, kritische wie glückliche, im voraus auszumachen, muß man doch auch für einschneidende, auffallende Begebenheiten aus der Vergangenheit die dazu passenden Konstellationen auffinden können. Es wurde zwar gesagt, daß man keine bestimmten Ereignisse im voraus erkennen könne, aber das hat damit zu tun, daß Symbole mehrdeutig sind. So kann der Übergang des Planeten Uranus über den Deszendenten des Geburtshoroskops eine

Krise in der Partnerschaft anzeigen, aber etwa bei einem Politiker oder Geschäftsmann auch eine in den Beziehungen zur Öffentlichkeit. Oder es handelt sich um einen persönlichen Verlust, durch den man schwer betroffen wird, oder um einen gesundheitlichen Zusammenbruch, evtl. auch um eine andere Existenzkrise. Ist man in der Lage, derartige Ereignisse aus der Vergangenheit dem Astrologen durch ein genaues Datum zu belegen, kann er prüfen, ob zu diesem Termin eine für ein solches Ereignis typische Konstellation vorgelegen hat. Wenn nicht, wird er die Geburtszeit um einige Minuten anders ansetzen, bis er eine Entsprechung findet. Eine solche *korrigierte Geburtszeit* müßte sich allerdings an anderen markanten Ereignissen bewähren. Voraussetzung für ein solches Korrekturverfahren (es gibt noch andere) ist jedoch, daß man dem Astrologen eine Anzahl schicksalhafter Ereignisse durch genaue Daten belegen kann, denn keineswegs alle Geschehnisse, mögen diese auch im Einzelfall als sehr gravierend empfunden werden, eignen sich zur Korrektur. So kann der Verlust eines Partners oder eines Elternteils, durch den man erschüttert wurde, sich auch etwa durch den Übergang Saturns über die Mondposition darstellen oder durch eine andere Konstellation, an der weder Horizont noch Meridian beteiligt sein muß.

Als Ereignisse, die eventuell eine Korrektur der Geburtszeit erlauben, sind besonders jene geeignet, die sich völlig exakt terminieren lassen, etwa ein schwerer Autounfall. Es genügt allerdings nicht, dem Astrologen zu sagen: „1987 hatte ich einen schweren Autounfall." Es müßte vielmehr heißen: „Am 17. März 1987 hatte ich um 16.30 Uhr in München einen Autounfall und wurde schwer am linken Arm und am linken Bein verletzt. Ich war danach drei Wochen in der Klinik." Dann kann der Astrologe für diesen Termin ein Horoskop berechnen und es mit der Geburtskonstellation vergleichen, um daraus seine Schlüsse zu ziehen.

Geeignete Ereignisdaten

Ein Operations- oder Scheidungstermin kann wichtig sein, doch eignet er sich zur Korrektur der Geburtszeit nur bedingt, da in beiden Fällen längere Entwicklungen vorausgegangen sind. Dagegen kann eine Notoperation oder eine plötzlich ausgesprochene Kündigung Kontrollmöglichkeiten liefern.

Ergänzende Angaben Vergessen Sie nicht, Ihren Familienstand anzugeben, Geburtsdaten des Gatten und der Kinder zu nennen, auch den erlernten und den ausgeübten Beruf! Der Astrologe sollte wissen, mit wem er es zu tun hat. Ein Ganzfoto kann hilfreich sein, vor allem, wenn die Geburtszeit nur ungefähr bekannt und nicht genau zu ermitteln ist.

Bedenken Sie: Ein Astrologe ist kein Hellseher, er ist auf Ihre Informationen angewiesen, um sich ein Bild des Horoskopeigners und von dessen Lebenssituation zu machen und die Zeitqualität entsprechend zu deuten.

Das „richtige" Horoskop

Es gibt kaum einen anderen Themenkreis, der so kontrovers diskutiert wird wie Astrologie bzw. Horoskope. Dies geschieht im wesentlichen, weil nur wenige wissen, was die Begriffe Astrologie und Horoskope wirklich bedeuten und was sie aussagen wollen und können.

Das Horoskop – ein Schaubild der Zeitqualität Üblicherweise versteht man unter Zeit den individuell verschieden erlebten Ablauf der Gegenwart. *Schiller* hat die drei Schritte der Zeit prägnant erfaßt: „Dreifach ist der Schritt der Zeit: Zögernd kommt die Zukunft hergezogen, pfeilschnell ist das Jetzt entflogen, ewig still steht die Vergangenheit."

Quantität und Qualität der Zeit Die Physik kennt nur ein Kriterium der Zeit, ihre Quantität, sie billigt ihr keine Qualität zu. Mittels Uhren und Kalender wird die Zeit objektiv gemessen. Subjektiv dagegen erleben wir einen in seiner Geschwindigkeit schwankenden Zeitablauf. Je älter wir werden, um so kürzer erscheinen uns die kalendermäßig gleichen Zeitspannen wie die Wochen, Monate, Jahre. Wie lange mußten wir doch als Kinder auf die Ferien, auf Weihnachten warten!

Schauen wir auf erlebte Zeiten zurück, beurteilen wir gewisse Perioden der Vergangenheit als für uns fördernde, glückliche oder als hemmende, unglückliche Zeiten. Bestimmte Ereignisse wie Krieg, Unfall, eine Katastrophe, aber auch eine Heirat, ein Urlaub, ein Lotto-Treffer oder anderes werden individuell und damit durchaus subjektiv erlebt bzw. unterschiedlich beurteilt. Das aber wollte Marie v. Ebner-Eschenbach mit dem bereits zitierten treffenden Aphorismus sagen: Es kommt nicht darauf an, was wir erleben, sondern wie wir empfinden, was wir erleben.

Die Bibel ist reich an Aussagen zum Thema Zeit. So ordnet der Prediger bestimmte Ereignisse auch ganz bestimmten Terminen zu, wodurch die Zeit eine spezifische Qualität erhält: „Ein jegliches hat seine Zeit, und alles Vorhaben unter dem Himmel hat seine Stunde: Geboren werden, heilen, sterben, töten, weinen, lachen, klagen, tanzen, lieben, hassen ... alles hat seine Zeit." (Sal. 3)

Aussagen der Bibel

Vier Faktoren sind es, die uns veranlassen, dieses oder jenes zu einem bestimmten Termin zu tun: unser *Instinkt*, unsere Vernunft und unsere persönlichen Erfahrungen – oder die Gewohnheit. Wir handeln, weil wir zu wissen meinen, wann wir dieses oder jenes tun sollten, damit es gelingt. Unsere innere Stimme mag manchmal stärker sein als der Einfluß der Vernunft, besonders in Gefahrensituationen. Dann steuert der Instinkt unsere Handlungsweise.

Wir wissen um das Wesen der Zeitqualität und um unsere Abhängigkeit von ihr. „Wiederum sah ich, wie es unter der Sonne zugeht: zum Laufen hilft nicht schnell sein, zum Kampf hilft nicht stark sein, zur Nahrung hilft nicht geschickt sein, zum Reichtum hilft nicht klug sein; daß einer angenehm sei, dazu hilft nicht, daß er etwas gut kann, sondern alles liegt an Zeit und Glück." (Sal. 9)

Das Geburtshoroskop als ein Faktum der Zeitqualität

Wollen wir erfolgreich sein, ganz gleich worin, möchten wir den rechten Zeitpunkt wählen. Das setzt voraus, daß wir die zeitliche Qualität eines bestimmten Termins in Erfahrung bringen. Dazu verhilft die Astrologie.

Das Geburtshoroskop ist die Interpretation der Zeitqualität des Geburtstermins, bezogen auf die Minute der Geburt und auf einen durch die geographischen Koordinaten exakt definierten Punkt der Erdoberfläche. Die Deutung der Konstellation, also der Zeitqualität, geschieht zwar vorwiegend psychologisch, wenn es sich um das Horoskop eines Menschen handelt, doch auch in anderer Hinsicht.

Ein Vergleich soll helfen, das Gesagte besser zu verstehen. Stellen wir uns ein farbiges, nicht gegenständliches Gemälde vor, eine Kombination aller Farben des Regenbogens. Die Zahl der möglichen Bilder ist unendlich. Sie unterscheiden sich jeweils durch die Anordnung der Bildelemente bzw. durch Häufigkeit oder Intensität der einzelnen Farben. Vorstellbar ist etwa ein vorwiegend gelbes oder rotes Bild, ein anderes fällt durch überwiegend dunkle Töne auf. Solche Bilder lösen beim Betrachter bestimmte Effekte, Stimmungen aus. Wir werden heitere Bilder von bedrückend wirkenden unterscheiden.

Nicht anders ist es mit dem Horoskop. Die Zeitqualität ergibt sich aus der Anordnung der Elemente, nämlich der Gestirne, und durch ihre Verteilung über die Zeichen und Felder des Tierkreises, die ein System von Ordnungssymbolen darstellen. Absolut von unterschiedlichem Einfluß auf die Zeitqualität ist die Intensität der Konstellationen (= Gestirnstellungen) zu beurteilen.

Sehen wir in den astrologisch bedeutsamen Gestirnen, den Planeten, Kennmarken für bestimmte organische Kräfte im Menschen, lassen sich aus den Winkelverbindungen der Planeten, den Aspekten, bestimmte Spannungsverhältnisse in der menschlichen Natur ableiten. Sie beeinflussen die innere Harmonie, die Vitalität usw.

Obwohl in jedem Horoskop alle astrologischen Faktoren vorhanden sind, gibt es doch keine zwei, die deckungsgleich wären. Es gibt „marsische", farblich gesehen „rote" Horoskope, oder vergleichbar „sonnige", was auffallenderen gelben oder Orangetönen entspräche. Ein „saturnisches" Horoskop würde, als Bild gemalt, vorwiegend dunkle Töne aufweisen.

Der Astrologe studiert die Umläufe der Planeten, mit anderen Worten den Ablauf der kosmischen Rhythmen, weil diese ja charakteristisch für den zeitlichen Verlauf sind und bestimmend für die Zeitqualität.

Das Horoskop – ein Rhythmogramm

Zu jeder Minute, ja zu jeder Sekunde, bietet der Himmel für jeden Ort der Erde ein anderes Bild. Die kosmischen Rhythmen, ein Spannungsverhältnis untereinander bezeichnend, sind von wechselnder Qualität. Das Horoskop ist ein Rhythmogramm, weil es einen bestimmten Ausschnitt aus den Rhythmen zur Auswertung festhält. Paracelsus drückt es so aus: „Wie der große Himmel steht, also prägt er den Himmel in der Geburt." Wenn wir in paracelsischem Sinn die Planeten als Sterne in uns begreifen, ist der Himmel in der Geburt unser Charakter.

Bei der Prognose wird die Zeitqualität der Geburt in Beziehung zur Qualität künftiger (oder vergangener) Termine gesetzt. Ablesbar wird damit eine Übereinstimmung, Harmonie oder Disharmonie. Immer geht es bei astrologischen Untersuchungen um die Qualität der Zeit bzw. um ihre Rhythmen. Astrologie ist die Lehre von der Zeitqualität.

Voraussetzung für zutreffende Interpretation

Es ist nicht üblich, daß ein Astrologe einen vorgegebenen Zeitmoment nur für sich genommen deutet. Eine zutreffende Interpretation kann nur gelingen, wenn er weiß, was zu diesem Termin geschah, geschieht oder geschehen soll. Es könnte ein Mensch geboren worden sein, wobei es für die Interpretation einen Unterschied macht, ob es sich um einen weißen US-Amerikaner handelt oder um einen Farbigen, um einen Japaner oder um einen Deutschen oder einen Italiener. Obwohl der Astrologe in erster Linie psychologische Strukturen untersucht, kann er auch das Geburtshoroskop eines Rennpferdes interpretieren, nämlich die Qualität von dessen Geburtszeit. Oder – so weit gespannt ist Astrologie – es kann ein Horoskop auf den Zeitpunkt der Taufe eines Schiffes gestellt werden. Ebenso kann man es auf den Starttermin eines Flugzeugs, den Antritt einer Reise oder auf einen Geschäftsabschluß beziehen. Oder das Horoskop wird auf die Ausrufung eines Staates berechnet oder auf den Gründungstermin einer Partei oder auf andere bedeutsame Momente von allgemeinem oder persönlichem Interesse.

Der Astrologe ist davon überzeugt, daß der Starttermin eines Menschenlebens oder eines Ereignisses für dessen weiteres Schicksal entscheidend ist. Nichts anderes drückt *Friedrich Hölderlin* in seinem Gedicht aus:

„Wie du anfängst, wirst du bleiben –
soviel auch wirkt die Not und die Zucht;
mehr nämlich vermag die Geburt und der
Lichtstrahl, der dem Neugeborenen begegnet."

Geht es um einen bestimmten künftigen Termin, muß man ihn in Beziehung zum Startdatum setzen. Vielleicht muß sich jemand zu einer Operation entschließen und möchte wissen, ob und wie er am OP-Tag in Form sein wird. Es wird somit gefragt, ob die künftige Zeitqualität eines in Aussicht genommenen Termins zu der angeborenen paßt, denn alles hat seine Zeit. Grünes Licht für einen operativen Eingriff ist freilich noch keine Garantie für dessen Gelingen. Man müßte auch untersuchen, wie die Chancen des Operateurs an diesem Tag, zu dieser Stunde stehen. Daneben wären die astrologisch nicht erfaßbaren Umstände wie Sterilität des Raumes, das Geschick der beteiligten Personen etc. zu berücksichtigen.

An dieser Stelle sei darauf hingewiesen, daß sich für manche die Astrologie mit der Feststellung einiger Kritiker erledigt, daß Horoskope unwissenschaftlich seien. Zeitungen und Medien liefern indessen tagtäglich hinreichend Beispiele, die jedermann deutlich machen, daß manche Wissenschaften durch ihren Mißbrauch sehr häufig einen geradezu verderblichen Einfluß auf das Leben der Menschen haben. Daß etwas wissenschaftlich ist, kann daher keinesfalls ein Wertmaßstab für unsere Handlungen sein. Schließlich wird niemandem einfallen, etwa einen notwendigen Arztbesuch zu unterlassen, nur weil Medizin Heilkunst und nicht „Wissenschaft" ist.

Immer wieder wird eingewendet, Horoskope gingen von falschen astronomischen Grundlagen aus, weil die *Sternbilder* heute nicht mehr am Himmel zu sehen sind, wo sie vor zweitausend Jahren standen, als die letzten von ihnen ihre Namen erhielten. Ignoranten leiern seit Jahrzehnten gebetsmühlenartig immer und immer wieder ein tausendmal widerlegtes Argument herunter. Ins Feld geführt wird die Tatsache der Präzession, nämlich die Verschiebung des *Frühlingspunktes*. Das ist jener Punkt der Ekliptik, also der Sonnenbahn, den die Sonne am 21. März überschreitet, wenn sie sich von der Südhälfte der Himmelskugel nach Norden bewegt, es ist der Schnittpunkt des Himmelsäquators mit der Sonnenbahn. Man nennt diesen Frühlingspunkt auch Widderpunkt, denn hier beginnt der erste der 12 Abschnitte der Ekliptik, das Tierkreiszeichen Widder. Und das seit zweitausend Jahren. Weil die Erdachse schief steht, „eiert" sie wie bei einem Kreisel. Besagter Frühlingspunkt bewegt sich im Laufe von rund 26 000 Jahren einmal ganz durch den Tierkreis.

Die Sternbilder stehen daher heute nicht mehr an dem Platz, wo sie sich vor 2100 Jahren befunden haben. Wo am Himmel heute das Sternbild Widder zu sehen ist, befindet sich das Tierkreiszeichen Fische. Wir leben in einer Zeit, in der der Frühlingspunkt in das Sternbild Wassermann eintritt, daher spricht man vom beginnenden Wassermannzeitalter. Der Übergang vollzieht sich sehr langsam, denn die Verschiebung beträgt pro Jahr nur 50 Bogensekunden. Weil also heute keine Übereinstimmung von Sternbildern mit den Tierkreiszeichen vorliegt, sollen nach Meinung der Kritiker alle Horoskope falsch sein. Das ist natürlich keineswegs richtig, denn die Astrologen rechnen und arbeiten seit jeher mit den zwölf jeweils 30° großen Tierkreiszeichen und nicht mit den ungleich großen Sternbildern. Und der Beginn des Meßkreises der Tierkreiszeichen hat sich auch nie verschoben, stets war und ist die Sonne um den 21. März eines jeden Jahres, wenn Tag und Nacht gleich lang sind, am Widderpunkt des Tierkreises.

Intuition – Symbole – Grundlagen des astrologischen Symbolismus

Wer sich entschließt, ein Horoskop in Auftrag zu geben, sollte wissen, worauf er sich einläßt, d. h., was er erwarten kann. Ein Horoskop ist keine Wetterprognose. Wettervorhersagen stimmen sehr häufig nicht, weil es zu viele Variable wie auch Unwägbarkeiten gibt. Weil die Fakten wie Hoch- oder Tiefdruck, Windgeschwindigkeiten, Temperatur etc. meßbar sind, ist Meteorologie eine Naturwissenschaft. Astrologie kann es dagegen nicht sein. Sie entzieht sich in weiten Bereichen der Replikation. Doch als gültig im Sinne der Naturwissenschaften kann nur gewertet werden, was einer Wiederholung standhält und dabei zu gleichen Ergebnissen kommt. Da es aber keine zwei völlig identische Horoskope geben kann und auch horoskopisch nicht erfaßbare Umstände modifizierend wirken (wie Erziehung, Umwelt, soziale Verhältnisse u. dergl.), kann z. B. eine Prognose nicht wissenschaftlich etikettiert werden. Außerdem ist Astrologie Symboldeutung. Dazu einige Überlegungen.

In der Regel versuchen Menschen aus zivilisierten Gegenden ihre Entscheidungen wie ihr Verhalten durch ihren Verstand zu steuern. Leider müssen wir feststellen, daß dies sehr unzureichend geschieht. Vieles tun wir aus purer Gewohnheit, weil es so üblich ist, oder wir ersparen uns aus Bequemlichkeit das Nachdenken. Geraten wir einmal, z. B. im Straßenverkehr, in eine kritische Situation, schaltet sich blitzschnell unser Instinkt ein. Dieser steuerte das Leben des homo sapiens vergangener Zeiten wie auch der Angehörigen primitiver Völker in einem viel größeren Ausmaß, als es heute der Fall ist. Haben wir eigentlich das Recht, uns als höher entwickelt anzusehen? Man könnte daran zweifeln. Die verehrungswürdigen Weisen des Ostens vertrauten zu allen Zeiten ihrer Intuition mehr als dem Intellekt. Sie haben es verstanden und verstehen sich noch immer darauf, mittels bestimmter Techniken Gedanken abzuschalten und den unbewußten Kräften in uns das Steuer zu überlassen. Denn unser Unbewußtes, unser Instinkt, weiß, was uns guttut. Insofern funktioniert auch das Orakel des I Ging. Man muß nur das autogene Training ausprobieren, um die vorteilhaften Wirkungen des Abschaltens kennenzulernen.

Menschenkenntnis, unerläßlich im Alltag, ist zu einem guten Teil Intuition. Oft können wir nicht begründen, warum uns eine bestimmte Person sympathisch ist oder nicht. Auch ist meistens der erste Eindruck entscheidend, bevor wir den Verstand einschalten, d. h., über eine Bekanntschaft nachdenken. Es dürften nicht nur persönliche Erfahrungen sein, die wir im Unbewußten gespeichert haben. Was Generationen unserer Ahnen erlebt und erlitten haben, hat sich vererbt und ist als Erinnerungen im Unbewußten ein gehortetes Kapital, von dem wir im Bedarfsfall zehren. Leider müssen wir zugeben, daß die Zivilisation manches Wertvolle überdeckt oder unterdrückt hat. Amerikanische Indianer verhalten sich heute noch stark gemäß solcher Prägung des Unbewußten. Im Umgang reagieren sie mehr auf Stimme, Gang, Gestik oder andere persönliche Merkmale der Mitmenschen. Bestimmte Nuancen etwa einer Körperhaltung, eine geflüsterte Drohung, ein warnender Laut in der Nacht sind ihnen Symbole, die sie ganzheitlich aufnehmen, nicht durch den Verstand gefiltert.

Gedanklich können wir nachvollziehen, warum der Tiger als ein Symbol für Gefahren gilt. Doch da uns die persönliche Erfahrung im Umgang mit Großkatzen fehlt, verstehen wir das lediglich verstandesmäßig. Das aber ist nicht nachhaltig genug, um zu einer brauchbaren Erkenntnis zu führen, die im Notfall automatisch abgerufen wird. Es fehlt die entscheidende Beteiligung des Gemüthaften. Wer dagegen im Urwald lebt oder gar dort aufwuchs, weiß instinktiv um die Gefährlichkeit des Tigers, weil er mit ihr schon konfrontiert wurde. Dadurch hat er über das Gemüt einen ganz anderen, tieferen Zugang zu dem Gefahrensymbol. Auf welche Weise und wie nachhaltig wir Symbole begreifen, hängt wesentlich von unserer Erfahrung ab.

An dieser Stelle scheint es sinnvoll, auf die modernste pädagogisch-psychologische Methode des Lernens hinzuweisen, Lerninhalte über Bilder aufzunehmen. Zunehmend beschäftigt sich die Wissenschaft mit den Funktionen unseres Gehirns, seit *Prof. Wolcott Sperry* bahnbrechende Entdeckungen machte. Er erhielt 1981 den Nobelpreis für Physiologie und Medizin, weil er herausgefunden hatte, daß jede *Gehirnhälfte* für sich genommen eine Einheit darstellt, die eigene Gedanken produziert und auch ein eigenes Gedächtnis hat. Die linke Gehirnhälfte enthält das Sprachzentrum und ist zuständig für abstrakte Gedanken. Sie ermöglicht es, logisch, im eigentlichen Sinn rational, gewissermaßen in Worten zu denken und Sachverhalte zu analysieren. Die rechte Gehirnhälfte dagegen nimmt Gesamteindrücke wahr, denkt bildhaft. Sie ist zuständig für Phantasie und Kreativität, für bildhaftes Erleben, etwa auch im Traum, für Gefühle, Musik, Sexualität. Alle neuartigen Eindrücke werden zuerst über die rechte Gehirnhälfte aufgenommen. Beim gesunden Menschen arbeiten beide Gehirnhälften zusammen und ergänzen einander. Bilder und Gefühle erhalten durch die gliedernde Beobachtung und Bewertung eine höhere Qualität.

Eine Konsequenz der Entdeckung Sperrys ist die kritische Auseinandersetzung mit dem einseitigen Trend, der seit dem Aufkommen der Naturwissenschaften zu einer Überbetonung einer ganz bestimmten intellektualisierten Denkhaltung geführt hat. So wurden rationale Erkenntnisse höher geschätzt als Intuition. Bekanntlich galt seither und bis heute zu Unrecht Wissenschaft mehr als Religion oder Kunst, eine wirtschaftliche, auf Technik und Wissenschaft basierende Expansion mehr als die Erhaltung, die ökonomische Organisation somit mehr als ökologische Verantwortung. Die neue durch Sperry angeregte Sicht macht es möglich, zu erkennen, daß es ein Irrglaube war, das Erkennen der Natur mit ihrer Beherrschung gleichzusetzen.

Im Hinblick auf die Entwicklung der Pädagogik hat das neue Denken einen interessanten Weg geöffnet. Schüler entdecken über den Zustand der Trance ihr zweites Ich. Durch erzwungene, verkrampfte Konzentration lernt man nicht besser, wohl aber, wenn mit den Lerninhalten Erlebnisse, eindrucksvolle Bilder oder Stimmungen verknüpft sind. Wenn man sich ganz einer Musik hingibt, auch beim Sport alles ausschaltet, was die unbedingte Entfaltung einer Leistung hemmt, doch auch durch Meditation – eine Form der Entspannung, des Loslassens – wird eine Fokussierung der Gedanken erzielt und damit eine verbesserte Aufmerksamkeit. Schon *Pestalozzi* postulierte, was nunmehr wissenschaftlich bewiesen ist: Anschauung ist das Fundament der Erkenntnis. Erfahrene Lehrer wußten seit jeher, daß eine anschauliche, spannende Erzählung, die vor dem geistigen Auge der Schüler Bilder entstehen läßt, die ganzheitliche Aufnahme des Stoffes, zum Beispiel im Geschichtsunterricht, fördert. Je bildhafter beeindruckt der Mensch ist, um so intensiver nimmt er wahr. Die Werbung im Fernsehen belegt es.

Auch die astrologischen Symbole sind Bilder. Ihren ganzheitlichen Sinn erfaßt man daher weniger durch kritische Analysen (im Sinne des Wortdenkens), wohl aber gewinnt man einen Zugang zur Ganzheit der Symbole über Bilder. Das ist auch der Grund, warum die Astrologie an den Symbolen der Tierkreiszeichen festhält oder man sich Mars als Kriegsgott und Merkur als Gott der Kaufleute und Diebe plastisch vorstellt.

Am meisten beeindruckt das selbst erlebte Geschehen. Eine Naturkatastrophe hinterläßt bei einem Überlebenden andere Eindrücke als bei dem Fernsehkonsumenten, der davon nur in den Nachrichten erfährt. Die Spuren eines erlebten schrecklichen Geschehens bleiben im Unbewußten lebenslang auf Abruf gespeichert. Deshalb sind auch etwa Krieg oder Bürgerkrieg für die Betroffenen keineswegs mit einem Waffenstillstand beendet. Unsere fernen Vorfahren, die Jäger und Sammler, konnten aus erlebten Schrecken durchaus einen gewissen Nutzen ziehen. Ihr Instinkt löste Schutzfunktionen aus, reagierte auf Symbole wie auf alarmierende Eindrücke.

In der Horoskopie scheint es zwar auf den ersten Blick nicht um Hauen und Stechen zu gehen. Doch müssen wir uns nicht mit anderen, schwerwiegenden Problemen auseinandersetzen, die jedermann treffen können, seien es Krankheit oder Tod, Angelegenheiten unserer wirtschaftlichen Existenz oder das zentrale Thema der Partnerbeziehungen?

Für Symbole ist typisch, daß sie für eine Ganzheit stehen, die wir als solche nicht analysieren und daher mit anderen vergleichen können. Denn dies wäre eine Denkleistung, und Symbole verlangen, ganzheitlich erfaßt zu werden. Nur bestimmte Teile einer Sache können wir miteinander vergleichen, bei Personen etwa Größe, Aussehen, Arbeitsamkeit, Familiensinn, Potenz eines Partners oder einer Partnerin u. a. m.

Grenzen der Deutung

Machen wir uns klar, daß wir es in der Astrologie ausschließlich mit Symbolen zu tun haben, so bei den Planeten, den Tierkreiszeichen etc., begreifen wir, weshalb jede Deutung mit Worten Stückwerk bleiben muß. Was uns zu tun bleibt, ist ein mehr oder weniger erfolgversprechender Versuch, allein vom Verstand her das Sinnganze eines Symbols zu erfassen. Darin zeigt sich bereits die Grenze der Interpretation eines jeglichen Horoskops.

Sinnhaftigkeit der Symbole

Natürlich können wir Teilbereiche vergleichen, etwa die Winkelabstände der Gestirne. So sind die beiden Halbmondstellungen, bezogen auf die Erde, Winkel von 90 Grad zwischen Sonne und Mond. Der Vollmond dagegen ist als Opposition die Gegenüberstellung beider Gestirne, ein Winkel von 180 Grad. Doch was besagt der Vergleich dieser Fakten? Wir können an ihnen die Lichtgestalten des Mondes ablesen. Auch verbinden sich damit die Ergebnisse von Beobachtungen bei den Gezeiten bis hin zur Häufung von Geburten. Dennoch handelt es sich nur um Teile des Wesens dieser Konstellationen. Die Sinnhaftigkeit, etwa des Symbols *Vollmond*, wird damit nicht erfaßt.

Dagegen vermag uns das Erlebnis einer Vollmondnacht lebenslang in Erinnerung zu bleiben. Vielleicht haben uns deren außergewöhnliche Umstände, etwa auf einer Südseereise, beeindruckt. Ganz persönlich könnte ein solches Vollmonderlebnis uns zum Symbol für ein bestimmtes Erlebnis geworden sein, wobei der gemüthafte Effekt sicher ausschlaggebend ist.

Andererseits schreibt Goethe, daß er erst geboren werden konnte, als „die Kraft des Vollmonds" gebrochen war. So mögen sich mit symbolisch aufgefaßten Konstellationen auch tatsächlich „Kräfte" verbinden. Uralte Mythen und Märchen belegen, wie ungeheuer unsere Vorfahren vom Naturgeschehen beeindruckt, ja abhängig von ihm waren, auch von den Vorgängen am Himmel. Die Pyramiden in Ägypten oder Mexiko, die Steinsetzungen in der Bretagne oder die von Stonehenge sind Zeugen für das Bemühen der Menschen, ihr persönliches Leben gleichnishaft im Geschehen am Himmel gespiegelt zu sehen. Sie hatten sich mit kosmischen Vorgängen identifiziert. Die Erkenntnis „Wie oben, so unten" wurde geradezu die Maxime antiker Philosophie. In einem Prozeß, der Jahrtausende oder besser jahrzehntausendelang währte, prägte sich das Symbolhafte in unser Unbewußtes ein.

Archetypen Nur so sind die Erkenntnisse *C.G. Jungs* über die Archetypen zu erklären. Der Tiefenpsychologe entdeckte die urtümliche Bereitschaft des Wahrnehmens und Handelns im „kollektiven Unbewußten". Jung postulierte, daß der Teil unseres Unbewußten kollektiv sei, der uns allen gemeinsam ist. Weil hier ein gemeinsames Ahnenerbe vorläge, sei es objektiv und damit zuverlässig. Daher können etwa Träume das engere Bewußtsein des Menschen über bestimmte Vorgänge in seinem Leben wie Geburt, Tod oder das Verhältnis in der Partnerschaft, Krankheit u. a. belehren. Ohne Frage spielen solche tiefenpsychologischen Annahmen auch eine Rolle bei der inneren Beziehung von Mensch und Gestirn.

Im Lichte derartiger Überlegungen wird verständlich, warum es möglich ist, daß wir im roten Planeten Mars das zuverlässige Symbol der aufbauenden und zerstörenden, der zeugenden Energie sehen dürfen oder warum Mars bei den Römern zum Kriegsgott werden konnte.

Aspekte Viele astrologische Ausdrücke finden eine Erklärung, wenn wir sie symbolisch begreifen. So sprechen wir zum Beispiel von *Aspekten*, d.h., Anblicken, und meinen damit Winkelstellungen zwischen zwei Gestirnen und der Erde. Bei der erwähnten Vollmondstellung blicken sich Sonne und Mond gewissermaßen feindlich an, weil sie gegenübergestellt sind. Ähnlich kann man bildhaft auch einen Aspekt, etwa zwischen Mars und Mond, auffassen. Bildhaftes, symbolisches Verständnis war früher allgemein üblicher. Man zog Schlüsse daraus, wie beide Gestirne sich anblickten, sei es in feindlicher Gegenüberstellung oder in Konjunktion, also verbunden zu gemeinsamer Wirkung u. dergl.

Die Beschreibung von Symbolen, die Übersetzung ihrer Sinngehalte in die Sprache der Vernunft, ist grundsätzlich das Hauptproblem der astrologischen Interpretation. An ihm scheitert zwangsläufig jegliche naturwissenschaftliche Begründung der Astrologie. Denn Symbole lassen sich als Bilder einer Ganzheit nur teilweise intellektuell erfassen und können daher allenfalls auch nur teilweise einer Analyse unterworfen werden. Jede Interpretation einer Gestirnstellung muß somit zwangsläufig auf Beispiele für die Entsprechungen beschränkt bleiben. Man kann versuchen, allein mit Worten dem Sinngehalt eines Symbols, d. h., eines Bildes, nahezukommen, wird ihm aber nie total gerecht werden können. Deswegen ist jener Astrologe auch im Vorteil, der über Intuition verfügt, der ein Gespür für die Zusammenhänge hat. Darin wird der Mensch dem Computer noch auf lange Zeit überlegen sein.

Symbolen können wir uns auf zwei Wegen nähern. Einmal versuchen wir, den Sinngehalt der Ganzheit dieser Zeichen durch den Intellekt zu begreifen, zum anderen durch Intuition.

C.G. Jung versteht unter Intuition eine Art instinktiven Erfassens, gleich welcher Inhalte. „Die intuitive Erkenntnis hat daher ihren Charakter von Sicherheit und Gewißheit, der Spinoza vermochte, die ‚scientia intuitiva' für die höchste Form der Erkenntnis zu halten." Diese Intuition ist der bloßen Sinneserfahrung entgegengesetzt, die immer fragmentarisch ist und die der kausalen Logik des Intellekts bedarf.

Dane Rudhyar sagt, daß Intuition nicht auf kausaler Logik aufgebaut ist und doch eine bestimmte Art von Folgerichtigkeit beinhaltet (die er als „holistische Logik" bezeichnet). Die aus der ganzheitlichen (d. h. holistischen)

Wahrnehmung entstandene intuitive Erkenntnis ist nicht von gleicher Art wie jene aus einfachen mathematischen Lehrsätzen, doch wäre aber die intuitive Erkenntnis eine Art Tautologie (d. h. von gleichem Sachverhalt). Demnach vermögen bestimmte verschiedene Anordnungen von Symbolen in unterschiedlicher Weise gleiches auszusagen (*Bertrand Russell*).

Sechster Sinn und Intuition Intuition meint also nicht den sechsten Sinn, etwa Hellsehen. Wohl aber gibt es Hellseher, die sich durch eine Horoskopzeichnung ebenso inspirieren lassen, wie andere das „Steigrohr des Unbewußten" durch Karten oder durch den Blick in eine Kristallkugel in Betrieb setzen. Horoskopieren nach allgemeinem Sprachgebrauch meint jedoch etwas anderes. Man versteht darunter das Bemühen, unter Anwendung bestimmter Regeln dem Inhalt einer Horoskopzeichnung gerecht zu werden, soweit dies, wie dargelegt, überhaupt möglich ist. Allerdings können wir vermuten, daß die uralten astrologischen Deutungsregeln einstmals durch Intuition aufgefunden und später durch ausgiebige Beobachtungen falsifiziert bzw. bestätigt wurden.

Der einzelne Mensch ist mehr oder weniger intuitiv begabt. Instinktiv, also durch Intuition, vermag er in einer bestimmten Ganzheit das Symbol einer grundlegenden Lebensqualität zu erkennen. Darauf muß der Computer verzichten. Ihm ist es (zumindest, soweit wir es gegenwärtig überschauen) nicht gegeben, die Seele als das Eigentliche in jedem Ding zu sehen, also die Ganzheitlichkeit (nennen wir sie Qualität) zu erkennen. Allerdings kann der Computer programmiert werden, und zwar ausgehend von den intellektuellen Erkenntnissen. Man gibt ihm ein, die Umläufe der Himmelskörper als Symbole einer natürlichen und kosmischen Ordnung zu akzeptieren. Somit arbeitet er mit den intellektuell erfaßbaren Teilbereichen stellvertretend für das Ganze. Das mag für die Alltagspraxis sogar **Rationalisierte Sinneseindrücke** genügen, zumal ja das Intuitionsvermögen beim einzelnen Astrologen auch unterschiedlich entwickelt ist und sich der Nachprüfung entzieht. Computerisierte Erkenntnisse können ihre Grundlage natürlich nicht in einem bewußten Gemüt haben. Wohl aber entwickelt sich Denken aus Sinneserfahrungen, weshalb wir es mit rationalisierten Sinneseindrücken zu tun haben. Ihre gedankliche Verknüpfung kann demnach auch nur auf dem Umweg der verstandesmäßigen Analyse erfolgen.

Das Problem des Symbolismus ist – zugegeben – ein etwas schwieriges Kapitel, doch werden gründliche Leser auf die Lektüre des folgenden Textes nicht verzichten mögen.

Das Problem des Symbolismus

Rudhyar sieht das Problem des astrologischen Symbolismus darin, die Zyklen der Himmelskörper in eine richtige, d. h., sinnvolle Ordnung zum Beobachter zu setzen. Der archaische Mensch befand sich im anhaltenden Kriegszustand mit ursprünglichen und naturhaften Elementen. Er fand im Leben nichts als Chaos und Zufall, woraus Angst entstand. Solche Angst mußte und muß der Mensch ebenso überwinden wie andere Gefühlsschocks, etwa den Haß, weil solche ihn aus seinem inneren Schwerpunkt werfen könnten. Das aber käme einer Selbstverstümmelung gleich. Um nicht ein Opfer von dieser zu werden, mobilisiert der Mensch alle seine geistigen und gemüthaften Fähigkeiten. Er spürt, daß er z. B. eine zu stark intensivierte Gefühlsfunktion, etwa Angst oder einen Gefühlsschock, ausbalancieren muß. Der Mensch erlebt seine Natur als ein Ganzes, nämlich als einen Komplex dynamischer Beziehungen zwischen funktionalen Teilen wie zwischen Wille und Gefühl, zwischen Denken und Empfinden. Die innere Harmonie unserer ganzheitlichen Natur können wir verstehen als dynamische Beziehungen zwischen Teilen wie etwa zwischen Geistigem und Gemüthaftem.

Die innere Balance

Vergleichsweise können wir ein solches Bild auch auf unser Sonnensystem übertragen. Wir empfinden es als eine Ganzheit. Ihre Teilbereiche sind die Beziehungen der Planeten untereinander, wie sie sich aus den Positionen im

Raum, den Entfernungen zur Sonne, ihrer Masse, ihren Geschwindigkeiten usw. ergeben.

Man kann das Sonnensystem mit der menschlichen Psyche vergleichen, den Makro- mit dem Mikrokosmos, weil beide Ganzheiten funktional zusammenhängen, was sich auf konkrete und unbestreitbare Tatsache gründet.

Das Licht der Himmelskörper als bedeutungsvolle Erfahrung Die bedeutungsvollste Erfahrung mit Himmelskörpern, die der Mensch in archaischen Zeiten gemacht hat, sieht Rudhyar im Licht, das sie abstrahlen. Durch ihr Licht wurden Sonne, Mond und Sterne zu Symbolen unveränderlicher Lebensqualitäten von Ideen der Ordnung oder Archetypen – als Konstellationen.

Rudhyar schreibt: „Die Sterne, welche wie Sonne und Mond ihre Positionen auf die Konstellationen periodisch änderten, wurden ‚Planeten‘ genannt. Auf ihre periodischen Bewegungen bezogen, verhielten sie sich wie die Sonne, doch strahlten sie nur einen winzigen Teil Licht aus. So wurden sie auf natürliche und logische Weise als ‚Diener der Sonne‘ bezeichnet. Als solche wurden ihnen Attribute zugeschrieben, die symbolisiert wurden durch die Intensität ihres Lichts, durch die durchschnittliche Entfernung zur Sonne und ihre Erscheinungsweise. Venus wurde zum Beispiel eine duale (d. h. doppelte) Bedeutung verliehen, da sie abwechselnd Abend- und Morgenstern war. Von einem anderen Standpunkt aus dienten die Farben der Fixsterne und Planeten dazu, aus ihnen Symbole von Qualitäten zu machen – wie das Rot von Mars und Antares, usf."

Symbolismus ist also das Wesen der Astrologie. Ihre Sprache ist ein System der Interpretation, wie ja jede Form der Kommunikation ein bestimmtes System der Interpretation braucht. Ein Horoskop zu erklären, erfordert, sich bestimmter Ausdrücke der astrologischen Sprache zu bedienen. So sind etwa die Namen der Tierkreiszeichen, der Planeten, der Aspekte, die Bedeutungen der „Häuser" als Symbole zu verstehen, die man nicht durch andere Bezeichnungen ersetzen kann. Will man die Fakten eines Horoskops besprechen, muß man sie verwenden – oder man muß auf ihre Erläuterung ganz verzichten, wie das bei der „Astro Complett Prognose" geschieht.

Eine solche Darstellung ist ohne weiteres für den Laien lesbar, denn die Bearbeiter haben ihm die Arbeit des Umsetzens der Symbolik in die Sprache des Alltags abgenommen. Zwangsläufig kann die Vielfalt der Bedeutungen nicht berücksichtigt werden. Damit bekommt auch diese Form der Prognose den Charakter des Beispielhaften. Ferner müssen sowohl der Bearbeiter als Deuter wie der Leser als Konsument im Auge haben, daß es eine absolute Gewißheit in der Voraussage nicht geben kann. Erreichbar ist ein mehr oder weniger großer Grad der Wahrscheinlichkeit. Leben ist permanentes Lernen. Es ist ein erkenntnisgewinnender Prozeß, den jedes Individuum auf seine Weise vollzieht. Jeder Mensch wird im Laufe seines Lebens mit Situationen konfrontiert, die ihm bisher fremd waren und zu denen er erst durch die Auseinandersetzung mit dem Neuen einen Zugang gewinnt. Die Beurteilung einer gegenwärtigen oder gar künftigen Lage bekommt damit etwas Spekulatives. Das aber darf nicht auf Kosten der Realität gehen, denn die Gefahr einer Täuschung liegt immer nahe, wenn man künftige Entwicklungen einschätzt. Der entscheidende Mangel an entsprechenden Erfahrungen im Hinblick auf den konkreten Fall ist beim einzelnen Menschen ebenso wie beim Computer anzutreffen. Doch ist der Mensch unbestritten im Vorteil, weil er aus Fehlern lernen kann.

Polaritäten – und die Schwierigkeit, sie verständlich zu machen

Überall begegnen wir im Leben Gegensätzen. Sie zu definieren erfordert, sich mit dem tieferen Sinn von Polarität zu befassen. Nur erwähnt sei der Hinweis, daß die Chinesen aus der Polarität von *Yang und Yin* eine Philosophie gemacht haben. Und die altpersische Religion *Zarathustras* geht von der Annahme des Guten wie des Bösen von Anbeginn der Zeiten aus. Übrigens orientierte sich an ihr der *Mithraismus*, die astrologisch fundierte Religion der Römer der ersten Jahrhunderte unserer Zeitrechnung.

Weiß und Schwarz, Grau als Zwischenton

Bleiben wir bei einfachen Beispielen aus dem Alltag. Weiß und Schwarz verstehen wir als Gegensatz, Grau nennen wir die Zwischenstufen. Doch es gibt Phasen des Übergangs. Das mittlere Grau können wir mit 50 % Weiß oder Schwarz benennen, 25 % oder 75 % wären Hell- bzw. Dunkelgrau. Mit einer weiteren prozentualen Differenzierung könnten wir weitere Zwischentöne zahlenmäßig kennzeichnen, sofern es möglich wäre, den Grad der Färbung exakt zu bestimmen. Der Mittag eines strahlend

Tag, Nacht und Dämmerung

schönen Sommertags liefert uns 100 % Helligkeit und steht im Gegensatz zu einer wolkenverhangenen, mondlosen Mitternacht. Übergangsphasen können auch hier prozentual verdeutlicht werden, bzw. macht den Unterschied die Uhrzeitangabe aus, sofern wir uns auf das Datum und die meteorologischen Verhältnisse neben der geographischen Lage des Ortes verständigen.

Mann und Frau, Gegensatz der Geschlechter

Schwieriger wäre es, wollten wir den Gegensatz Mann – Frau durch Zahlen definieren. Gibt es den 100%igen Mann überhaupt? Entspricht er etwa dem Zerrbild des „Machos"? Die männliche Fähigkeit zu zeugen schließt bestimmte körperliche oder seelische Eigenschaften nicht aus, die wir traditionell dem Geschlechtsgegensatz weiblich zuordnen, wie es gemäß dem gesellschaftlichen Rollenverständnis üblich ist.

Gesellschaftliches Rollenverständnis

Die westliche Kultur hat männliche und weibliche Eigenschaften und Rollen stark voneinander abgegrenzt, und ihre traditionellen Festschreibungen haben bei uns auch heute noch Gültigkeit. Heute wird von einem Unternehmer eine energisch-aggressive Grundhaltung erwartet und höher bewertet als die als weiblich bezeichneten Tugenden

Sensibilität, Großzügigkeit und Fürsorge. Unsere Gesellschaft verändert sich zu langsam, um die letztgenannten Eigenschaften etwa der Aggressivität, der Wettbewerbsbereitschaft und Produktivität gleichzusetzen.

Das Horoskop läßt das äußere Geschlecht eines Menschen nicht erkennen. Wohl aber kann ein Geburtsmonat deutlich oder überwiegend als typisch männliche oder als typisch weiblich geltende Züge aufweisen. Insofern läßt auch ein Geburtshoroskop gewisse Schlüsse auf Homosexualität zu. Ob diese tatsächlich gelebt wird oder nur in einer bestimmten Lebensperiode andeutungsweise auftritt, sei dahingestellt. Besondere Lebenssituationen wie Gefangenschaft oder anderer längerer isolierter Aufenthalt können da von Einfluß sein, sind jedoch astrologisch nicht zu erfassen.

Horoskopische Vermutungen hinsichtlich *Homosexualität* könnten jedoch gerade für das Verständnis einer Partnerschaftsanalyse von größter Bedeutung sein. Der einfühlsame Astrologe, sofern er den Klienten und seine Lebensumstände näher kennt, ist da im Vorteil gegenüber dem Computer. Die Arbeit mit ihm erfordert, biologische, charakterologische, psychologische Eigenschaften oder Verhaltensneigungen exakt durch Zahlen zu erfassen. Das aber kann nur sehr bedingt geschehen. Zu wieviel Prozent **Gesundheit** etwa wäre ein bestimmter Horoskopeigner nach seinem Geburtshoroskop als „gesund" zu bezeichnen? Mit wieviel Prozent müßte man ein Unwohlsein bzw. eine Krankheit einschätzen?

Mit derartigen Überlegungen jedoch muß sich der Astrologe täglich herumschlagen, will er den begrenzten Möglichkeiten des Horoskops gerecht werden, ohne die Erwartungen seiner Klienten zu enttäuschen. Ist die Sicherheit der wirtschaftlichen Existenz zahlenmäßig überhaupt zu erfassen, ebenso die Aussicht auf berufliche Karriere oder gesellschaftlichen Aufstieg? Diese Fakten werden vom einzelnen zwar als solche erlebt, sind aber höchst relativ, weil von der Ausgangssituation abhängig.

Werde ich demnächst im Lotto gewinnen? Wenn ja, können es fünf Mark sein oder eine Million. Werde ich heiraten? Man kann davon ausgehen, daß eine Fragestellerin gewiß damit meint, ob sie eine harmonische, nach landläufigen Begriffen glückliche Ehe führen wird. Jeder erfahrene Astrologe weiß, daß jemand, zu dessen Geburtsminute Uranus gerade im Untergang begriffen war, diesbezüglich schlechte Aussichten hat, verstärkt, wenn Mars und Saturn in einem gespannten Winkel zum Horizont stehen. Andererseits aber können harmonische Distanzen von Jupiter und Venus bzw. eine überwiegend harmonische Gesamtanlage des Horoskops diese ungünstige Aussage erheblich verbessern. Hier wird deutlich, daß das Horoskop eine Ganzheit darstellt. Werden einzelne Faktoren herausgelöst und für sich betrachtet, kommt man zu falschen Schlußfolgerungen.

Glück und Unglück

Am häufigsten wird dem Astrologen die Frage nach dem Glück gestellt. Auch Glück und Unglück sind offensichtlich Gegensätze. Statt eine Definition zu versuchen, die ohnehin nicht gelingen könnte, sei eine chinesische Parabel von dem „alten Mann und dem Fort" erzählt. Sie stammt von dem berühmten Philosophen *Liehtse*[6].

Eine chinesische Parabel

„Ein alter Mann lebte mit seinem Sohn auf einem verlassenen Fort auf der Höhe eines Berges, und eines Tages begab es sich, daß er eins von seinen Pferden verlor. Da kamen die Nachbarn, um ihm zu diesem Ungemach ihr Beileid zu bezeigen, aber der Alte fragte sie: ,Woher wißt ihr denn, daß es ein Unglück ist?' Einige Tage darauf kam das Pferd nach Hause und brachte ein ganzes Rudel wilder Pferde mit, und die Nachbarn erschienen wiederum und wollten ihm zu solchem Glücksfall ihre Glückwünsche darbringen, der Alte aber versetzte: ,Woher wißt ihr denn, daß es ein Glücksfall ist?' Seit so viele Pferde zur Verfügung standen, begann der Sohn des Alten eine Neigung zum Reiten zu fassen, und eines Tages brach er das Bein. Da erschienen die Nachbarn wieder und drückten ihr Beileid aus, und der Alte sprach zu ihnen: ‚Woher wißt ihr denn, daß es ein Unglück ist?' Im Jahr darauf gab es Krieg, aber der Sohn des Alten brauchte mit seinem Körperschaden nicht ins Feld zu ziehen."

Wissenschaftler mögen sich mit derartigen Schilderungen nicht zufriedengeben. Sie haben herausgefunden, daß bei der Regulierung der Stimmungen der Stoff *Serotonin* eine Schlüsselstellung einnimmt. Wird er vom limbischen System des Gehirns nicht ausreichend zur Verfügung gestellt, versinkt der Mensch in Dumpfheit und fühlt sich unglücklich[7]. In der Hirnrinde sind Rezeptoren für *Endorphine*, die als Neurotransmitter winzige Spalten zwischen den Nervenverbindungen überbrücken und dadurch schmerzlindernde oder stimulierende Wirkungen auslösen. Wohlbefinden läßt sich aber nicht exakt wie etwa der Blutdruck messen. Allerdings: „Im Vergleich mit objektiven Kriterien ergab sich, daß materielle Bedingungen eine untergeordnete Rolle im Glückshaushalt spielen. In diversen Studien schlugen sich die verschiedenen Lebensumstände nur mit einer Abweichung von weniger als fünf Prozent im subjektiven Wohlbefinden nieder." So stuften 100 Supermillionäre in der High-Society der USA ihre Befindlichkeit kaum anders ein als 100 zufällig aus dem Telefonbuch ausgewählte Durchschnittsamerikaner. „Happy" fühlten sich 77 % der Reichen und 66 % der Nichtreichen. Glücklich zu sein, hängt demnach von anderen Faktoren ab.

Dieser gedankliche Ausflug in das Land des Glücks sollte lediglich auf die Schwierigkeiten hinweisen, die offensichtlich vorhandene Polarität Glück – Unglück zu verstehen.

Polarität drückt sich im Horoskop durch die Planeten als Signifikatoren aus. So bezeichnen Mars und Venus die Polarität im Sexuellen, doch sind auch Sonne und Mond einschlägig. Jupiter und Saturn symbolisieren Expansion und Kontraktion, Gewinn und Verlust. Merkur, Symbol für Vermittlung, steht über dem Gegensatz, ist androgyn, paßt seine Natur denjenigen Symbolen an, mit denen er verbunden ist.

Eine Polarität ist auch im Tierkreis erkennbar. Die einander gegenüberliegenden Zeichen sind gegensätzlicher Natur wie z. B. der spontane, aggressive Widder und die zögerliche, unentschlossene Waage, der sentimentale, weiche Krebs und der nüchterne, harte Steinbock. Im Grunde sind die Tierkreiszeichen nichts anderes als im Sinne der Planeten vorgeformte Zonen. Widder hat Marscharakter, Waage spiegelt die Venusnatur wie Krebs das Mondhafte und Steinbock Saturnisches. Wer sich mit der symbolischen Bedeutung der Planeten auseinandergesetzt hat, begreift auch das Wesen der Tierkreiszeichen.

TECHNIKEN DES HOROSKOPIERENS – DIAGNOSE, PROGNOSE, PARTNERVERGLEICH

Die Arbeit des Astrologen

Es ist nicht die Absicht des Autors, ins einzelne gehende astrologische Kenntnisse zu vermitteln. Das bleibt den Lehrbüchern überlassen. Deshalb wird im folgenden nur auf das Wesentliche eingegangen.

Die Zeichnung des Horoskops ist mit allen dazugehörigen Angaben die praktische Arbeitsgrundlage für alle Aussagen, ob sie die Diagnose oder die Prognose betreffen. Es veranschaulicht die kosmischen Verhältnisse zu einem bestimmten Zeitpunkt, bezogen auf einen bestimmten Punkt der Erde.

Die Ekliptik, das ist die Sonnenbahn, führt durch zwölf Sternbilder von ungleich großer Ausdehnung. Sie sind für das Horoskop ohne Bedeutung. Dagegen gehören die zwölf Tierkreiszeichen, die den gleichen Namen tragen wie die Sternbilder, zu den Deutungselementen. Es sind gleich große Abschnitte der Sonnenbahn. Sie bilden ein wohldurchdachtes, nach verschiedenen Gesichtspunkten erfaßtes System von Ordnungssymbolen.

Diese zwölf Tierkreiszeichen bezeichnen Stilformen des Verhaltens, denn ihnen werden ganz bestimmte Betragenseigenschaften wie auch Reaktionsformen von Wille und Gefühl zugeschrieben. Sie haben aber auch körperlich-organische Entsprechungen und damit Bezug auf die Triebfedern unseres Handelns wie auf die Gesundheit. Es ist

Das Horoskop und seine Symbole

allgemein bekannt, daß die Zeichen zwölf *Charaktertypen* darstellen, anschauliche Modelle für menschliche Verhaltensweisen, zwölf verschiedene Formen der Auseinandersetzung mit der Welt.

Im Horoskop sind jedoch keineswegs die zwölf Tierkreiszeichen die entscheidenden Fakten, wie die primitive Zeitungsastrologie glauben machen will. Bei den Zeichen handelt es sich vielmehr um Felder, die den Planeten zugeordnet sind. Statt der bildkräftigen Bezeichnung „Widder" könnte man durchaus von einer „Zone des Mars" sprechen, „Stier" dagegen ein Venusfeld nennen, das Zwillingezeichen untersteht dem Merkur usw. Die Tierkreiszeichen repräsentieren nichts anderes als die Qualität, die den einzelnen Planeten zugeschrieben wird.

Diese zwölf Typen treten niemals rein auf, vielmehr entspricht jeder Mensch einem ganz bestimmten Mischtypus.

Es kommt also nicht (nur) darauf an, in welchem Zeichen die Sonne (☉) am Geburtstag gestanden hat, sondern man muß auch fragen, wo der Mond war. Zieht die Sonne in einem Jahr durch den Tierkreis, durchwandert ihn der Mond in einem Monat. Sehr wichtig ist der Aszendent, das ist das zur Geburtszeit („erster Schrei") im Osten aufsteigende Zeichen. Innerhalb von 24 Stunden wird jeder der 360 Grade des Tierkreises einmal Aszendent. Er markiert den individuellen Punkt des Tierkreises.

Außerdem sind die Wandelsterne zu berücksichtigen, die Planeten im eigentlichen Sinn:

Merkur (☿)	Saturn (♄)
Venus (♀)	Uranus (♅)
Mars (♂)	Neptun (♆)
Jupiter (♃)	Pluto (♇ od. ●)

Gemäß altem Sprachgebrauch werden auch Sonne und Mond in der Astrologie als Planeten bezeichnet. Sie sieht in diesen ja nicht die astronomischen Himmelskörper, sondern

100

die Planeten sind Symbole von Kennmarken für bestimmte organische Kräfte im Menschen. Sie bezeichnen durch ihre Symbolik Bauglieder einer individuellen Struktur.

Die Winkelverbindungen der Planeten untereinander, die Aspekte, drücken eine Spannungsverteilung der kosmischen Symbolik aus. Sie erlauben daher Aussagen über die innere Harmonie eines Horoskopeigners.

In jedem Menschen sind bestimmte Grundkräfte vorhanden wie etwa Macht- oder Geltungsstreben (erfaßt unter dem Symbol Sonne), Gefühle und Empfindungen (erfaßt unter dem Symbol des Mondes), Harmonieverlangen (Venus), die Fähigkeit zur Anpassung (Merkur), Wille und Trieb (Mars), das Bestreben der Ausdehnung oder Vermehrung (Jupiter) oder Prüfung und Leid, Konzentration (Saturn).

Jedem Planetensymbol entspricht eine ganz bestimmte Bedeutungsreihe, die zwar logisch erfaßbar ist, aber deren Glieder nicht kausal zusammenhängen. So bedeutet Saturn z. B. Konzentration, Festigkeit, Isolation, Einsamkeit, Pessimismus, Abschnürung vom Leben, Versteinerung, Sorge, Krankheit, Alter.

Zwar sind in jedem Menschen die Potenzen der Triebkräfte vorhanden, doch ist ihre Ausprägung individuell verschieden. Deswegen sind auch die Motive unseres Handelns unterschiedlich.

Eine Horoskopzeichnung, wie z.B. die von Helmut Kohl (S. 238), zeigt den Stand der astrologisch bedeutsamen Gestirne, der Planeten, zur Zeit der Geburt. Im Mittelpunkt muß sich der Horoskopeigner seinen Geburtsort vorstellen, besser noch – sich selbst.

Die Horoskopzeichnung

Die waagrechte Linie ist der Horizont. Sie weist meistens mit einem Pfeil auf den Aszendenten, das ist das zur Zeit der Geburt im Osten aufsteigende Zeichen (es gilt der „erste Schrei"). Hier, also links, ist Osten (denn wir schauen ja in Deutschland von der Nordhälfte der Erde nach Süden, wenn wir zur Sonne blicken).

Am Aszendenten beginnt die Zählung der zwölf Häuser, und zwar in der Reihenfolge, wie sie im Osten aufsteigen. Das sind Felder, aus denen man auf Trends in bestimmten Lebensbereichen schließen kann. So hat z. B. das 1. Haus Bezug auf das Ich, das gegenüberliegende 7. auf das Du; es sagt daher über die Ehe aus oder über die Beziehung zur Öffentlichkeit. Hier ist der Deszendent, der Untergangspunkt (also Westen).

Die Linie oder ein Pfeil, der nach oben weist, ist der Meridian. (Findet die Geburt auf dem Äquator statt, stünde er senkrecht auf dem Horizont.) Er fußt im IC = Imum Coeli; das ist der Mitternachtspunkt (er liegt im Norden). Hier beginnt das 4. Haus, Symbol der Wurzel der Existenz, maßgebend für die Eltern etc.

Der Meridian zeigt mit seiner Spitze auf das MC = Medium Coeli, die Himmelsmitte. Es ist der Kulminationspunkt. Wenn die Sonne hier steht, ist es Mittag. Da ist Süden. Am MC beginnt das 10. Haus. Es gibt Auskunft über den Beruf (wozu sich ein Mensch berufen fühlt), über die Karriere, gesellschaftlichen Aufstieg etc.

Mit Aspekte bezeichnet man die Winkel zwischen den Gestirnen, bezogen auf den Mittelpunkt. Harmonische Aspekte (Trigon = △ 120°; Sextil = ✳ 60°) werden (in Anlehnung an die Farben der Verkehrsampel) grün, gespannte oder disharmonische Aspekte werden rot gezeichnet. Sehr wichtig ist die Konjunktion, wenn zwei Gestirne eng zusammenstehen. Diese Konstellation – das ist der allgemeine Ausdruck für Aspekte – wird je nach Art der Planeten fördernd oder gespannt bewertet.

Kleine schwarze Sternchen bezeichnen Fixsterne. In der modernen Astrologie werden diese allerdings selten berücksichtigt.

Die Zeichnung enthält alle Angaben, um das Radixhoroskop sowohl auf klassische Art und Weise als auch nach den Schnittpunkten zu deuten (eine moderne Art der Interpretation).

102

Im Kasten links unter den persönlichen Angaben sind die Hinweise auf Feuer, Luft, Erde und Wasser bzw. auf männliche und weibliche Zeichen sowie auf kardinale, fixe und veränderliche Zeichen.

Kleine sog. *Tortengrafiken* veranschaulichen den jeweiligen Anteil am Ganzen.

Das *Aspektarium* enthält die Positionen und die Winkel sowie den Hinweis auf den verwendeten Orbis (das ist der Umkreis der Wirkung), auch die Deklinationswerte.

Der Kasten unter dem Aspektarium nennt die Häuserspitzen – in der Regel nach Placidus – (oder nach Dr. Kochs GOH-System).

Die kleinen Symbole am Außenring bezeichnen die Schnittpunkte. Eine Markierung im Innenkreis, ein kleiner Kreis mit Kreuz, stellt den *Glückspunkt* dar.

Um ein solches Horoskop zu erarbeiten, benötigt der Astrologe, der keinen Computer verwendet – was etwa bei einem Anfänger oder einem Hobbyastrologen zunächst auch weniger wahrscheinlich ist –, eine gewisse Grundausstattung. Es sind Formulare, die den Tierkreis darstellen[8], Zirkel, Lineal, Schreibstifte, auch farbige, grün und rot. Unabdingbar sind Ephemeriden (Gestirnstandstabellen). Das sind Bücher, nach denen man exakt die Positionen der Gestirne ermitteln kann, etwa die Jahrgänge der Deutschen Ephemeride oder die Schweizer Ephemeride 1900–1950 und 1951–2010, oder die preiswerte und doch genaue Rosenkreuzer-Ephemeride 1900–2000; ferner Häusertabellen und Lehrbücher (siehe Bibliographie im Anhang). Das international anerkannte „SESAM"-Programm wurde von Gerhard Vehns konzipiert und eingerichtet[9].

Das Handwerkszeug

Zunächst muß der Astrologe prüfen, ob das Geburtsdatum vollständig ist. War etwa Sommerzeit? Die geographischen Koordinaten des Geburtsortes sind zu ermitteln. Dann werden nach den Tabellen das MC und der ASZ errechnet[10]. Schließlich müssen nach den Ephemeriden die

Die Vorgehensweise des Astrologen

Positionen der Planeten bestimmt werden. Das gleiche gilt für Sonne und Mond. Hat man alle Fakten notiert bzw. auf dem Formular eingetragen, wird das Horoskop gezeichnet.

Zunächst werden die Planetenpositionen und deren Symbole markiert, dann die Hauptachsen und die Häuser eingezeichnet. Schließlich müssen die Aspekte, das sind die Winkelabstände untereinander, bezogen auf den Mittelpunkt, bestimmt werden. Harmonische Distanzen werden grün, gespannte Winkel rot markiert.

Diese Arbeitsschritte muß auch der Computer tun. Je nach seiner Qualität liefert das Programm die Berechnungen und bei angeschlossenem Plotter (= Zeichengerät) oder Drucker eine Zeichnung, evtl. auch farbig.

Das klingt und ist relativ einfach, denn das Lesen der Tabellen macht kaum Mühe. Anfänger müssen sich zunächst natürlich nach Vorlagen richten, die in den Lehrbüchern angeführt sind (siehe Bibliographie im Anhang).

In „Prónay, Mein astrologisches Jahrbuch 1994" werden Horoskope besprochen, lesenswerte Aufsätze abgedruckt, politische und andere Prognosen gestellt und wissenswerte Fakten bzw. Informationen genannt. Wichtig für alle Horoskopinteressenten sind letztere zur täglichen Zeitqualität, denn von ihr hängt ja ab, in welchem Maß seine Unternehmungen Erfolg haben.

Nach Ausrechnung und Aufzeichnung des Horoskops beginnt der schwierige Teil der Arbeit. Der Astrologe muß nun den Inhalt der Zeichnung studieren, nämlich die Verteilung der Gestirne auf die Tierkreiszeichen und Felder, muß herausfinden, welche Elemente betroffen sind, wie stark man die Symbole im vorliegenden Fall einzuschätzen hat. Der Anfänger geht da am besten systematisch nach einem Schema vor. Computerprogramme verfahren bei der Deutung nicht anders. Allerdings überschaut ein routinierter Astrologe recht schnell, wo die Schwerpunkte der Nativität (d. h. des Geburtshoroskops) liegen. Er wird sich über die Bedeutung der wichtigsten Fakten klar, wendet sich dann zweitrangigen Konstellationen zu. Hat er sich ein Urteil gebildet, wird er mit der Niederschrift oder dem Diktat beginnen bzw. sich Notizen für das Gespräch mit dem Klienten machen, etwa Antworten auf bereits bekannte Fragen entwerfen.

Das Geburtshoroskop

Damit klar wird, worüber zu sprechen ist, sei das Kurzhoroskop einer bekannten Persönlichkeit, und zwar das von Dr. Helmut Kohl, abgedruckt, das ich mit diesem Text bereits vor zwanzig Jahren veröffentlichte.[11]

Helmut Kohl wurde am 3. April 1930 um 6.30 Uhr in Ludwigshafen geboren.

Drei Gestirne mit Eckenbindung – Saturn kulminierte, Venus in Konjunktion mit dem Aszendenten, Pluto nahe am IC – dazu Uranus in Konjunktion mit der Sonne ($\hat{o} \, \sigma \, \odot$) ergeben das ungewöhnliche Horoskop einer dynamischen Persönlichkeit. Hervorragend werden die Widdereigentümlichkeiten Wesen und Schicksalsverlauf bestimmen: Mit scharfen Sinnen und wachem Intellekt, dem praktischen Wissen um das, was machbar ist, werden Chancen erspäht und mutig angegangen. Ungewöhnliche Pläne ($\hat{o} \, \sigma \, \odot$) faszinieren. Eine starke persönliche Ausstrahlung ($\hat{o} \, \sigma \, \odot$) verbindet sich mit männlichem Charme ($\varphi \, \sigma \, ASZ$), einem durch Dynamik bezwingenden Optimismus und großer Popularität ($\mathbb{D} \, \sigma \, \mathsf{2}$). Diese verdankt Helmut Kohl der Begeisterungsfähigkeit und seinem Selbstvertrauen ($\hat{o} \, \triangle \, \mathsf{P}$), mit denen er seine Führungsqualitäten unter Beweis stellt. Wer darum kämpft, daß „Recht Recht bleiben muß", wer sich nicht scheut, Konflikte auszutragen ($\mathsf{2} \, \square \, \hat{o}$), muß mit Rückschlägen rechnen.

Saturn am MC im eigenen Zeichen Steinbock ($\mathsf{h} \, \sigma \, MC \, \hat{o}$) weist auf den ehrgeizigen Griff zur Macht. Mars unterstützt das erfolgreiche Streben ($\hat{o} \, \ast \, MC \, \ast \, \mathsf{h}$)

und läßt durchhalten, wenn im Lebensverlauf größte Anforderungen an das Stehvermögen gestellt werden. Dennoch bleibt, wie die geschichtlichen Erfahrungen lehren, eine solche Saturnposition problematisch. Jupiters hilfreiche Aspekte (♄ ⚹ ☉ ⚹ ☊ ⚹ ☿) lassen die eigene Position mit Glück verteidigen, bringen glückliche Wendungen (Zufälle) und erlauben, die eigenen Fähigkeiten aufs beste auszuwerten. In diesen Jupiteraspekten liegt auch die Chance, den Schicksalsablauf zu harmonisieren und die ehrgeizigen Pläne zu einem guten Ende zu führen. Es könnte ausbleiben, was Saturn am MC häufig kündet, die Gefahr eines Sturzes und eines bitteren Endes.

Prognostisch werden Konstellationen, die in die Mitte von Kardinalzeichen (♈ ♋ ♎ ♑) fallen, die größte Aufmerksamkeit erfordern. Hier liegen Chancen für Aufstieg, Erfolg und Ruhm, aber auch für ernste Krisen, wenn die Aspekte in der Prognose kritisch sind.

Die Methode der Bearbeitung Die angewandte Methode der Horoskopbearbeitung ist die *klassische Technik*. Im Gegensatz dazu stünde etwa die *Hamburger Schule*, die auch fiktive „Planeten" verwendet, oder die *Methode Ebertin*, die mit einem 90°-Kreis arbeitet und vorwiegend „Halbsummen" neben den bekannten Aspekten einbezieht.

Im vorliegenden Fall ging die Deutung von den wichtigsten Konstellationen aus, ist also keine Schubladendeutung, die der Reihe nach die Positionen von Sonne, Mond, Aszendent und Planeten auflistet. Berücksichtigt wurde in der Kürze nur das Wichtigste. So unterblieben Aussagen zu den Lebensbereichen, wie sie durch die zwölf Häuser vorgegeben sind, etwa 6. Haus = Gesundheit.

Herausgestellt wird die Position Saturns am MC. Die Rückschau auf die seither vergangenen zwanzig Jahre bestätigt den unbezwingbaren Ehrgeiz und den enormen Machttrieb des Politikers. 1972, als die Niederschrift dieses Textes erfolgte, waren diese stärksten Triebfedern seines Handelns noch keineswegs für alle erkennbar. H. Kohl wurde erst 1973 Bundesvorsitzender seiner Partei.

Dieses Horoskop war zur Veröffentlichung in einem Buch bestimmt, nicht im persönlichen Auftrag verfaßt. Es ist eine in wenigen Strichen gezeichnete Skizze der Persönlichkeit, kein Gemälde mit vielen Einzelheiten und Nuancen der Darstellung, jedoch auch keine Karikatur, die verzerrt. Der Astrologe ist in einer ähnlichen Situation wie ein Zeichner oder Maler. Allerdings muß er sich entschieden um Ähnlichkeit bemühen. Fotografische Treue ist nicht zu erzielen, weil jeder Mensch eine Persönlichkeit aus seiner individuellen Sicht beurteilt. Fakten, die allen zur Verfügung stehen, werden eben keineswegs einheitlich interpretiert, was für alle psychologischen Gutachten gilt, nicht anders bei medizinischen oder juristischen oder anderen. Astrologisch trifft das vor allem auf die gespannten Aspekte zu. Im vorliegenden Fall müßte jeder Deuter die hohe Qualität des Ehrgeizes und des Machtstrebens angezeigt sehen. Dennoch wird man über die Intensität dieser Charakterzüge geteilter Meinung sein können. Das Zeichen Widder ist durch Sonne und Aszendent vor allem herausgehoben, was die marsischen, d. h., energischen Anlagen unterstreicht.

Nun ging aber gerade zur Geburtszeit Helmut Kohls Venus, das Harmoniesymbol, im Osten auf. Venus hat gemäß dem Verständnis der klassischen Astrologie in einem Feld des Mars, dem Widder, keine günstige Stellung, ist dieser doch der Gegenpol der Venus. Sie steht demnach im Widder „vernichtet", gilt als „pervertiert". D. h., daß das mit dem Symbol Venus verbundene Harmoniestreben einen berechnenden Zug bekommt. Dennoch ist Venus dominant, beherrscht sie doch unmittelbar den Aszendenten. Dieser aber ist u. a. signifikant für das Auftreten in der Umwelt. Wer unter einer solchen Konstellation geboren wird, ist ein Genießer, neigt körperlich zur Fülle, legt auch großen Wert auf einen verbindlichen Umgang. Das wird von der Umgebung des Horoskopeigners auch so gesehen. Nicht allein diese Konstellation begründet, warum Helmut Kohl noch als Bundeskanzler von vielen Menschen zu Unrecht für einen Weichling und Opportunisten gehalten wurde, warum sich seine Gegner in ihm getäuscht haben. Immer wieder wird von Kohls Neigung gesprochen, Probleme auszusitzen, was eigentlich nicht die Art eines typischen Widders ist. Hierin zeigt sich vielmehr der mäßigende Einfluß der Venusposition. Sie und die des Saturns sind die Schlüssel zu dieser Persönlichkeit.

Den Venustrend stützend stehen Mond und Jupiter im Venusfeld Stier in Konjunktion. Dies gibt einen deutlichen Hinweis auf Popularität wie auf Empfindsamkeit, die „weiche" Seite des Naturells unterstreichend. Andererseits jedoch gelten astrologisch gerade die Positionen von Saturn und Mars als typisch für Härte, Unbeugsamkeit, ja Sturheit. Daher wird auch eine Demütigung nie vergessen.

Diskrepanz gegensätzlicher Anlagen und ihre Auflösung Der dargelegte Ausschnitt aus dem Horoskop Kohls zeigt, daß offenkundig eine Diskrepanz in wichtigen Anlagen der Persönlichkeitsstruktur gegeben ist. Sie im einzelnen aufzulösen, die Gegenströmungen genauer zu definieren, herauszufinden, in welchen Situationen das problematisch sein kann bzw. wann es weniger eine Rolle spielen könnte, wäre nur in einem ausführlichen Kontext des Horoskops zu klären. Hier mögen die Hinweise genügen.

Die eine oder andere ähnliche Problematik taucht in Horoskopen sehr häufig auf. Die Menschen sind eben nicht nur aus einem Holz, das Naturell ist immer vielschichtig. Dem gerecht zu werden, erfordert zunächst kriminalistischen Spürsinn, die psychologischen Fakten und ihre Zusammenhänge überhaupt zu erkennen. Ferner sind Einfühlung und die Fähigkeit sprachlicher Artikulation unerläßlich. Nur eine klare Darstellung des astrologischen Sachverhalts in der Form eines Gutachtens kann einem Betroffenen eine Hilfe sein, sich selbst zu erkennen und zu akzeptieren.

Das Beispiel der genannten Konstellationen mag belegen, daß eine Horoskopdeutung psychologische Qualitäten hat. Sie ist vom Bildungsstand des Bearbeiters abhängig. Auch kann niemand ein Horoskop auf einer höheren geistigen Ebene deuten, als er selbst einnimmt. Das vorliegende Beispiel lehrt ferner, daß die Fakten des Horoskops nicht nur für sich interpretiert werden dürfen, wie das der Computer macht, sie müssen auch als Symbole einer Ganzheit miteinander verknüpft werden. Das aber leisten die gegenwärtig auf dem Markt befindlichen Computerprogramme noch nicht auf wünschenswerte Weise.

Meistens verbindet ein Klient mit seinem Auftrag zu einer Horoskopbearbeitung auch bestimmte Fragen. Sie können alle möglichen Lebensbereiche betreffen, z.B. welchen Beruf er ergreifen sollte. Dazu wäre in erster Linie die Stellung des 10. Hauses zu untersuchen, das am MC beginnt. Im Fall Kohl liefert Saturn entscheidende Hinweise. In seinem eigenen Zeichen Steinbock stehend, wird er überdurchschnittlich in den Horoskopen von Historikern angetroffen, bei Menschen, die sich mit der Vergangenheit beschäftigen. Es ist demnach kein „Zufall", daß Helmut Kohl Historiker ist. Saturnische Tätigkeiten sind durch Härte, Pflichtbewußtsein, Ehrgeiz und Mißtrauen gekennzeichnet. Als typisch saturnisch gelten ferner Architekt, Baumeister, Bürokrat, Bildhauer u. a. Wir haben hier ein Beispiel für die Mehrdeutigkeit der Symbole.

Der Astrologe unterscheidet durchaus zwischen dem Job, der Arbeit (6. Haus) und dem Beruf, abgeleitet von „Berufung". Auf einer anderen Ebene wird streng geschieden zwischen Liebe (5. Haus) und Ehe (7. Haus), worüber im Kapitel Partnerschaftsanalyse zu sprechen sein wird. Immerhin kann man aus dem Radix erkennen, ob und wie weit sich jemand für eine Partnerschaft, etwa für eine Ehe eignet. Man muß dazu sowohl das Horoskop in seiner Gesamtheit studieren wie auch einzelne Teilaspekte. Sie las-

Fragen von Klienten, die Partnerschaft betreffend

MC und 10. Haus

Der Beruf

sen Schlüsse auf die Intensität des Triebhaften zu, auf „normale" Sexualität. Bis zu einem gewissen Grad läßt ein Horoskop evtl. auch Anlagen zu Homosexualität vermuten, etwa wenn Venus mit Uranus und Neptun verspannt ist. Ob freilich jemand tatsächlich homosexuell lebt, hängt von verschiedenen Faktoren ab, nicht zuletzt von Umwelteinflüssen.

Homosexualität

Glückszahlen

Eine Hauptfrage ist die nach dem „Glück". Bekanntlich hat es viele Gesichter. Da möchte z. B. einer seine Glückszahlen erfahren oder fragt nach seinen Chancen im Lotto. Klipp und klar muß man sagen, daß es nicht möglich ist, nach dem Horoskop Glückszahlen zu errechnen. Es mag sein, daß eine bestimmte Zahl oder Ziffernfolge jemandem mehrfach Gutes gebracht hat. Wer aber vorgibt, diese nach dem Horoskop herauszufinden, ist ein Scharlatan. Ähnlich ist es mit den *Glückssteinen*. Traditionell wird z. B. dem Mars – Symbol für Feuer, Hitze, Energie, Aktivität – die entsprechende rote Farbe zugeschrieben, weshalb der Rubin als Glücksstein des Zeichens Widder gilt. Aber wie das Horoskop Helmut Kohls zeigen sollte, kommt es eben nicht nur auf das Sonnenzeichen an. In Kohls Fall müßte auch Schwarz als Farbe Saturns bzw. des Steinbocks berücksichtigt werden und Hellblau als dem Stier/Venus zugeordnet. Doch die Zuweisungen der Farben zu bestimmten Planeten sind strittig.

Glückssteine

Wie man ein Talent zum Musizieren oder zum Malen kennt, gibt es auch eine Glücksbegabung. Das muß man gewiß differenziert sehen, denn was heißt Glück? Gutes Gelingen, Zufriedenheit, zur richtigen Zeit das Rechte tun, sich anpassen können, aus einer gegebenen Situation das Beste machen, gesund und in Form sein und vieles andere mehr. Eine landläufige Vorstellung vom Glück haben, verbindet sich mit Erfolg und Gewinn, der ohne besondere Anstrengung erzielt wird.

Das 5. Haus

Damit sind Lotto, Roulette oder andere Gewinn- bzw. Glückspiele ein unerschöpfliches Thema aller Wahrsager.

110

Auch wenn Astrologie prinzipiell nichts mit Wahrsagen zu tun hat, wird doch erwartet, daß das Horoskop darüber in seriöser Weise Aufschluß gibt. Möglich ist das schon, jedoch weniger, als viele es erhoffen, andererseits aber auch mehr, als man es auf den ersten Blick vermutet. Der astrologische Ort im Horoskop, um dazu überhaupt etwas auszusagen, ist das 5. Haus bzw. der Planet, der das Zeichen dieses Sektors beherrscht, sodann die Aspekte dieses Planeten und die Frage nach den Gestirnen, die im 5. Haus anwesend sind. Es ist also ein sehr komplexes Thema. Das hängt damit zusammen, daß das 5. Haus nicht nur darüber Auskunft gibt, wieviel „Glück" jemand hat. Es ist maßgebend für alles, „was aus den Sinnen kommt", was die Triebhaftigkeit anspricht, Kreativität bedingt. Es ist für alles zuständig, was die Liebe angeht, Kinder, künstlerische Ambitionen. Zahlreiche Autoren haben sich über die Bedeutung und Deutung der Häuser ausgelassen. Beispielsweise schreibt *Alfred Fankhauser*[12]:

„Das fünfte Haus ist das Haus der Jugend, des Lebens, des ‚Auslebens', des Kräfteverbrauchs und Kräftevergeudens schlechthin, des Vergnügens, des Genießens, der Triebregungen und der Versuchungen jeglicher Art, des ‚Rausches im Diesseits'. Dies obenhin betrachtet ... Spielen, aufs Spiel setzen, experimentieren, versuchen, Umwege, neue Wege erproben, alte Geleise verschmähen, dem Leben einen neuen, noch nie dagewesenen Sinn geben, alles wagen, keine Warnungen hören, keine Mühen scheuen, keine Erfahrungen achten, das ist sein Sinn ..."

Menschen mit einer starken Position Jupiters im Horoskop haben mehr Glück im Leben als andere, deren Glücksstern isoliert ist. Gerade die bei Helmut Kohl vorhandene Nähe Jupiters beim Mond gilt diesbezüglich als gutes Omen. Wer unter solcher Konstellation geboren wird, kann erleben, daß sich selbst schwierige Situationen zum Besseren verändern. Man findet Gönner und macht im Beruf Karriere.

Das Thema Gesundheit oder eine aktuelle Erkrankung sind überhaupt häufig ein Anlaß, sich mit dem eigenen Horoskop zu befassen oder einen Astrologen zu konsultieren. Tatsächlich kommt jedem Planetensymbol auch eine vitale Bedeutung zu. So steht etwa die Sonne für Herz und Kreislauf, Merkur, als das Symbol für Verbindungen, hat Bezug auf die Nerven, Jupiter kann Auskunft über die Leber geben usw. Aus der Position der Gestirne, aus ihren Aspektverbindungen, aus der Besetzung der ihnen zugeordneten Zeichen und Häuser zieht der Astrologe seine Schlüsse hinsichtlich der körperlichen Anlagen. Das kann er aber natürlich nur, wenn er über einige physiologische und medizinische Kenntnisse verfügt. Keineswegs verwunderlich ist also, daß sich Ärzte und Heilpraktiker oft für Astrologie interessieren. In dem Zusammenhang erkannte *Hippokrates*, der große Mediziner der Antike: „Unwissend ist der Arzt, der nichts von Astrologie versteht." So verwendete beispielsweise C.G. Jung in seiner psychiatrischen Praxis Horoskope, weil ihm dies umständliche Vorarbeiten ersparte.

Aus dem Geburtshoroskop kann man nicht nur über das Maß der Vitalität und die Regenerationsfähigkeit urteilen. Vor allem zeichnen sich im Radix die gesundheitlichen Schwachstellen oder Gefahren ab. Von ihnen zu wissen, kann eine große Hilfe sein. Mithin lassen sich nach der Geburtskonstellation auch Empfehlungen für eine individuelle gesunde Lebensführung ableiten.

Kritische Zeiten im voraus zu erkennen, Gefahren und Risiken abzuschätzen und sich darauf einzustellen, erlaubt die astrologische Prognose. Besonders wichtig ist in diesem Zusammenhang die Chance, wenn erforderlich, einen geeigneten Operationstermin herauszufinden, d.h., jene Zeiten, in denen Körper, Seele und Geist in optimaler Verfassung sind und einen Eingriff am besten verkraften können. Allerdings darf ein Astrologe nie seine Kompetenz überschreiten. Ausdrücklich sei bemerkt, daß medizinische

Entscheidungen oder Behandlungen Sache des Arztes sind.

Gerade das System der zwölf Häuser macht deutlich, welche Tiefen ein Horoskop auszuloten vermag, welche grandiose geistige Leistung von Wissenschaften und Philosophien seit der Antike vollbracht wurde, Astrologie zum Range einer konstruktiven Weltanschauung (Cassirer) zu erheben. Eine Hauptrolle spielt bei dieser die Frage der Vererbung.

Man kann das Geburtshoroskop verstehen als Symbol aller Anlagen und Fähigkeiten, über die man verfügt. Nun gibt es bekanntlich den wissenschaftlichen Disput, ob und in welchem Maß Erbanlagen bedeutsam sind oder ob nicht Umwelteinflüsse den Menschen stärker prägen. Das Problem hat damit einen brisanten soziologischen und politischen Effekt. Heideggers Wort „Herkunft bleibt stets Zukunft" war für die Astrologen immer unbestritten, sind doch die Positionen von Sonne, Mond, Aszendent und Meridian, also die wichtigsten Horoskopfaktoren, eindeutig erbbedingt. Sie vererben sich bei Blutsverwandten zehnmal häufiger, als es nach der Wahrscheinlichkeitsrechnung zu erwarten wäre. Die Gentechnologie liefert täglich neue Erkenntnisse, in welchem unvorstellbaren Maß körperliche, geistige und seelische Eigentümlichkeiten vererbt werden.

Das belegt auch die Zwillingsforschung, die aufschlußreich von *Tom Bouchard* beschrieben ist. Dabei hatte dieser vor Jahren an der Universität von Minneapolis mit der Absicht eine Untersuchung gestartet, die Vererbungstheorie zu widerlegen. Gemäß der von ihm vertretenen Milieutheorie meinte er, daß Umwelteinflüsse stärker seien als die ererbten Anlagen. Tom Bouchard mußte seine Ansicht revidieren, denn er fand, daß eineiige Zwillinge, die man sogleich nach ihrer Geburt getrennt hatte und die in z. T. sehr unterschiedlichen Milieus aufgewachsen waren, bis in geradezu skurrile Einzelheiten des Verhaltens gehende Übereinstimmungen zeigten.

Vererbung von Horoskopfaktoren

„Charakter ist Schicksal" heißt es deshalb zu Recht. Zwangsläufig ist das Geburtshoroskop die Grundlage einer jeden Prognose. Wenn in einem Horoskop, wie beispielsweise in dem Helmut Kohls, die Ecken der Konstellation, nämlich Aszendent, Deszendent, MC und IC durch Gestirne besetzt sind oder diese durch Aspekte an diesen Punkten anknüpfen, war der Geburtsaugenblick ein herausgehobener Moment des Tages, mithin von besonderer Zeitqualität.

Astrologie kann durchaus als eine Wissenschaft von der Qualität der Zeit gelten. Unter auffallenden, markanten Konstellationen werden überdurchschnittliche Menschen geboren. Sie können prominent in gutem wie in bösem Sinn sein: Heilige, edle, uneigennützige Menschenführer, doch auch Verbrecher, Massenmörder. Moral steht nicht im Horoskop. Allerdings gibt es Konstellationen (also Zeitqualitäten), die auf die Veranlagung zu Egoismus, Betrug, Tricks, Heimtücke u. dergl. schließen lassen, andererseits solche mit Bezug auf Gerechtigkeitssinn, Toleranz, Großmut u. a. m.

Selbst wenn Umwelteinflüsse auf die Entwicklung eines Menschen weniger wirksam sind als die ererbten Anlagen, hat das Milieu Gewicht. Verständnisvolle, wohlhabende Eltern können schließlich einem Kind eine bessere Ausbildung zukommen lassen als arme Leute in mißlichen familiären Verhältnissen. Es ist ferner ein Unterschied, ob man als ältestes oder als jüngstes Kind geboren wird, ob man als Einzelkind aufwächst oder zusammen mit Geschwistern. Entscheidend ist z. B. auch der Jahrgang, ob man, wie Helmut Kohl, „die Gnade der späten Geburt" für sich reklamieren kann oder ob man Angehöriger der Kriegsgeneration ist, ob man seine Kindheit nach dem Krieg etwa in Bayern verbringen durfte oder ob man in diesem Alter die Vertreibung aus ostpreußischer oder schlesischer Heimat erleben mußte oder welcher Nation und Konfession man durch Geburt angehört. Die Aufzählung wichtiger

Einflußmöglichkeiten, die nicht im Horoskop stehen, ließe sich beliebig fortsetzen.

Das Geburtshoroskop heißt auch Radix (lat. die Wurzel), weil aus dieser unser Schicksal erwächst. Das Radix, engl. card oder chart, also die Karte, ist das astrologische Meßbild unserer Grundstruktur. Wir können es als einen auf die Zukunft ausgestellten Wechsel ansehen. Ob wir ihn einlösen wollen, können oder werden, steht auf einem anderen Blatt. In jedem Fall eröffnet es uns eine ganz individuelle Perspektive. Sie stammt aus unserer Veranlagung, und wir nehmen sie gemäß unserer Lebenssituation wahr. Das Radix bezeichnet den Anfang unseres (vom mütterlichen Organismus unabhängigen) Lebens. Es als ein unbeschriebenes Blatt, üblicherweise als „tabula rasa", anzusehen, trifft jedoch keineswegs zu, weil wir ja mit bestimmten Vorgaben geboren werden, mit unseren ererbten Anlagen. Das berührt die Frage, wie weit wir überhaupt Herr unserer Entscheidungen sind. Dazu sagt *Schopenhauer:* „Der Mensch kann ohne Frage tun, was er wünscht, aber er kann nicht bestimmen, was er wünscht oder will."

In allen meinen Büchern und Veröffentlichungen habe ich eine rationale Astrologie vertreten. Diese beruht auf rationalen, d.h., durch die Vernunft einsehbaren horoskopischen Aussagen. Auf diese Weise entstehen alle Prognosen durch Anwendung traditioneller Regeln. Wer das astrologische Deutungssystem beherrscht, vermag z.B. auch die schwierigen Voraussagen zur Politik nachzuvollziehen. Der Prozentsatz der Realisierung ist bei den psychologisch fundierten Feststellungen, z.B. bei einem Horoskopvergleich, optimal. Wird ein Horoskop rational gedeutet, ist die Wahrscheinlichkeit des Zutreffens sehr hoch. Fehler liegen weniger im System als in der Unzulänglichkeit der Interpretation der Zeitqualität. Rationale Astrologie deutet die Lebensvorgänge gemäß ihrem Bezug zur *irdischen Wirklichkeit.*

Rationale und spirituelle Astrologie

Zwar werden in der *spirituellen* Astrologie Regeln angewendet, doch sind sie umstritten, was ihre Auswirkung angeht. Denn diese betrifft nicht (nur) die materielle Ebene, sondern weist über diese hinaus in den geistigen, in den spirituellen, religiösen Bereich. So machen Astrologen, die das Horoskop unter spirituellen Gesichtspunkten bearbeiten, zum Beispiel Aussagen, die über den Tod hinausreichen, über Karma und Reinkarnation. Das sind Begriffe aus Religion und Philosophie, über deren Realität man geteilter Meinung sein kann, weil sie Fragen des Glaubens sind.

Karma und Reinkarnation

Karma, dieser Begriff aus fernöstlichen Religionen, heißt übersetzt „Tat" und besagt, daß das Schicksal eines Menschen davon abhängt, wie er sich in seinem Vorleben verhalten hat. Karma setzt die Wiedergeburt (= Reinkarnation) voraus.

Dem christlichen Glauben an eine Wiederauferstehung des Fleisches entspricht im Buddhismus und Hinduismus die Wiedergeburt im Fleisch. Eine Vergeltung im nächsten Leben ist die Frucht der bedeutsamen Willensregungen bzw. Handlungen („Taten") im vergangenen. Es ist die Verkörperung von Ursache und Wirkung. Als moralisches Gesetz wirkt es im Christentum als „Saat und Ernte", bei den Moslems heißt es Kismet.

Wie oft schon hat uns das Schicksal geschlagen, haben wir bei Not und Krankheit gefragt: „Warum trifft es nicht diesen oder jenen, sondern gerade mich?" Die Antworten der christlichen Religion können viele nicht befriedigen.

Rationale Astrologie geht nicht davon aus, daß die Sterne das Schicksal bestimmen. Vielmehr werden durch Interpretation der Zeitqualität Trends und Tendenzen als Entsprechungen angezeigt. Spirituelle Astrologie sieht in den schicksalhaften Ereignissen unseres Lebens ebenfalls keine Wirkungen der Sterne, sondern verlegt deren Ursachen in den Menschen selbst. Das spirituell verstandene Horoskop entspricht als Denkmodell weniger einer „Fahrkarte" in die Zukunft als vielmehr einer „Quittung" für Taten aus einem oder mehreren zurückliegenden Leben. Spirituell verstanden, würde demnach kein Mensch unter einer anderen Konstellation geboren, als sie zu ihm und seinem Karma paßt. Die Konsequenz daraus wäre, daß jeder das Schicksal erlebt, das er verdient. Um es anders zu formulieren: Die Lehre vom Karma besagt, daß der Mensch selbst durch seine Taten in einem früheren Erdenleben die gegenwärtige Qualität seiner Existenz bestimmt hat und daß ihm jetzt die Chance gegeben ist, alle Schuld abzutragen. Machen wir uns einer schweren Verfehlung schuldig, die wir bis zu unserem Tod nicht sühnen, werden wir dafür im nächsten Leben zur Rechenschaft gezogen und müssen büßen. Oder wir werden im nächsten Leben für erlittenes Ungemach ebenso wie für unsere guten Taten belohnt. Damit sind wir selbst unseres Glückes Schmied.

„Latentes Karma" heißt jenes, das im Menschen schlummert. Es wird uns zum Schicksal. „Geschickt" wird es von uns an uns selbst. Verstehen wir Karma als ein Lebensprinzip, führt dies zur Annahme eines „kollektiven Karmas". Das heißt, daß auch ein Volk Schuld auf sich laden kann ... Sehen wir auf den Gang der Geschichte, auf Kriege und Katastrophen, auf Massenelend oder Völkermord, doch auch auf hohe Zeiten des Blühens und des Friedens. Sollte es für solche Perioden nicht auch Ursache und Wirkung geben? Angesichts drohender Gefahr künftiger Weltkatastrophen erwächst aus dem Karmagedanken dem einzelnen wie den Völkern die Aufgabe in moralischer Hinsicht, sich dem Humanitätsideal verpflichtet zu sehen, das heißt, sich „menschlich" zu verhalten, heute alte Schuld anzuerkennen und abzutragen, damit für morgen Hoffnung wachsen kann.

Stellvertretend für ungezählte Geistesgrößen, die sich beispielgebend zum Karmagedanken bekannt haben, seien lediglich erwähnt *Pythagoras, Plato, Plotin, Hegel, Goethe, Steiner, Blavatsky.* Hier wäre lediglich zu fragen, wie die Astrologie aus rationaler Sicht dazu steht. In diesem Zusammenhang darf ich auf eine Mitteilung von *Gret Baumann-Jung* verweisen über ein Gespräch mit ihrem Vater, dem weltbekannten Tiefenpsychologen C.G. Jung, hinsichtlich dessen diesbezüglicher astrologischer Erfahrungen. Er sagte wörtlich zu ihr: „S'Glungni isch, daß sich das chaibe Ziigs au no noch em Tode witer trillt." Ins Schriftdeutsche übertragen heißt das soviel wie „Das Gelungene (oder Komische) ist, daß sich das verflixte Zeugs auch noch nach dem Tode weiter dreht."

C.G. Jung sprach damit eine Erfahrung aus, die jeder Astrologe selbst nachvollziehen kann. Man untersuche die Konstellationen, unter denen z. B. ein Künstler nach seinem Tod berühmt geworden ist, und man wird feststellen, daß die entsprechenden astrologischen Voraussetzungen vorlagen. Es verwundert daher nicht, daß zur Zeit des Falls der Berliner Mauer die weitergerechneten Horoskope von Marx und Lenin wahre Katastrophentrends aufwiesen. Es war die Zeit des Zusammenbruchs ihrer Idee des Kommunismus.

Weniger spektakulär, doch auch überzeugend mag es sein, was mancher fühlte, der in einer schicksalhaften Liebe entbrannte.

„Sag, was will das Schicksal uns bereiten?
Sag, wie band es uns so rein genau?
Ach, du warst in abgelebten Zeiten
Meine Schwester oder meine Frau."

Goethe widmete 1776 das Gedicht *Charlotte von Stein*. An seinem Geburtstag, dem 28.8.1749, stand die Sonne in 5° Jungfrau, Mars in 3° Steinbock. Frau von Steins Sonne war am 25.12.1742, als sie geboren wurde, in 3° Steinbock, Mars in 5° Jungfrau. Goethe: „Ich kann mir die Bedeutsamkeit, die Macht, die diese Frau über mich hat, anders nicht erklären als Seelenwanderung. Ja, wir waren einst Mann und Weib! Nun wissen wir von uns, verhüllt in Geisterduft. – Ich habe keinen Namen für uns – die Vergangenheit – die Zukunft – das All."

Seelenwanderung oder Metempsychose sind alte Ausdrücke für Reinkarnation, ein Wort, das erst seit 1875 in der Literatur verwendet wird. Goethe, der tiefe Denker, bekannte sich zu ihr wie heute mehr als die Hälfte der Menschheit. Auch wenn man als Astrologe Horoskopie rational betreibt, drängen sich die alten großen Fragen auf: Wo komme ich her? Wohin gehe ich? Will man sich da nicht in haltlose Spekulationen verlieren und – gewiß den Blick zu den Sternen gerichtet – mit den Füßen auf der Erde bleiben, so dürfen Antworten nur über die Vernunft hinaus führen, nicht aber gegen sie gegeben werden. Der Glaube darf an die Realität anknüpfen, jedoch nicht verlangen, ihr zu widersprechen. Man kann sich als Christ der Gnade Christi anvertrauen, um schneller von Schuld freizukommen. Es liegt in unserer Entscheidungsfreiheit. Das Fegefeuer könnte in Form einer Reinkarnation erlebt werden, sofern man es sich nicht in einer anderen kosmischen Ebene vorstellt.

Im Phaidon spricht Platon durch den Mund des *Sokrates:* „Es ist eine sehr alte Meinung, daß die Seelen in die Unterwelt gehen, wenn sie diese Welt verlassen, und daß sie von dort in diese Welt zurückkehren ins Leben, nachdem sie durch den Tod geschritten sind. Es scheint mir, Zebes, daß man diesen Wahrheiten nichts entgegensetzen kann und daß wir uns nicht täuschten, als wir sie bekräftigten ... dann ist es gewiß, daß die Lebenden aus den Toten geboren werden."

Vielmehr hätten wir das Geburtshoroskop als Quittung für das vergangene Leben zu begreifen. Unter diesem Gesichtspunkt wäre uns demnach aufgegeben, eine Hypothek abzutragen. So gesehen stellt uns das Geburtshoroskop Aufgaben.

Das meint wohl auch der Dichter, wenn er sagt, daß wir unseres Daseins Kreise nach den großen ehernen Gesetzen vollenden müssen. Die Tat ist frei, die Folge nicht. Wir selbst sind unseres Glückes Schmied. Das Schicksal gibt uns die Chance, uns zu bewähren.

Der Zeitpunkt des Todes

Immer wieder wird die Frage gestellt, ob man den Zeitpunkt des Todes aus dem Horoskop herauslesen kann. Das ist nicht möglich, und das ist auch gut so. Im Abschnitt Prognose wird darauf noch näher eingegangen werden. Vielleicht kann man den Tod nicht erkennen, weil er nicht erlebt wird. Vielleicht setzen wir unser Dasein in der Form einer anderen Existenz fort. Ist es nicht merkwürdig, daß Künstler nach ihrem Tod zu einer Zeit zu Anerkennung oder Ruhm gekommen sind, als ihr weiter gerechnetes Horoskop eine derartige Prognose erlaubte? Offensichtlich hat das Horoskop (also die Zeitqualität, unter der wir geboren werden) eine Bedeutung, die über das Ableben hinausreicht.

Gibt man ein Horoskop in Auftrag, kann man in der Regel nicht erwarten, daß der Astrologe es im Hinblick auf Bezüge zu einem möglichen Karma durchforstet. Es widerspräche dem Selbstverständnis einer rationalen Astrologie, auf Spekulationen zu setzen. Allerdings ist ein spirituelles Verständnis durchaus möglich, vielleicht sogar eine Konsequenz, zu der man kommt, wenn man durch das Horoskop eine Antwort auf die großen Sinnfragen sucht. In der Praxis gibt es keine eindeutigen Grundlagen, auf denen spirituelle Astrologie aufbauen könnte. Alles Vorgehen in der Horoskopdeutung, soweit es einen religiösen Aspekt hat, ist zwangsläufig spekulativ, weil es keine Probe aufs Exempel geben kann. Für einen Klienten das Horoskop ohne Auftrag spirituell zu deuten, widerspräche ferner der Auffassung, daß religiöse Überzeugungen tabu sein sollten. Zwar mag der Astrologe sich darüber Gedanken machen, doch sich dazu definitiv zu äußern, wäre eine andere Sache.

Astrologie ist mehr als ein Hobby

Die Hinweise an dieser Stelle sollten zeigen, wie ausgedehnt der Rahmen der Interpretation eines Geburtshoroskops sein kann und welche Möglichkeiten sich einem forschenden Geist bieten. Am tiefsten schürft Thomas Ring, wohl der bedeutendste Theoretiker der Astrologie in diesem Jahrhundert, in seiner Astrologischen Menschenkunde[13]. Praktisch ist ein Horoskop nicht ausschöpfbar. Mit der eigenen Geburtskonstellation kann man sich sein ganzes Leben lang beschäftigen. In jedem Alter wird man neue Einsichten gewinnen, werden einem bisher ungeahnte, unbewußte Zusammenhänge deutlich, erfährt man mehr über sich selbst, über die Motive des eigenen Handelns. Horoskopieren ermuntert zu philosophischen wie zu religiösen Gedanken, es ist mehr als Hobby oder bloße Beschäftigung, denn Astrologie rührt an die großen Seinsfragen: Warum bin ich hier? Warum sieht mein Schicksal so und nicht anders aus? Was kann ich tun, um mich in Einklang mit den kosmischen Gesetzen zu bringen?

Die Prognose

Die Vielfältigkeit des Alltags zwingt uns, die Augen offenzuhalten, damit wir uns auf die Forderungen des Tages einstellen können. Daß wir unsere Partner, Mitarbeiter, Freunde oder Gegner beobachten, wird uns meistens gar nicht bewußt. Doch aus ungezählten Eindrücken setzen sich die Bilder der Personen zusammen, mit denen wir es zu tun haben. Wir schätzen ihre Stärken und Schwächen ein, um unser eigenes Verhalten danach einzurichten.

Wir orientieren uns im Alltag.

So wissen erfahrene Ehepaare durch den vertrauten Umgang mit dem Partner, was diesen provoziert oder wie man ihn versöhnt, wie er auf bestimmte Ereignisse, wie auf eine freudige oder böse Überraschung reagieren wird u. a. m. Solche angewandte Psychologie bestimmt wesentlich das zwischenmenschliche Klima. Astrologie kann insofern nützlich sein, weil das Horoskop zu erklären vermag, warum und zu welcher Zeit jemand so handelt, wie er es tut.

Beobachtung der anderen

Eine sorgfältig erstellte Prognose zeigt darüber hinaus Klippen auf, läßt etwa erkennen, wie die Tagesform eines Menschen zu einem bestimmten Termin sein wird, ob er sich in einer positiven Verfassung befindet, ob er voller Schwung ist, die Initiative ergreifen kann, ob er also zur Expansion neigt oder ob er unter einer negativen, hemmenden Stimmung leidet, ob er sich unter Druck gesetzt fühlt oder gegen ihn aufbegehrt.

Natürlich kommt es jeweils auf den Anlaß an, der einen anregenden Impuls auslöst oder als dessen Folge etwa ein Zusammenbruch zu vermuten wäre. Erinnert sei an den bereits zitierten Aphorismus: „Nicht, was wir erleben, sondern wie wir empfinden, was wir erleben, macht unser Schicksal aus." Einfach gesagt: Was dem einen die Eule, ist dem anderen die Nachtigall.

Liest man eine Voraussage, sollte man bedenken, daß die Einschätzung der Fakten durch den Astrologen nur relativ sein kann, zumal wenn er den Auftraggeber nicht kennt. Wie die Prognose aufgenommen wird, hängt doch ganz wesentlich von der Veranlagung des Horoskopeigners und seiner Tagesform ab. Nicht immer ist ein Optimist heiter und gelassen, indessen wird ihn kaum verunsichern, was einem sensiblen, introvertierten Pessimisten schlaflose Nächte bereitet.

Im Grunde kann man eine astrologische Prognose mit einem Fahrplan vergleichen, der uns über die Anschlüsse informiert. Es bleibt dem Reisenden überlassen, diesen oder jenen Zug zu wählen. In seiner Entscheidung ist der Reisende freilich nicht ganz frei. Er muß sich nach den Umständen richten, etwa nach dem vorgegebenen Ziel, nach der Zeit, wann er es erreichen will, nach der einzuschlagenden Strecke.

Der Vergleich mit einem Fahrplan entspricht etwa unserer Lebenssituation, denn täglich müssen wir bestimmte Kompromisse treffen, und oft läßt es sich nicht vermeiden, in einen sauren Apfel zu beißen. So muß etwa ein Schüler oder Student eine Prüfung an einem Tag ablegen, an dem er sich nicht wohl fühlt, oder zu einem Termin, der ihm nicht paßt. Die Konsequenzen sind absehbar. Gleiches gilt für eine Operation. An einem ungeeigneten Tag vorgenommen, kann sie die Situation eines Patienten verschlechtern, anstatt sie zu verbessern. Diese Beispiele mögen genügen, es ließen sich noch viele anführen.

Es wurde bereits dargelegt, daß der Mensch in seinen Handlungen frei ist, daß er tun kann, was er will – sofern keine äußeren materiellen Hindernisse vorhanden sind. Wir haben die Wahlfreiheit der Motive, und unsere innere Stimme sagt uns, daß wir für unsere Absichten und Taten voll verantwortlich sind.

Unser persönliches Geschick ist weder von außen, etwa durch einen Gott, „geschickt oder über uns verhängt, sondern ist das Resultat aus einem Zusammenwirken von Notwendigkeit und Freiheit, von Charakter und äußeren Faktoren, Zufälligkeiten und Schicksalsschlägen, und da der Charakter selbst das Resultat von inneren und äußeren Faktoren ist, ergibt sich für den Astrologen ein sehr komplexes Gebilde, d. h., er kann nur Schicksalsmöglichkeiten, Tendenzen und Motive zur Realisierung auf bestimmten Lebensgebieten aufzeigen und je nach seiner Deutungsgabe mit mehr oder minder großer Wahrscheinlichkeit, nie aber mit Gewißheit etwas voraussagen."[14] Stehen wir an einem Scheideweg, überlegen wir uns die Entscheidung, sollen wir nach links oder nach rechts gehen? Nach Jahren werden wir, wenn wir uns rückschauend dieser Situation erinnern, meistens feststellen, daß wir uns damals nicht anders entscheiden konnten, als wir es getan haben.

Wie gewiß ist die Voraussage?

Die Feststellung „Charakter ist Schicksal" besagt bereits das Wesentliche. Das Geburtshoroskop läßt Schlüsse auf die Veranlagung und auf die Tendenz zu, diese auszuwirken. So wird ein Choleriker auf äußere Einflüsse, etwa auf einen Angriff auf seine Person, ganz anders reagieren als ein Phlegmatiker.

Technik und Möglichkeiten der Prognose nach dem Geburtshoroskop[15]

123

Die Laienastrologie mit ihren zwölf Tierkreistypen macht sich das zunutze, ohne freilich zu beachten, daß diese Typen niemals in reiner Form vorkommen, sondern daß jeder Mensch einen Mischtypus darstellt.

Das Geburtshoroskop zeigt durch die individuelle Anordnung der Symbole jedoch weit mehr. Es läßt die starken und schwachen Seiten einer Person erkennen, Begabungen, Ehrgeiz und Einflußmöglichkeiten, gibt an, welche Aussichten somit etwa in Beruf oder Partnerschaft gegeben sind, wo und zu welcher Zeit gesundheitliche Probleme auftreten können, auch, ob jemand Chancen durch Spekulationen hat. Für deren Realisierung vermag ein Geburtshoroskop jedoch nur einen sehr groben zeitlichen Rahmen anzugeben, kein Lebens- oder Kalenderjahr, in welchem eine bestimmte Tendenz auffallend würde. Dazu bedarf es vielmehr bestimmter Hilfshoroskope wie sie Solar-, Lunar-, Transit- und Direktionshoroskope darstellen.

Ein sehr wichtiger Grundsatz wird freilich oft übersehen: Eine Prognose muß immer ein Geburtshoroskop zur Grundlage haben. Niemand kann mehr erreichen, als nach seinem Radix möglich wäre. Kein noch so wunderbares Solar, kein noch so schöner Transit werden Bemerkenswertes bringen, wenn von der Geburtskonstellation keine entsprechenden Vorgaben vorhanden sind. So mancher Astrologe verspricht sich oder gar anderen einen großartigen Treffer, etwa im Lotto, ohne zu beachten, daß vielleicht das Geburtshoroskop eine derartige Chance ausschließt. Auch wird keiner zu Macht und Einfluß kommen, wenn dies nicht bereits nach dem Geburtshoroskop zu vermuten ist.

Hier liegt auch einer der Gründe, warum Zeitungs-„Horoskope" indiskutabel sind und unmöglich stimmen können. Sie sind reine Transitprognosen zum Sonnenzeichen, meistens nicht einmal zum genauen Sonnenort und zwangsläufig ohne jeden Radixbezug.

Ein Transit ist der Übergang der laufenden Planeten über die als feststehend gedachten Orte des Geburtshoroskops. Zu den Planeten zählen gemäß der Tradition auch Sonne und Mond; deren astronomische Konsequenzen beziehen sich ja auch auf die Erde und nicht auf die Sonne. Deren Rolle als Zentralgestirn wird davon nicht berührt. Orte sind nicht nur die Positionen der Planeten, sondern auch deren Winkel und die Spitzen der Häuser, besonders Aszendent und MC (= Meridian). Transite zeigen an, zu welchen Zeiten fördernde oder hemmende Trends vorliegen und wie diese sich äußern könnten.

Transite, das wichtigste Instrument der Prognose

Der Begriff Transit

Ein Beispiel: Wer an einem 1. März geboren wird, hat die Sonne ungefähr in 10° Fische. In der ersten Januarhälfte 1994 wandert Jupiter über 10° Skorpion, bildet demnach einen fördernden Trigontransit, denn 10° Skorpion steht zu 10° Fische genau in einem Winkel von 120° Grad. Ist im Geburtshoroskop zwischen Sonne und Jupiter bereits ein harmonischer Winkel vorhanden, kann sich dieser Transit nun deutlich bemerkbar machen als Tendenz zu Expansion, Gesundheit, Aufstieg, also „Glück" in Aussicht stellen. Waren am Geburtstag aber Sonne und Jupiter nicht durch einen Aspekt verbunden, wird die positive Auswirkung jedoch nur schwach sein.

Beispiele für Transite

Selten treten zu einem bestimmten Termin Transite einzeln auf. Da es neun wandernde Gestirne gibt, können diese oder jedenfalls einige auch gleichzeitig Transite zu den verschiedenen Orten des Horoskops bilden. Die Zeitungsastrologie bestimmt alle Einflüsse rein nach der Sonnenposition, denn nur der Sonnenstand wiederholt sich alljährlich und ist vom Laien durch den Geburtstag auszumachen. Diese primitive Laienastrologie verfälscht die Situation, weil individuell meistens gleichzeitig verschiedene Radixpositionen durch Transite betroffen sein können. Das ist sogar die Regel. Die Deutung ist dadurch natürlich erschwert, denn die verschiedenen Aussagen können absolut unterschiedlich ausfallen.

125

Um bei unserem Beispiel zu bleiben: Ende April bis Anfang Mai 1994 fördert Jupiter durch Trigon zum Sonnenort, doch wird um den 1. Mai auch Saturn störend oder belastend wirksam, denn er erreicht dann 10° Fische und damit den Sonnenort. Damit kann es für diese Zeit keine einheitliche Deutung geben. Das Positive wie das Negative wird darzustellen sein, vermutlich unterschiedliche Lebensbereiche betreffen. Welche das sein könnten, ist nach dem Radix zu mutmaßen.

Ein zweites Beispiel, bei dem Gegensätze nicht abzuwägen bzw. aufzurechnen sind: Am 1. Januar eines jeden Jahres steht die Sonne in 10° Steinbock, also in günstigem Winkel zur Geburtssonne in 10° Fische. Am 2.1.1994 erreicht Merkur auf seiner Wanderung durch den Tierkreis 10° Steinbock, bildet demnach ebenfalls einen hilfreichen Sextiltransit zur Geburtssonne in 10° Fische.

Am 3.1.1994 gelangt Mars in 10° Steinbock, am 4.1.1994 ist Venus im fördernden Winkel zu diesem Sonnenort. Lediglich der Mond steht für ganz kurze Zeit der Geburtssonne in gespanntem Winkel gegenüber, wenn er am 2.1. durch 10° Jungfrau geht, was aber lediglich stundenweise Launen möglich macht, die den positiven Charakter der Periode nicht beeinträchtigen.

Der Astrologe würde keine Schwierigkeiten haben, diesen Komplex zu deuten, der ja überwiegend günstig ist, vorausgesetzt es gäbe gleichzeitig keine anderen Transite. Da wir aber kein bestimmtes Geburtsjahr dem Geburtstag 1. März zugrunde legen, bleibt offen, ob Anfang Januar 94 nicht noch andere, individuell wirksame Transite vorliegen, die sich nicht auf die Sonnenposition, sondern auf andere Orte einer kompletten Geburtsfigur beziehen.

Wirkungsdauer der Transite Transite haben eine unterschiedlich lange Wirkungsdauer. Sie beträgt beim Mond etwa 4 Stunden, bei der Sonne etwa 3 Tage, bei Saturn etwa 4 Wochen, bei Merkur etwa 2 Tage, bei Uranus etwa 5–6 Wochen, bei Venus etwa 2–3 Tage, bei Neptun etwa 5–7 Wochen, bei Mars etwa 4–5 Tage, bei Pluto etwa 5–8 Wochen, bei Jupiter etwa 2 Wochen.

Doch da die Geschwindigkeiten zeitweise unterschiedlich sind (auch durch die sog. Rückläufigkeit oder wenn Planeten – scheinbar – stationär werden), wirkt sich das auf die Dauer des Trends aus, so daß die Angaben der angeführten Zeiten nicht genau sein können. Je langsamer ein Planet ist, um so intensiver „wirkt“ er. Interessant ist, daß man Marseinflüsse in der Regel bereits ein, zwei Tage vor dem exakten Fälligwerden spürt, Saturntrends aber zeitlich nachhängen. Bedingt durch die Rückläufigkeit ist bei den großen Planeten zu beobachten, daß sie mitunter über viele Monate von Einfluß sind. Das erklärt auch, warum manche Menschen deutlich längere glückliche oder auch schwierige Perioden erleben.

Die stärksten „Wirkungen“ sind durch die Konjunktionen, also die direkten Übergänge, hier im Sinne des Wortes zu verstehen, von Saturn, Uranus, Neptun und Pluto über den Aszendenten oder über das MC zu beobachten. Sie lassen häufig den Schluß auf schicksalhafte Einflüsse zu, etwa Ab- oder Umbruchstendenzen, es können Wendezeiten sein.

Von den Tagestrends darf man nicht zuviel erwarten. Sie haben nur einen sehr geringen Ereignis-Charakter. Doch sie sind eine vorzügliche Hilfe, wenn man eine Entscheidung treffen muß und dazu einen geeigneten Termin sucht.

Es ist eine alte Erkenntnis, daß das Gelingen eines Vorhabens von den Startbedingungen abhängt, nicht zuletzt von den kosmischen. Dabei macht es keinen Unterschied, ob es sich um ein Geschäft, eine Prüfung oder einen ärztlichen Eingriff handelt. Während die Transite der großen Planeten mehr den Charakter einer Zeit, einer oder mehrerer Wochen färben, sind die *kleinen Transite*, wozu die von Sonne, Merkur, Venus und Mars zählen, nur für den Tag wirksam. Die Transite des Mondes kann man unbeachtet lassen, sie signalisieren lediglich Launen. Dieses Wort ist abgeleitet vom lateinischen luna = Mond.

Vom Nutzen der kleinen Transite

127

Die Deutung aller Transite kann nur durch Beispiele geschehen – gemäß der Symbolik des Transitors, also des Übergängers. Das Radixgestirn gibt gewisse Hinweise, welcher Lebensbereich durch den Transit angesprochen werden könnte. Ist es die Sonne, handelt es sich vermutlich um die Gesundheit, überhaupt um alle Formen der Existenz, ein Transit über Mars betrifft dagegen meistens den Energiehaushalt, ein Transit über Venus die Partnerschaft, die Freundschaft und das Vergnügen und einer über Merkur die Studien, Geschäfte und Kontakte.

Funktionsweise der Transite und Resonanzeffekt Ein Vergleich aus der Physik hilft, das Funktionieren der Transite zu verstehen. Bekanntlich bewirkt das Anschlagen einer Stimmgabel einen Resonanzeffekt. Eine Saite, ist sie gleichgestimmt, wird zum Mitschwingen veranlaßt. Ebenso verhält es sich bei der Wirkung der Transite. Stellen wir uns vor, daß gleich einem „Sender" vom Transitor Schwingungen ausgehen. Der Radixort wirkt dagegen wie ein „Empfänger", der auf die Impulse reagiert **Unterschiedliches Reagieren** und sie uns als „Lautsprecher" verständlich macht. Weil nun die Horoskope der Menschen sehr unterschiedlich in ihrer Struktur sind, was der unterschiedlichen Veranlagung entspricht, wird auf die Transite auch nicht einheitlich reagiert.

Angehende Astrologen begehen häufig den gleichen Fehler, wie er durchgehend bei vielen Computerdeutungen zu beobachten ist: Es wird kein Unterschied zwischen wichtigen und unwichtigen Transiten gemacht. Damit mißachtet man aber nicht nur die grundsätzliche Erkenntnis, daß nur jene Transite etwas anzeigen können, die Wiederholungsaspekte aus der Geburtsfigur sind. Ebenso müssen auch immer die Stärken und Schwächen der Planeten berücksichtigt werden, wie sie sich aus ihrer Position im Tierkreis und im Radix ergeben. Beispielsweise wird ein Jupiter im eigenen Zeichen Schütze in der Nähe des MC ein großes Gewicht haben.

Das Solarhoroskop Was ist ein *Solarhoroskop*[17]? Man nennt das Solar- oft *Jahreshoroskop*. Jeweils für ein bestimmtes Kalenderjahr

128

geltend, wird es für den Aufenthaltsort berechnet, und zwar auf den Zeitpunkt, zu dem die Sonne sich wieder in jener Position befindet, in der sie am Geburtstag zur Geburtsminute war. Bezogen auf die genaue Zeit der Geburt muß also zuvor die exakte Position der Sonne im Tierkreis nach Bogengrad, Bogenminuten und Bogensekunden bekannt sein. Das Wort Solar ist abgeleitet vom lateinischen Wort für Sonne = sol. Weil ein Solarhoroskop immer von einem Geburtstag bis zum nächsten gilt, ist es ein Rhythmogramm der Sonne.

Solarhoroskope sind nicht für sich deutbar, sondern müssen immer in Beziehung zur Geburtskonstellation gesehen werden. Sie erlauben Hinweise, welche astrologischen Schwerpunkte innerhalb des bearbeiteten Lebensjahres (also des Sonnenrhythmus) erkennbar werden. Die Deutung ist noch etwas schwieriger als die eines Radix.

Das eigentliche Problem beim Solar ist, daß die Geburtszeit („erster Schrei") absolut exakt stimmen muß. Da man diese jedoch selten weiß, muß sie erst durch zeitraubende Verfahren kontrolliert bzw. an Hand von Lebensereignissen nachgeprüft und korrigiert werden. Das ist der eigentliche Grund, warum selbst erfahrene Astrologen nur ungern mit dem Solar arbeiten.

Was für das Solar in bezug auf die Sonne gesagt wurde, gilt für das Lunar im Hinblick auf den Mond. Lunare werden für den Moment berechnet, wenn der Mond sich in jedem Monat wieder genau in jener Position befindet, die er am Geburtstag innehatte. Das geschieht in einem Kalenderjahr 13mal, denn so viele Runden um die Sonne bzw. durch den Tierkreis dreht ja der Mond in einem Jahr. Den Lunaren, die auch nur jeweils für einen Monat gelten, entnimmt man Schwerpunkte, die in dieser Zeit Akzente setzen. Auch für Lunare gilt, daß man sie wie das Solar auf den Aufenthaltsort berechnen muß und daß sie nur zusammen mit dem Geburtshoroskop zu verstehen sind.

Ein Rhythmogramm der Sonne

Das Problem der exakten Geburtszeit

Das Lunarhoroskop

Transite, Solar und Lunar gehen von den tatsächlichen Planetenbewegungen am Himmel nach der Geburt aus. Will man mit ihrer Hilfe eine Prognose etwa für den Januar 1995 zusammenstellen, muß man die Gestirnstandstabellen für 1995 (Ephemeriden genannt) untersuchen, wo sich im Tierkreis die neun astrologisch maßgeblichen Gestirne zu dieser Zeit bewegen. Für die meisten Zwecke reichen die Angaben aus „Prónay, Mein astrologisches Jahrbuch 1995".

Der Begriff *Direktionen* hat mit dirigieren zu tun. Darunter versteht man, in der Horoskopzeichnung etwa die Sonne oder einen Planeten aus seiner Geburtstagsposition in Gedanken zu einem bestimmten Ort weiterzurücken, hinzudirigieren. Es ist eine symbolische, eine fiktive Fortbewegung, keine wirkliche.

Die direktionär zurückgelegte Strecke zwischen zwei Planeten bzw. deren Positionen heißt *Direktionsbogen* und wird nach einem bestimmten Schlüssel in Zeit umgerechnet.

Beispiel: In einem Horoskop steht die Sonne in 1° Fische, der Mond in 27° Fische. Der Direktionsbogen zur Konjunktion (also zum Zusammentreffen beider Gestirne) beträgt demnach 26°.

Kommt es zu einer derartig engen Verbindung von Sonne und Mond, gilt das als Hinweis auf eine Tendenz zu einer intensiven Partnerschaft. Das erlaubt, etwa auf eine Heirat zu schließen.

Während Transite mehr die von außen an den Menschen herantretenden Einflüsse erkennen lassen, werden Direktionen dagegen von den meisten Astrologen als Anzeichen für eine innere Entwicklung angesehen. Was seit der Geburt in uns verborgen, d. h., angelegt ist, wird unter den Direktionen entfaltet. In unserem Beispiel müßte man annehmen, daß die betreffende Person um das 26. Lebensjahr (bei einem Direktionsbogen von 26°) zu einer Heirat bzw. intensiven Beziehung reif wäre, bzw. nach einer engen Verbindung drängt. Wie nun die äußeren Möglichkeiten, die Chancen, dazu sind, können die in dieser Zeit maßgeblichen Transite vermuten lassen.

Diese sind stets nur von einer begrenzten Dauer, dagegen muß man bei der Arbeit mit Direktionen im Auge haben, daß sie jeweils ein oder zwei Jahre wirksam sein können. Ausgelöst wird eine Direktion nur selten an dem Termin, zu dem sie exakt fällig wird. Zu ihrer Realisierung bedürfen Direktionen vielmehr Transite gleichen Sinnes. Bei einer Heiratsdirektion von Sonne und Mond könnte man z. B. durch einen fördernden Jupiter-Sonne- oder Jupiter-Mond-Transit auf Chancen zur Realisierung schließen. Im ersten Fall müßte man mehr auf das Erstreben einer Legalisierung tippen, bei der Beteiligung des Mondes mehr auf drängende Empfindungen oder auf den tiefen Wunsch nach einer gründlichen Veränderung der persönlichen Situation.

Es gibt verschiedene Arten von Direktionen. Die einfachsten sind die, daß man jeden Planeten aus dem Radix um die Anzahl der Grade weiter bewegt, die der Anzahl der Lebensjahre entspricht. Demnach wäre die direktionäre Strecke, der Direktionsbogen, von 26° für das 26. Jahr maßgebend.

Diese Art Direktionen nennt man *vorgeschobene* oder *Graddirektionen*. Doch gibt es nicht nur den Schlüssel 1 Grad = 1 Jahr. Ein anderer Schlüssel, der sich aber erst in fortgeschrittenem Lebensalter auswirkt, beruht auf dem wahren Sonnenbogen.

Direktionsschlüssel und Graddirektionen

Die Sonne durchmißt ja täglich nur ungefähr 1° des Tierkreises. Sie braucht für die 360 Grade 365 $\frac{1}{4}$ Tage. Zur Jahreswende ist die Sonne am schnellsten; sie bewegt sich dann täglich um 1°01'11" voran. Ende Juni/Anfang Juli schafft sie an einem Tag dagegen nur 0°57'12". Wie weit der Sonnenbogen für einen bestimmten Lebensabschnitt (die Strecke von der Geburtstagsposition der Sonne bis zur Position am Direktionsdatum) ist, läßt sich aus der Ephemeride errechnen.

Bei den Progressionen handelt es sich um andere symbolische Direktionen. Bei diesen ist der Schlüssel für den Direktionsbogen 1 Jahr = 1 Tag gemäß dem Bibelwort (Prophet Ezechiel/Hesekiel): „Ich will dir die Jahre zur Anzahl der Tage machen."

Um die Progressionsdaten für das 26. Lebensjahr zu gewinnen, muß man für die vollendeten 25 Lebensjahre 25 Tage zum Geburtsdatum hinzuzählen und kommt zu dem Datum, für das man ein Horoskop berechnet, das man dann mit der Geburtsfigur vergleicht.

Von sekundären Direktionen spricht man, weil sie sich auf die zweite Bewegung der Himmelskörper beziehen, auf ihre Wanderung durch den Tierkreis.

Den *primären Direktionen* liegt dagegen die erste Bewegung der Erde zugrunde, ihre tägliche Drehung um die eigene Achse. Bei dieser Technik wird ein Gestirn durch die Rotation der Erde zu dem als feststehend gedachten Ort eines zweiten Gestirns oder eines seiner Aspekte geführt. Bei diesem Direktionsbogen entspricht $1° = 4$ Minuten gleich einem Lebensjahr. Diese Technik wurde schon von Ptolemäus beschrieben und von Kepler ausgebaut.

Die Direktionen gelten unter Fachleuten als veraltet, werden aber, weil sie sehr einfach sind, in der Laienastrologie noch gern verwendet und enthalten wohl auch ein Körnchen Wahrheit. Sie sind der Versuch, einen 12-Jahres-Rhythmus im Menschenleben zu erfassen. Auch hier wird ein „Sender" zum Platz eines „Sprechers" dirigiert, ähnlich wie das bei den *vorgeschobenen Graddirektionen* und den *Progressionen* geschieht. Allerdings liegt diesem Deutungssystem kein realer Sachverhalt zugrunde.

Profektionen werden mit Sonne, Mond, ASZ und MC vorgenommen. So wird z. B. der Mond um 30° pro Jahr weitergerückt. Dabei überschreitet er Gestirnorte oder wandert durch die Häuser, die dadurch in dem betreffenden Lebensjahr eine herausgehobene Bedeutung erhalten. Gemäß der Zwölfjahresperioden gleichen einander die

Konstellationen für das 1., 13., 25., 37., 49., 61., 73., 85. und 97. Jahr, wobei die Auswirkung entsprechend dem jeweiligen Alter modifiziert zu verstehen wäre.

Die „Astro Complett Prognose" bietet eine optimale Möglichkeit des Horoskopierens. Sie berücksichtigt nicht nur Transite, sondern ist vielmehr komplett im Sinne der klassischen Astrologie. Das heißt, sie berücksichtigt alle bekannten und bewährten Methoden der Berechnung und Deutung.

Die „Astro Complett Prognose"

Rechnerisch ausgewertet wird aufgrund des Computerprogramms SESAM (Autor Gerhard Vehns) für jeden Tag ein komplettes Horoskop. Viermal pro Tag werden die Transiten berechnet, das sind 1460 vollständige Horoskope. Für die Vorausschau eines Jahres werden ferner zwei Solare und 13 Lunare ausgewertet, dazu 37 Direktions- und Progressionshoroskope mit Mundankonstellationen erstellt, die Wiederholungen der Aspekte eines jeden Grades sowie die Halbdistanzen, jeder Zeichengrad, die Geschwindigkeit der Planeten, ihre Stärken und Dominanz der astrologischen Orte berechnet.

Charakteristisch für die „Astro Complett Prognose" ist sowohl die graphische Darstellung der Trends durch Kurven als auch die hierarchische Gliederung der Deutungen.

Computerhoroskope scheitern ebenso häufig wie auch viele Anfänger an den Widersprüchen zwischen unterschiedlichen Trends, sofern diese zur gleichen Zeit auftreten. Nur weil im Beratungsgespräch oder durch umfassende Informationen die konkrete Situation des Horoskopeigners überschaut wird, mag es dem erfahrenen Astrologen gelingen, harmonische, fördernde Transite mit störenden, gespannten, disharmonischen Transiten, Direktionen oder Progressionen abzustimmen. Die unpersönliche Computerdeutung konnte das bisher nicht.

Ein detailliertes Punktesystem schafft die Voraussetzung, die Trends als positive bzw. negative Kurven grafisch darstellen zu können. Praktizierende Astrologen wissen um die Problematik der Bewertung der Stärke aller Konstellationen. Hier Klarheit zu schaffen, war eine der schwierigsten Aufgaben während der dreijährigen Entwicklungszeit der „Astro Complett Prognose".

Aus einer Ziffernleiste unterhalb der Jahreskurve, die die Summe aller Konstellationen darstellt, ersieht der Betrachter, zu welchem Termin jeweils die maximal bedeutsamsten neun Trends fällig werden. Je niedriger eine Ziffer (z. B. 1 oder 2), desto stärker der Trend. Ein Trend mit der Nummer 5 ist demnach schwächer als der mit Nr. 1, 2, 3 oder 4, jedoch stärker als die Nummern 6, 7 usf. Der Verlauf, also die Dauer der Wirksamkeit ebenso wie das wiederholte Auftreten eines jeden dieser Trends, wird durch eine gesonderte eigene Kurve optisch ausgewiesen und ausführlich kommentiert.

Die Deutung orientiert sich an meinen Lehrbüchern[19]:
– Die Prognose nach dem Geburtshoroskop
– Astrologische Direktionen – verständlich und praktisch
– Die Deutung des Solarhoroskops und aller Grade des Zodiaks
– Das große Transitbuch zur astrologischen Prognose

Weil ihr Inhalt sehr komplex ist, verzichtet die „Astro Complett Prognose" bewußt auf alle astrologischen Fachausdrücke ebenso wie auf die den Laien verwirrenden fachlichen Erläuterungen. Sie ist daher verständlich und klar. Es ist als kreative Mitarbeit am eigenen Horoskop anzusehen, daß der Leser die Chance erhält, aus der Fülle der Deutungsbeispiele zu jedem Trend jene auszuwählen, die auf seine individuelle Situation zutreffen, da nur er selbst seine Privatsphäre überschaut.

Die „Astro Complett Prognose" enthält ferner in farbiger Darstellung eine Kurve der Trends der letzten 20 Jahre. Einmal veranschaulicht eine allgemeine Kombinationskurve für Befinden und Erfolg alle wichtigen Konstellationen. Eine zweite Kurve stellt für denselben Zeitraum als Summenkurve die emotionalen und geistigen Entsprechungen dar, eine dritte Kurve kennzeichnet die materiellen und vitalen Entsprechungen. Dazu werden 37 540 einzelne Horoskope berechnet und ausgewertet, das sind einige Millionen Rechenoperationen. Außerdem werden die Ergebnisse graphisch umgesetzt. Dadurch kann der Horoskopeigner die Dynamik des Prognosezeitraums durch einen Vergleich mit vergangenen Jahren einschätzen. Durch die Rückschau sieht man nicht nur das eigene Leben mit seinem Auf und Ab in dieser Kurve gespiegelt, es wird auch möglich, durch Vergleichen die Tendenz der Jahre zu ermitteln und so ihren Stellenwert im Lebensablauf anzugeben.

Die Partnerschaftsanalyse

Ist es nicht seltsam zu beobachten, daß viele Menschen mehr über andere, besonders über einen Partner wissen wollen, als über sich selbst? Dies trifft vor allem im Hinblick auf die Zweierbeziehungen zu, auf Freundschaften, Liebe, Ehe. Oft hört der Astrologe die Bemerkung: „Sagen Sie mir alles über meinen Partner; über mich ist das nicht nötig, ich kenne mich ja."

Partnerschaft ist ein zentrales Thema, doch das Geburtshoroskop erlaubt prinzipiell nur Schlüsse auf die Person, für die es berechnet ist, also die zu diesem Zeitpunkt geboren wurde, weil ja nichts anderes beurteilt werden kann als die Zeitqualität eines bestimmten Moments. Die Interpretation als solche kann jedoch weiter gefaßt sein. So könnte etwa ein Mond in starker Position und in harmonischen Aspekten auf gute Beziehungen zur Mutter, zu anderen weiblichen Verwandten, also auch auf die Bereitschaft schließen lassen, mit der Gattin zu harmonieren, wenn man traditionellen Überlegungen folgt. Dennoch wird man aus einem Radixhoroskop (damit ist das Geburtshoroskop gemeint, von lat. radix = die Wurzel) nur auf die Veranlagung, in diesem Fall auf die Ehetauglichkeit des Horoskopeigners, schließen können.

Aussagen des Radix zur Partnerschaft

Wie aber steht es mit dem Partner, bzw. der Partnerin? „Es kann der Frömmste nicht in Frieden leben, wenn es dem bösen Nachbarn nicht gefällt", heißt es in Schillers Wilhelm Tell. Solche Lebensweisheit ist auch in der Ehe gültig, denken wir etwa an *Sokrates* und seine *Xanthippe*. Also ist es erforderlich, bei einer Partnerschaft beide Geburtshoroskope zu untersuchen. Das heißt, wir vergleichen zwei Personen an Hand ihrer kosmischen Spiegelbilder bzw. der Zeitqualitäten ihrer Geburtsdaten. Passen da zwei ähnlich Veranlagte besser zusammen als gegensätzliche? „Gleich und gleich gesellt sich gern", weiß darauf der Volksmund, sagt aber auch: „Gegensätze ziehen sich an."

Wir merken schon, je tiefer wir bohren, um so zahlreicher werden die Probleme. Schließlich muß man ja auch fragen, worin die Anziehung besteht. Nicht für jeden hat Sexualität den gleichen Stellenwert und weckt gleiche Bedürfnisse oder Erwartungen. Ebenso steht es mit der geistigen oder seelischen Übereinstimmung, mit der Macht der Gewohnheit, mit Familientraditionen u. a. m.

Die astrologische Partneranalyse

Ein Urteil über die Aussichten einer bestimmten Partnerschaft zu fällen, ist für den Astrologen insofern schwierig, als er sich als Berater nur im Sinne eines Interpreten verstehen darf, nicht eines Ratgebers. Er sollte nicht seine persönliche Meinung einbringen, sondern dem Klienten bei der Urteilsbildung helfen. Beratung darf nicht zur Beeinflussung führen! Sie muß astrologische Fakten erläutern und kann auf bewährte Regeln verweisen, sofern diese im angezeigten Fall wirklich stichhaltig zu sein scheinen. Erforderlich sind über die fachlichen Kenntnisse hinaus Lebenserfahrung, Bildung und nicht zuletzt die Fähigkeit, bestimmte Aussagen verständlich zu vermitteln. Außer psychologischem Verständnis ist eine gute sprachliche Ausdrucksfähigkeit daher unabdingbar.

Der Klient erwartet schließlich eine verständliche und sachgerechte Aussage. Was nicht eindeutig klar ist, darf höchstens als Vermutung geäußert werden, sie darf keinesfalls verunsichern.

Gerade astrologische Partnerschaftsanalysen können sehr zutreffend sein, weil es hierfür bewährte Regeln gibt. Wenn etwa der Astrologe im Vergleich der Horoskope vorhandene kritische Saturn-, Mars-, Neptun- oder Uranuskonstellationen erkennt und prognostisch Termine findet, zu denen diese sich in der Zukunft auslösen können, vermag er diese Fakten zutreffend in eine Prognose einzubinden. Eine hundertprozentige Sicherheit kann es natürlich nicht geben, schließlich sind etliche Lebensumstände horoskopisch nicht erfaßbar, spielen jedoch eine Rolle oder geben sogar den Ausschlag. Beispielsweise unterblieb aus dynastischen Gründen seinerzeit die Scheidung Kaiser Franz Josefs von seiner Frau Elisabeth (Sissi). In der Gegenwart hätten sich bei einer solchen Vergleichskonstellation Bürgerliche wahrscheinlich getrennt. Charles und Diana sind in unserer Zeit ein ähnlicher Fall. Als sie heirateten, wollte die Welt ein glückliches Paar sehen. Die Eheschließung beschäftigte als Traumhochzeit Millionen und bekam dadurch eine Art Modellcharakter.

Heiratsaussichten

Prominente Beispiele

Wenn heute statistisch jede dritte Ehe geschieden wird, darf man daraus nicht schließen, daß die Ehen früher besser gewesen seien. Tatsächlich war es nur nicht so leicht wie heute, sich zu trennen.

Zu den Ehehindernissen, die oft zunächst sogar dem Horoskopeigner verborgen bleiben, gehört vor allem die Anlage zur Homosexualität. Einiges wurde dazu ja bereits gesagt.

Ehehindernis Homosexualität

Dies als Hinweis, daß der Astrologe bei der Arbeit an einem Partnervergleich zunächst jedes Radix für sich untersuchen muß, und zwar bezüglich bestimmter Themenkreise.

Weil Sexualität ein Hauptthema in der Partnerschaft ist, gilt es herauszufinden, ob starke Triebe vorliegen, Leidenschaft also blind machen könnte. Astrologische Hinweise gibt im Horoskop in erster Linie Mars, besonders in seinen Aspekten zu Venus, auch zum Mond und zu Uranus. Könnte purer Sex ein Handlungsmotiv sein, oder wird körperliches Verlangen – und in welchem Maß – durch Gemüt und Verstand beeinflußt? Irgendwie ist das ja immer der Fall. Doch inwieweit bzw. wie intensiv ist Sexualität psychisch gesteuert, also von Gemüthaftem beeinflußt? Viele Personen brauchen herzliche Zuwendung, um sich zu öffnen und sexuell aktiv zu werden. Oft treten auch sexuelle Interessen zurück gegenüber den Emotionen. Die Konstellationen von Mond und Neptun sind wichtig abzuklären. Sie erlauben Schlüsse darauf, inwieweit die Phantasie den Sex oder die Erotik beflügelt oder ob sado-masochistische oder andere, weniger dem Durchschnitt entsprechende Neigungen, vorliegen könnten.

Der Themenkreis, der das Gemüt, das Gefühl, die Phantasie betrifft, wird astrologisch vor allem durch den Mond in seinen verschiedenen Positionen und Konstellationen symbolisiert. Wie ist die psychische Verfassung des Horoskopeigners angelegt? Anders ausgedrückt: Welche Schlüsse muß man aus der Zeitqualität des Geburtstermins ziehen, um der emotionalen Veranlagung gerecht zu werden? Wie stark sind psychische Handlungsmotive? Entscheidet sich die Person partnerschaftlich eher mit dem Herzen oder mit dem Verstand? Gerade weil der Mond auch Symbol allen Wechsels und aller Veränderungen ist, hat er auch Bezug zu Gewohnheiten, zur Tradition, liefert er ganz besonders wertvolle Hinweise zur Mutter- und Familienbindung.

Einem dritten Themenkreis sind die geistige Orientierung, die Fähigkeiten zur Kommunikation, zu Studien und Geschäften, zugeordnet. Dabei muß der Deuter nicht nur den Merkur als Symbol für Vernunftgemäßes im Auge haben. Ob und wie weit sich jemand geistig entwickelt, ist vor allem aus den Konstellationen der Sonne zu erschließen, der Repräsentantin des Geos. In einer horoskopisch schlecht gestellten Sonne wird man kaum eine Triebfeder zu sozialem Aufstieg vermuten dürfen. Ferner: Wie weit ist die Person körperlich und geistig gesund?

Welchen Stellenwert diese drei großen Themen für den Horoskopeigner haben, ist entscheidend für die Partnerschaften. Handelt es sich um eine vertragliche Bindung wie bei der Ehe, muß sich der Bearbeiter fragen, welchen Einfluß Jupiter, Symbol für Recht, Gesetz und Ordnung, in diesem Horoskop (nämlich im Hinblick auf die Qualität der Geburtszeit) spielt.

Die drei Kriterien des Partner-horoskops

Mit solchen Überlegungen erschöpfen sich die Gedanken zur Person eines jeden Partners keineswegs. Hat z. B. eine Person ein ausgeprägtes Sicherheitsbedürfnis, wie dies bei dominierenden Einflüssen aus den irdischen Zeichen Stier, Steinbock und Jungfrau zu vermuten ist, wird die Neigung zu Wechsel und Veränderungen, damit aber auch die Bereitschaft zur Anpassung, geringer sein als bei Einflüssen etwa aus dem Zeichen Zwillinge. Da die Tierkreiszeichen nichts anderes sind als im Sinne der Planeten vorgeformte Zonen, sind diese die eigentlichen Bedeutungsträger. So erklärt sich etwa die Unbeweglichkeit des Steinbocktyps aus der Natur des Saturnsymbols, die Wendigkeit der Zwillinge hat mit Merkur zu tun.

In diesem Zusammenhang erweist sich die *Zeitungs-astrologie* als undiskutabel. Mit ihrem Partythema „Wer paßt zu wem?" liefert sie zwar einen stets aktuellen Hit, doch führt dieses populär-psychologische Spiel mit Tierkreistypen zu keinen verläßlichen Aussagen. Das Körnchen Wahrheit dieser schematischen Deutung ist klein. Es versteckt sich in der reichhaltigen Palette der individuellen Vergleichskonstellationen, die mehr sind als der schlichte Vergleich von zwölf Charaktertypen, die es in dieser reinen Form ohnedies nicht gibt.

Partyhit „Wer paßt zu wem?" und horoskopische Realität

Nach dem Studium der einzelnen Personenhoroskope
untersucht der Bearbeiter einer Partneranalyse, wie die
Symbole der erwähnten Themenkreise im Partnerschafts-
horoskop sich zueinander verhalten.

Welche Bedeutung käme der Sonne A zu, stellt man sie
sich in das Horoskop B integriert vor? Gibt es da gegen-
seitige Aspekte, wenn ja, welche? Ist Sonne A harmonisch
mit der Sonne B verbunden oder durch einen gespannten
Winkel? Oder gibt es zwischen den beiden Sonnen keinen
Aspekt? Eine Vergleichskonstellation sollte auf 3 Grad genau sein. Je schärfer ein Aspekt ausfällt, um so mehr Gewicht wird er haben.

Auf diese Weise werden alle Planetenpositionen durchgearbeitet. Der Astrologe (oder sein Computer) macht eine
Aufstellung der Aspekte und stellt die positiven, d. h., harmonischen Konstellationen den negativen, gespannten
bzw. disharmonischen oder auch ergänzenden Vergleichs-
aspekten gegenüber. Bereits zahlenmäßig läßt sich so herausfinden, ob Übereinstimmung („Harmonie") oder Disharmonie bzw. Ergänzung überwiegt. Im Falle Prinz Charles und Lady Diana ist das Verhältnis 20 : 13.

Freilich wäre allein nach dem Zahlenverhältnis ein Urteil zu summarisch und ist nicht vergleichbar mit dem Ergebnis eines Fußball- oder Handballspiels. Die Zahlen be-
sagen ja nichts über die Qualität der einzelnen Konstellationen. Allerdings lassen 33 gemeinsame Aspekte hinrei-
chende Berührungspunkte vermuten. Welche das sind und
ob man hier auf gleicher Wellenlänge denkt und empfindet
oder nicht, geht wiederum aus den Konstellationen hervor.
Eine Verbindung mit weniger als 22 gemeinsamen
Aspekten hätte jedoch kaum eine Chance, die Partner würden sich vermutlich trennen bzw. aneinander vorbei leben.

Bei der Bearbeitung des Vergleichs müssen Akzente erkannt und ausgewertet werden. Welche Konstellationen
sind maximal bedeutsam, welche zweitrangig? Zwar ist es
praktisch, wenn sich der Deuter an ein gewisses Raster

hält, doch darf daraus kein Kochbuch-Schematismus werden, die Hauptgefahr bei allen Deutungen unerfahrener Astrologen wie auch der Computer-Horoskope. Zwangsläufig arbeiten diese mit Bausteinen. Die austauschbaren Deutungselemente sollten als Versatzstücke doch schon in einer Weise in den Text eingebaut sein, die der individuellen Situation möglichst nahe kommt. Keine *Dreiecksbeziehung* ist wie die andere, und nicht jede Verbindung mit erheblichem Altersunterschied gleicht einer anderen, nicht jede Ehe mit einem Ausländer ist mit einer anderen solchen vergleichbar, um nur auf einige häufige Probleme hinzuweisen. Die Kenntnis der persönlichen Lebensumstände ist demnach für den Interpreten unabdingbar. Besonders trifft das auf den erlernten und den ausgeübten Beruf zu, auf die gesellschaftliche Position, auf das Herkommen und natürlich auf den Familienstand. Blindgutachten sind heute nicht mehr üblich, sie wären unvollständig.

Form der Interpretation

Eine Analyse, die einem Arzt oder Juristen eine Hilfe sein soll, sich über ein persönliches zwischenmenschliches Problem klarzuwerden, wird für einen bestimmten Sachverhalt andere Formulierungen finden als für einen Arbeiter mit einfacher Schulbildung. Er könnte Fremdwörter mißverstehen, die einem Akademiker einen bestimmten Sachverhalt treffend erklären, etwa aus dem Bereich der Psychologie. Die rein menschlichen Probleme sind dabei die gleichen wie bei den Personen, die wir aus der antiken Literatur vor zweitausend Jahren kennen.

Mit einer Partnerschaftsanalyse allein ist es jedoch nicht getan. Der Astrologe wird immer eine Prognose mit seinen Aussagen verbinden, denn aus dieser geht hervor, in welcher Verfassung sich die beiden Partner jeweils befinden. Läßt der Horoskopvergleich viele gespannte Winkel erkennen, wird sich das nicht nur psychologisch auswirken. Hat Partner A vielleicht zu einem bestimmten Termin einen beglückenden Jupitertransit, kann bei B ein gespannter vorliegen. Während A also das Bedürfnis hätte zu expandieren, aus sich herauszugehen, weil er spürt, jetzt eine glückliche Hand zu haben, wichtige Entscheidungen zu treffen, sich beruflich oder sozial zu verbessern, kann dasselbe Planetensymbol bei B in anderen Aspekten eine Krisenstimmung signalisieren. Oder A ist so sehr mit seinem eigenen Leben beschäftigt, daß er sich nur ungenügend auf B einzustellen vermag, obwohl dieser genau zu diesem Termin Zuwendung und Verständnis braucht und fordert. Ungezählt sind die Ursachen, zu solchen Zeiten aus einer Verbindung auszubrechen.

Die Dreiecks-beziehung   Typischer Anlaß ist fast immer eine Dreiecksbeziehung. Hier durchzufinden ist für den Bearbeiter natürlich noch schwerer als eine Analyse von zwei Geburtsbildern, denn es müssen die Horoskope von drei oder gar vier Personen für sich genommen untersucht und miteinander verglichen werden. Selten genug leben diese drei Personen als Single für sich allein. Nehmen wir an, die Person A sei ein ratsuchender Auftraggeber. Sein Problem ist vereinfacht die Frage: Paßt Partner B besser zu mir als Partner C? Wäre C etwa verheiratet und hätte Familie, so müßte selbstverständlich auch berücksichtigt werden, wie es um die Ehe von C mit D steht. Ist diese anfällig? Wenn ja, wogegen? Und wie sind die Konsequenzen einzuschätzen? Meistens wird es um die großen Themenkreise gehen: Sexualität – Gefühle, Gewohnheiten – Geistiges, daß man miteinander reden kann, bis hin zu Beruflichem, zu Existenzfragen, auch die Gesundheit betreffend. Vielleicht macht eine Prognose für C deutlich, daß dieser sich in einer Lebenskrise befindet, aus der er durch die Bindung an A einen Ausweg sucht. Hätte A die Kraft, ihm zu helfen, evtl. auch durch Verzicht? Oder ist D dazu doch besser in der Lage? Dies ganz unabhängig von der materiellen Situation, von den Verpflichtungen und der moralischen Verantwortung gegenüber einem Partner oder der Familie. Wie lange wird die Krise dauern? Wann zeigt sich ein Ausweg? Bei ent-

142

sprechend positiven Vergleichskonstellationen könnte das der Termin sein, an dem sich die Ehen von C und D wieder festigen. Wie steht es dann aber um die Probleme von A?

Dieses Beispiel mag zeigen, wie komplex Probleme der Partnerschaft meistens sind. Immerhin könnte gerade der Astrologe Perspektiven erkennen, weil er künftige Entwicklungen neben den psychologischen Fakten zu berücksichtigen vermag und weil er als Fremder die Lage objektiver sieht als A, der ja doch bei aller Unentschlossenheit parteiisch ist. Ein Vergleichshoroskop könnte diesen vor allem anregen, bestimmte Zusammenhänge kritischer zu beurteilen. Gewiß ist von der Veranlagung her nicht jeder dazu gleichermaßen in der Lage, doch das ist eine andere Sache.

Wer sich in einer Partnerangelegenheit an einen Astrologen wendet, muß das Gefühl haben, ihm rückhaltlos vertrauen zu können. Dazu gehört, daß man seiner Diskretion absolut sicher sein kann. Bei Computerhoroskopen ist das gewiß der Fall. Klar ist auch, daß man von einer Maschine menschliches Verständnis nicht erwarten kann. Nun wünschen sich aber manche Klienten gerade diese persönliche Ansprache, ganz abgesehen davon, daß jeder Fall anders liegt und der Computer, weil er mit austauschbaren Deutungselementen arbeiten muß, die persönlichen Umstände, die doch auch wichtig sind und Entscheidungen beeinflussen, nicht berücksichtigen kann.

Der Computer als Deuter des Partnervergleichs

LEBEN MIT DEM HOROSKOP

Entscheidungen – Sorgen – Probleme

Sorge dich nicht, lebe! Unter dem Titel „Sorge dich nicht, lebe!", erschien 1992 der Bestseller *Dale Carnegies*, der nunmehr in der 60. Auflage vorliegt. Allerdings hatte dieses Buch schon vor fünfzig Jahren Aufsehen erregt, damals unter dem Titel „How to Stop Worrying and Start Living" (Wie man aufhört, sich Sorgen zu machen, und anfängt zu leben.) Beide Titel könnten ein hervorragendes Motiv für das Horoskop sein, denn die größte Gefahr scheint doch zu sein, Die Empfehlungen der Lebensberater und deren Hauptmangel, das Fehlen der Zeitqualität daß man durch *Erfüllungszwang* ein Opfer der eigenen Einbildung wird (*self-fulfilling-prophecy*). Wohl ist ein gewisses Maß an Furcht nicht schädlich, weil sie davor bewahrt, gefährliche Risiken einzugehen. Andererseits lähmt Ängstlichkeit die Initiative. In diesem Sinn ermuntert Carnegies Handbuch der Lebenskunst zur Aktivität. An vielen Beispielen macht der Autor deutlich, wie schädlich es ist, schwarzzusehen und die Dinge ihrem Selbstlauf zu überlassen. Zu wenig warnt er jedoch vor einer Überschätzung der Hoffnungen auf die Zukunft. Denn redet man sich zuviel des Guten ein, wird man enttäuscht, wenn sich dieses nicht realisiert. Genau das ist die Achillesferse jeder astrologischen Prognose. Es ist ratsam, im Leben den goldenen Mittelweg einzuschlagen, zwar geplant tätig zu werden und nie die Hoffnung aufzugeben, doch auch sich der Grenzen einer Vorausschau bewußt zu sein.

Millionen müssen in Carnegies Werk einen Rettungsanker gesehen, und viele werden nach der Lektüre gute Vorsätze gefaßt haben. Doch Lesen allein bietet noch keine

Erfolgsgarantie. Um es mit Schiller zu sagen: „Wo eine Entscheidung soll geschehen, da muß vieles sich glücklich treffen und zusammenfinden – und einzeln nur, zerstreut zeigen sich des Glückes Fäden, die Gelegenheiten, die nur in einen Lebenspunkt zusammengedrängt den schweren Früchteknoten bilden."

Wie *Dale Carnegie, Prentice Mulford, Joseph Murphy* und andere Lebensberater an Beispielen darlegen, hat mancher dieser Leute sehr lange gebraucht, bis er den Durchbruch schaffte. Diese Autoren wollten vor allem, daß ihre Leser sich das unnütze Sorgen abgewöhnen, ehe es sie zugrunde richtet. Denn entscheidend ist, konstruktiv zu denken und zu handeln. Das beginnt damit, sich intensiv zu einer positiven Lebenseinstellung zu bekennen. Sie allein verheißt Zufriedenheit und damit Glück. Carnegie betont, daß der Wille des Menschen Berge versetzen kann. Konstruktiv zu denken, heißt aber auch, das Horoskop in die Planung unseres Lebens einzubeziehen, um Umwege zu vermeiden.

Die astrologische Prognose nennt jene Zeiten, zu denen es sich lohnt zuzugreifen bzw. jene Perioden, in denen man besser abwartet, weil die Aussichten auf ein Gelingen gering sind. Das heißt nicht, die Hände in den Schoß zu legen. Nur geht es nicht ohne Glück, wie wir schon aus der Bibel wissen. Gerade die „Astro Complett Prognose" macht durch die Darstellung der Lebenskurve deutlich, daß auf jeden Abschwung ein neuer Aufstieg folgt. Selbst in den Zeiten, die kaum offensichtlichen Erfolg erwarten lassen, gibt es doch durch die Transite von Sonne, Mars, Venus und Merkur gute, bisweilen sogar exzellente Tagesaspekte. Oft sind das die Umbruchtermine, die man nützen kann – was voraussetzt, daß man sie kennt. Meine Klienten haben jedenfalls mit den erwähnten kleinen Transiten als Entscheidungshilfe gute Erfahrungen gesammelt. Als Ergänzung einer Jahresprognose hat die Auswertung dieser Termine allerdings einen Umfang von fünfzig Seiten.

Nachfolgend möchte ich zu häufig gestellten Fragen Stellung nehmen. Geordnet sind sie nach den zwölf Lebensbereichen, die durch die Häuser des Horoskops als Ereignisebenen oder Beziehungskategorien näher umschrieben werden. Horoskopisch liegen in diesen Orten meistens sowohl die Ursache der Probleme als auch die Chancen, sie zu lösen. Sollten Sie selbst horoskopieren, hilft Ihnen außer den im folgenden gegebenen Hinweisen die Fachliteratur weiter[21].

Probleme im Zusammenhang mit dem 1. Haus: Wer bin ich?

Aus dem ersten Feld des Horoskops urteilt man über das Ich, den Charakter, den Körper als Werkzeug der Seele, über die äußere Erscheinung, die Ausdrucksformen des Willens, die Manieren, die Konstitution, den Habitus und die Gesundheit. Doch immer muß man das Horoskop als Ganzes sehen, weshalb gerade bei Hauptthemen, wie sie im folgenden angesprochen werden, auch andere Teile der Geburtsfigur entscheidende Aussagen liefern können. Wohl aber ist nach der Tradition das 1. Haus der Ort, Mutmaßungen über die vorgeburtliche Disposition und damit auch über das Karma anzustellen.

Mehr, als man gemeinhin annehmen dürfte, spielen Identitätskrisen seiner Klienten in der Arbeit eines Astrologen eine Rolle. Aus vielen Anlässen und zu unterschiedlichen Zeiten fragen sich die Menschen: „Wer bin ich?" und schließen meistens an: „Woher komme ich?", „Wohin gehe ich?". Es ist kein Zufall, daß gerade diese großen Schicksalsfragen zur Individualität in den Stufenjahren unseres Lebens, wenn wir für unsere Existenz Weichen stellen müssen, maximal bedeutsam sind. Wir werden ja nicht kontinuierlich älter, vielmehr gibt es Entwicklungsschübe. Sie zeigen sich als Pubertät, Erwachsenwerden, Midlife-Crisis, Alterskrise u. a.

Das Nachdenken über sich selbst setzt in der Pubertät ein. Wir fragen nach unseren Wurzeln, wenn wir uns prüfen, zu welchem Beruf wir taugen, welche Anlagen wir dazu mitbringen, welche Talente ererbt sein könnten. Sehen wir uns astrologisch als Glied einer Geschlechterkette, können uns die Horoskope unserer Eltern und Voreltern Hinweise geben. Astrologische Ahnenforschung ist ein reizvolles Thema für den Suchenden.

Oft kommen erste Denkanstöße dazu durch die Zeitungsastrologie mit ihen zwölf Tierkreistypen. Die Leser sehen sich zum Nachdenken ermuntert und zum Vergleichen, vor allem, wenn Partnerschaften eine dominierende Rolle zu spielen beginnen. Kommen später Kinder zur Welt, greift man zum Horoskop, um sich Aufschluß über deren Naturell zu verschaffen. Die Partnerschaftsanalyse offenbart, welche unserer Anlagen in unseren Kindern wieder aufscheinen.

Untersuchungen zu Partnerschaften aller Art, auch und gerade zwischen Blutsverwandten, sind die stärkste Seite der Horoskopie, bestens geeignet, Zweifler zu überzeugen. Es bleibt keineswegs bei psychologischen Erkenntnissen, beschränkt auf das Wesen der Persönlichkeit in seiner verzweigten Ausprägung. Bestätigen wird sich vielmehr das Sprichwort „Charakter ist Schicksal", denn zumindest steckt unsere Veranlagung den Rahmen für persönliche Entwicklungen ab.

Astrologisch ist die Frage „Wer bin ich?" ein Dauerthema für das ganze Leben. Man sollte bei der Auseinandersetzung mit dem eigenen Horoskop jedoch nicht erwarten, jemals eine endgültige Antwort zu erhalten. In jedem Lebensalter wird für uns anderes wichtig, rücken andere Interessen und auch Reaktionsweisen in den Vordergrund. Gesundheit, Beruf, Partnerschaft sehen wir ja keineswegs zu allen Zeiten aus demselben Blickwinkel. Vielmehr entdecken wir in unserem persönlichen Horoskop immer wieder neue Zusammenhänge, die uns bisher verborgen geblieben waren. Oder wir hatten bisher einfach keinen Anlaß, sie in dieser oder jener Richtung zu sehen.

Besonders wird das im Hinblick auf die Gesundheit der Fall sein. Natürlich kann man bei einem ersten Studium einer Geburtsfigur gleich vermuten, welche Organe empfindlich und damit Schwachstellen sind, wo also Krankheiten angreifen könnten.

Dazu ein Beispiel: Vor nunmehr fast fünf Jahrzehnten stieß ein Astrologie-Studierender, der sich erstmals mit seinem Horoskop auseinandersetzte, auf die traditionelle Regel, daß bei einer Saturnposition in 7° Schütze häufig Krankheiten im Zusammenhang mit dem rechten Oberschenkelkopf beobachtet werden. Weil der junge Mann damals kerngesund war, sah er es als müßige Spekulation an, sich in diesem Zusammenhang eine Prognose zu stellen. Doch zwanzig Jahre später zerstörte eine totale Sepsis eben diesen Teil seines rechten Hüftgelenks, das in der Folge dreimal künstlich erneuert werden mußte. Die erste schicksalhafte Operation geschah exakt unter entsprechenden Saturntransiten und hat danach das Leben des Betreffenden jahrzehntelang beeinflußt. Dies als Beispiel dafür, wie es um weitgehende Konsequenzen steht, die man viele Jahre im voraus vermuten könnte. Wollte man allen möglichen Konstellationen dieser Art nachgehen, würde jedoch selbst der Einsatz des Computers zu einer schier unübersehbaren Fülle prognostischer Einzelheiten führen, ohne die Gewißheit, daß diese sich in einer dramatischen Form auch realisieren müßten.

Aus genau diesem Grund bin ich kein Freund horoskopischer Lebensübersichten. Man überschaut ja schließlich kaum mehr als ein, zwei Jahre im voraus, wie sich die eigene Situation im Rahmen der vorgegebenen Lebenslage entwickeln könnte. Doch wäre dies die Voraussetzung, eine Prognose sinnvoll zu gewichten.

Der aktuelle Anlaß, die Konstellationen der Geburtsfigur samt Direktionen, Progressionen, des Solars und der Transite neu zu überdenken, ergab sich für besagten Probanden, als die rechte Hüfte schmerzhaft angegriffen wurde. Das geschah damals in Zusammenhang mit anderen Krankheiten, für die sich ebenfalls horoskopische Indizien fanden. Nun erst hob sich der Schleier. Klarer, als es je zuvor überhaupt möglich gewesen wäre, zeigte sich die tiefe Bedeutung der Saturnposition im Radix dieses Patienten. Als Folge einer Harnleiteroperation hatten sich drei Liter Eiter über den Körper verteilt, konzentriert an den saturnischen Schwachstellen, der rechten Hüfte und der Wirbelsäule, und wirkten verheerend. Nun ist eine Geburtsfigur immer komplex. Es gäbe ein schiefes Bild, einzelne Aspekte nur für sich zu sehen. Im Falle dieses Saturns muß im Auge behalten werden, daß er zwar am Geburtstag rückläufig war und im Schützen eine schlechte Position hatte, jedoch durch ein Sonnentrigon aus dem Widder aufgewertet wurde. Das unterstreicht einerseits den gesundheitlichen Bezug, andererseits bestätigt es die alte Regel, daß saturnische Beschwerden zwar schlimm, weil chronisch sind, die Vitalität jedoch nicht zwangsläufig im gleichen Maß beeinflussen.

Zuwenig wird meistens bei Konstellationen untersucht, von welchem Aspektpartner ein fraglicher Impuls eigentlich ausgeht. Im Falle dieses Horoskops von der Sonne zu Saturn und nicht umgekehrt, auch wenn eine gewisse Wechselwirkung natürlich vorliegt. Was man als Prognose Jahrzehnte im voraus nicht hätte abschätzen mögen, trat ein. Der Krankheitsverlauf war chronisch, die Entwicklung zog sich über Jahrzehnte hin und hatte Folgen. Sie waren nicht nur körperlicher Art, sondern führten zu einer totalen Änderung des Lebens, etwa des Arbeitsverhältnisses. Der Patient gewann ein großes Maß an beruflicher Freiheit. Das war die Sonnenseite der schicksalhaften Verstrickung.

Dieses Beispiel zeigt, wie man sich mit Hilfe des Horoskops der Facetten der eigenen Natur nach und nach bewußt wird, wie man schrittweise das Verborgene in sich selbst auffindet. Zu Recht schrieb einst der Philosoph *Seneca:* Felix, qui potuit rerum cognoscere causas – glücklich, wer zu erkennen vermocht' die Gründe der Dinge.

„Warum gerade ich?" fragt sich, wer eine persönliche
Krise erlebt. Ein religiöser Mensch findet in seinem Glau-
ben Antwort darauf. Eine solche vom Horoskop in direkter
Form zu erwarten, hieße dessen Aussagemöglichkeit zu
überfordern. Beschäftigt man sich jedoch näher mit der
Geburtskonstellation, können sich Vermutungen zu einer
Überzeugung verdichten.

Nach astrologischem Verständnis kann unsere derzeitige
irdische Existenz nicht die Folge eines zufälligen Spiels
der Gene sein. Die Vererbung bestimmter Faktoren des
Horoskops läßt den Schluß zu, daß man als Glied einer
Geschlechterkette zu einem ganz bestimmten Termin geboren wird, der vorgegeben ist durch die körperliche Veranlagung der Mutter. Wir selbst haben uns mit unserer Geburt in das kosmische Spannungsgefüge eingeschaltet, indem wir durch ein Hormonsignal dem mütterlichen Organismus mitteilten, daß wir fertig entwickelt und reif sind,
geboren zu werden. Die Frage, warum dieser Mann, unser
Vater, uns mit dieser Frau, unserer Mutter, gezeugt hat,
liegt außerhalb der Kompetenz unseres Horoskops. Wenn
es aber keinen Zufall gibt, wofür ja die zutreffende Rückschau auf horoskopische Entsprechungen zum Lebenslauf
ein Indiz ist, dann sollte es wohl so sein und war von einer
höheren Instanz (was immer man darunter verstehen mag)
so gemeint. Das kann mehr befriedigen als übliche religiöse Vorstellungen, weil man den Glauben mit „vernünftigen" Aspekten stützen kann.

Vereinfacht bleibt der Schluß, daß wir von dieser höheren Macht, nennen wir sie „Gott" oder Naturgesetz oder
wie immer, dazu ausersehen wurden, dieses und kein anderes Leben zu führen. Gemäß dem Karmagedanken als
Lohn oder Strafe. Unser Los wäre, unter den gegebenen
Verhältnissen der zeitlichen, sozialen und familiären Situation das Beste aus unseren Anlagen und Talenten zu machen. Aus dieser Sicht stellt sich uns das Leben als Aufgabe dar, die wir zu bewältigen haben. Dazu gehört eben

auch, Krisen anzunehmen und sich in das Unabänderliche zu fügen. Anzeichen für eine schwere künftige oder momentane Krise werden sich in der Prognose finden, bereits durchlebte in der horoskopischen Rückschau abzeichnen. Unser Leben läuft nicht wie ein Film ab, doch der Rahmen, der Trend, ist vorgegeben. Unter beglückenden Konstellationen wird man nicht schwer krank. Nicht auszuschließen ist ein schwerer Schlag, etwa eine Kündigung oder Trennung, doch würde man später dieses Ereignis vermutlich als positiv für den Lebensablauf bewerten. Ein solcher Wandel in der Beurteilung ist verständlich, da wir ja nicht alle Ursachen und Zusammenhänge unserer späteren Entwicklung überschauen.

In dem Zusammenhang ist es ein stolzes Wort, geboren aus dem beherrschenden Anspruch eines kausalen Denkens, wenn der Physiker, Mathematiker und Astronom *Pierre Simon Laplace* (1749–1827) feststellte: „Gott, die Hypothese habe ich nicht nötig! – Wir können den gegenwärtigen Stand der Welt betrachten als eine Wirkung eines unmittelbar vorausgehenden Standes und als Ursache des unmittelbar folgenden. Eine Intelligenz, welche für den Augenblick alle Kräfte der belebten Natur erkennen würde und die Relationen der Lebewesen dazu – wäre sie nur groß genug, um alle diese Gegebenheiten der Analyse zu unterwerfen – könnte in derselben Formel die Bewegung der größten Weltenkörper und die der kleinsten Atome begreifen. Nichts wäre für sie ungewiß, und Zukunft und Vergangenheit wären ihren Augen gegenwärtig. Der menschliche Geist bietet ein schwaches Modell dieser Intelligenz in der Vollendung, die er der Astronomie zu geben gewußt hat."

Die Annahme einer derartigen durchgehenden Kausalität entspricht dem seelenlosen mechanistischen Weltbild, dem heute nur noch einige engstirnige Naturwissenschaftler anhängen. Als solche können sie den Menschen, die sich in der Not einer schicksalhaften Verstrickung befinden, keine Hilfe bieten.

Zum Schicksalsgedanken äußert sich *Liz Greene*, eine moderne amerikanische Autorin[22]. Wesentlich sind ihre Ansichten durch C.G. Jung bestimmt, wenn sie sagt: „Mein Schicksal ist, was ich bin, und was ich bin, ist auch der Grund dafür, warum ich so bin und was mir geschieht." Die Dynamik unseres Handelns wird durch Instinkt und Archetypus bestimmt. Instinkt ist die Lebenskraft unseres Körpers, die sich durch den Willen ausdrückt, die geordnete und intelligente Entwicklung und Erhaltung des Lebens möglich zu machen.

Unter Archetypus verstehen wir die seelische Erfahrung dieses Instinkts. Es gibt ein unwandelbares Gesetz, das wir seelisch wahrnehmen. Gemäß alter griechischer Auffassung wird es *moira* genannt.

Hält sich ein Mensch nicht an die Grenzen, die das in ihm waltende höhere Gesetz (entsprechend den alten Göttern) gezogen hat, muß er dafür büßen. Die Überschreitungen müssen wiedergutgemacht werden. Nach griechischer Auffassung wachen über die Einhaltung die Erinnyen. Sich gegen den Beschluß der Götter aufzulehnen, wäre Hybris, übrigens die einzige wirkliche Sünde nach griechischer Vorstellung.

Nichts im Übermaß! warnte eine Inschrift im Tempel des Apollo in *Delphi*. Unter dieses göttliche Verdikt fällt auch das Streben nach einer maßlosen Selbstverwirklichung. Man muß seine Grenzen kennen, weshalb eine andere Inschrift forderte: Erkenne dich selbst!

Sich gegen sein Schicksal aufzulehnen, hieße die Hybris und damit den Zorn der Götter herauszufordern. Wie die rächenden Erinnyen für eine Bestrafung sorgten, hat Schiller in seiner Ballade „Die Bürgschaft" dargestellt.

Als von außen kommend, scheinen schicksalhafte Ereignisse in unser Leben einzubrechen, weil wir keine rechte Erklärung dafür haben. Bei einem unverhofften Erfolg machen wir uns weit weniger Gedanken, als wenn uns ein völlig unerwarteter Unfall oder der Ausbruch einer schweren Krankheit aus der Bahn wirft. Doch mitunter vermögen schon kleinste Fehler unsere gesamte Lebensstruktur total zu ändern. Schlägt uns ein Schicksal? Wer hat uns eine solche Prüfung „geschickt"? Die Quelle dieser Kraft dürfen wir nicht außerhalb von uns, zumindest nicht nur außerhalb suchen; *moira*, das unwandelbare Gesetz, wirkt auch im Innern unserer Natur.

Wenn wir uns die Mühe machen, diese Vorstellungen aus der antiken griechischen Gedankenwelt wie der modernen Tiefenpsychologie zu verinnerlichen, werden wir verstehen, daß es unzulänglich wäre, das Horoskop nur als „Fahrplan" zu deuten, den wir einhalten können oder auch nicht. Wir werden eben öfter im Leben – und meistens gerade dann, wenn wir uns in eine Situation gebracht haben, die schwierige Entscheidungen verlangt – mit der Macht des Schicksals konfrontiert. Da rät Goethe (in „Iphigenie auf Tauris") zu dessen Annahme, denn „folgsam fühlt' ich mich am schönsten frei". Und für C.G. Jung besteht die Freiheit des Willens in der Fähigkeit, „frohen Herzens das zu tun, was ich tun muß". Aus der Geschichte mögen wir ersehen, daß die Überschreitung des Maßes, etwa die Mißachtung des Humanen durch herausragende historische Persönlichkeiten, die Erinnyen als Rächerinnen auf den Plan rief, wie die Schicksale *Alexanders des Großen*, *Cäsars*, *Napoleons*, auch *Hitlers*, *Stalins* u. a. lehren. Manchmal scheint es, als hätten die Götter die Grenzen der Hybris weit gesteckt.

Eine kleine interessante Abschweifung sei erlaubt: Der höchste Militär-Verdienstorden in Österreich-Ungarn, der Maria-Theresien-Orden, wurde für besonders tapfere Taten verliehen (zuletzt sogar noch in Ungarn während des Zweiten Weltkriegs). Belohnt wurde, wer aus selbständigem Entschluß eine ruhmvolle, entscheidende Tat vor dem Feind vollbracht hatte. Mißlang der Versuch jedoch, konnte der Täter vor das Kriegsgericht kommen, handelte er doch ohne Befehl, was ihm als Ungehorsam vorgeworfen wurde.

Kehren wir zu dem Gedanken zurück, daß wir von einer höheren Instanz so und nicht anders entworfen sein könnten, daß unser Leben so und nicht anders geplant wäre, dann verstehen wir Carnegie, wenn er rät, sich keine nutzlosen Selbstvorwürfe zu machen. Wir sollten unter die Vergangenheit vielmehr einen Strich ziehen, da sie nicht mehr zu ändern ist. Grübelei oder gar Schuldgefühle würden uns nur blockieren, unsere wirkliche Aufgabe zu lösen: zu leben. Für die Zukunft, die heute, jetzt, in dieser Stunde beginnt, sollten wir uns vornehmen, verantwortungsvoller als bisher zu handeln, Gerechtigkeit zu üben gegen andere wie gegen sich selbst. Damit schaffen wir uns ein gutes Karma.

Akzeptieren wir Karma, so müssen wir uns zwangsläufig mit dem Gedanken an eine Wiedergeburt, an Reinkarnation, auseinandersetzen. Das fällt uns leichter, wenn wir überlegen, daß wir uns damit der festen Überzeugung der Mehrheit aller Menschen auf der Welt anschließen: Es ist der Glaube an eine Wiederauferstehung im Fleisch, nicht des Fleisches. Hans Müller, wie er jetzt lebt, kommt in dieser Form nicht mehr wieder, allenfalls, was unsterblich an ihm ist.

Im Lichte dieser esoterischen Überlegungen kann man nur zu dem Schluß kommen, daß es zu unserer Aufgabe in diesem Leben gehört, uns in dieser Familie, in dieser Generation, in diesem Volk zu bewähren.

Sehen wir unsere Situation dagegen nur vordergründig, bliebe dennoch ein Trost: Worunter wir momentan leiden, was uns jetzt Sorgen macht, das wird bald vergessen sein. Je weniger wir alte Wunden aufreißen, um so schneller heilen sie. Eine Hilfe wäre die Orientierung nach den Lichtpunkten, die unser Horoskop uns aufzeigt. Nützen wir jeden Tag, um intensiv zu leben. Für den Prediger *Salomo* ist dies die Maxime: „So geh hin und iß dein Brot mit Freuden, trink deinen Wein mit gutem Mut; denn dies dein Tun hat Gott schon längst gefallen ... Genieße das Leben mit deinem Weibe, das du liebhast, solange du das eitle Leben hast, das dir Gott unter der Sonne gegeben hat; denn das ist dein Teil am Leben und bei deiner Mühe mit der du dich mühst unter der Sonne. Alles, was dir vor die Hände kommt, es zu tun mit deiner Kraft, das tu; denn bei den Toten, zu denen du fährst, gibt es weder Tun noch Denken, weder Erkenntnis noch Weisheit." (Sal. 9)

Stecken Sie sich ein Ziel, und machen Sie sich einen Plan, wie Sie es erreichen wollen! Es wäre dabei sinnvoll, die Dinge in einem etwas weiteren Rahmen zu sehen, doch sollte Ihre Aufmerksamkeit der nächsten Zeit gelten. Tun Sie nur kleine Schritte, und üben Sie sich in Geduld! Wenn Sie nichts erzwingen wollen, werden Sie erleben, daß die Dinge von selbst auf Sie zulaufen. Doch Sie müssen an Ihrer Absicht festhalten, und Ihre Entscheidung darf nicht unmoralisch sein, sie würde sonst Schuldgefühle erzeugen. Das Horoskop nennt Ihnen die Termine, zu denen sich Ihr voller Einsatz lohnt.

Wie kann ich mein Leben organisieren?

Was uns als Kindern angst machte – etwa ein großer Hund, die Dunkelheit, eine Aussprache mit den Eltern –, bekamen wir später in den Griff. Wir haben also gelernt, mit unseren Kinderängsten umzugehen. Wir haben erfahren, daß wir uns vor nichts im Leben fürchten müssen, wenn wir die Gründe für unsere Angst verstehen.

Wie werde ich mit meiner Angst und Sorge fertig?

Deshalb analysieren Sie Ihre Angst und Ihre Sorgen! Beginnen Sie damit, sich zu überlegen, was Sie in die jetzige Situation gebracht hat, die Ihnen Kummer macht! Lassen Sie aber nur echte Tatsachen gelten! Diese nehmen Sie unter die Lupe. Was haben Sie falsch gemacht? Wann und bei welcher Gelegenheit haben Sie sich gegen Ihre Überzeugung, gegen Ihre innere Stimme wie auch gegen die Vernunft entschieden? Doch ergehen Sie sich nicht in Selbstvorwürfen, die Ihre künftige Initiative bremsen würden. Registrieren Sie lediglich die Umstände, und ziehen Sie daraus die Konsequenzen, auch wenn diese unbequem sein mögen.

Geht es etwa um Ihre Gesundheit, sollten Sie Ihre Lebensweise oder eine Therapie ändern. Haben Sie Vertrauen zu Ihrem jetzigen Arzt? Wenn nicht, wird es Zeit, ihn zu wechseln. Aus astrologischer Sicht bekommt diese Binsenwahrheit einen Sinn, wenn Sie das Geburtsdatum des Arztes kennen. Es wäre günstig, wenn der Jupiter seines Horoskops durch harmonische Aspekte mit den wichtigsten Positionen Ihrer Geburtsfigur verbunden wäre, also mit Sonne, Mond, ASZ und MC, auch mit Merkur, was für Verständnis spräche. Die Geburtsstunde brauchen Sie da nicht zu berücksichtigen, denn Jupiter, der Planet ist ja Symbol des Heilers, bewegt sich sehr langsam.

Haben Sie finanzielle Sorgen? Leiden Sie unter Kollegen, haben Sie Ärger mit Personen aus Ihrer Umwelt, mit Bekannten oder Freunden? In jedem Fall heißt es, den Tatsachen ins Auge zu sehen. Analysieren Sie die Wurzeln der jetzigen Situation! Wie weit sind Sie an den Verhältnissen selbst schuld? Liegt Ihnen an einer bestimmten Beziehung, gehen Sie auf die Person zu, auch wenn der erste Schritt schwerfällt. Der Partnervergleich der Horoskope zeigt meistens schon auf den ersten Blick, warum eine Beziehung nicht klappt. Nach den Tierkreiszeichen allein darf man nicht urteilen. Wären aber etwa Mars, Saturn, Uranus oder Pluto in Konjunktion oder in kritischen Aspekten zu den wichtigsten Fakten Ihres Horoskops, hätten Sie die Begründung für die Mißverständnisse und könnten gegensteuern oder sich anpassen, je nach Lage der Dinge. Eine schädliche Beziehung sollte man abbrechen, statt sich ewig über eine Person zu ärgern. Der Partnervergleich der Horoskope wird Ihnen helfen, unterschwellig wirksame Störungen zu erkennen.

Wollen Sie reinen Tisch machen, so trennen Sie sich im guten. Ist Antipathie im Spiel, zwingen Sie sich nicht zu einer Freundschaft. Eigene Fehler rasch zuzugeben, bringt weiter, als eine Aussprache auf die lange Bank zu schieben. Sie verbessern Ihre Chancen, wenn Sie nach dem Horoskop einen Termin wählen, zu dem Sie voraussichtlich in guter Verfassung sein werden.

Leider gibt es Dinge, die unvermeidlich sind. Dazu gehört nicht nur der Tod. Die Vorstellung, von einer höheren Gewalt abhängig zu sein, kann entweder das Gefühl der Geborgenheit oder des Ausgeliefertseins vermitteln. Lassen Sie nicht zu, daß schwarze Gedanken Macht über Sie gewinnen! Untersuchen Sie in jedem Fall, ob das, was Ihnen angst macht, wirklich unvermeidlich ist. Handelt es sich um eine berufliche, finanzielle, juristische, medizinische, partnerschaftliche oder gesellschaftliche Angelegenheit? Kommen Sie zu der Überzeugung, daß nach Abwägen aller Tatsachen, die dafür oder dagegen sprechen, die Konsequenz unabwendbar ist, dann zögern Sie nicht, mit aller Selbstquälerei aufzuhören und den Sorgen ein Ende zu setzen. Jammern hilft nicht, es kostet nur Kraft und Nerven. Das Akzeptieren des Unvermeidlichen aber vermag Kopf und Herz frei zu machen.

Mein Kampf gegen das Unvermeidliche zermürbt mich.

Nehmen wir an, daß Sie keinen Ausweg sähen. Dann sollten Sie sich darüber klarwerden, was im ungünstigsten Fall geschehen könnte. Damit sollten Sie sich abfinden. Es bringt nichts, über Verlorenes zu klagen oder sich mit dem Herzen an irgendwelche trügerischen Hoffnungen zu klammern. Sie brauchen Ihre Energie für den Lebenskampf, um künftige Chancen auf allen möglichen Gebieten wahrzunehmen. Da können Sie es sich einfach nicht leisten, Kraft zu vergeuden.

Studieren Sie, ob und wie sich Ihre astrologische Prognose bereits realisiert hat! Kommen Sie zu dem Schluß, daß Sie ihr bisher trauen konnten, wird sie Ihnen auch brauchbare Perspektiven für die Zukunft eröffnen. Wonach Sie sich orientieren, das dürfen keine Irrlichter sein. Die Prognose sollte Sie auch auf jene Felder aufmerksam machen, die Ihnen echte Chancen bieten. Diese sollten Sie nicht übersehen, denn Sie brauchen so schnell wie möglich Erfolge, die Sie von den Unzulänglichkeiten und Sorgen ablenken. Hätten diese ihre Ursache in Ihren Gefühlen, so wären Arbeit oder eine geistige Aufgabe geeignet, die nächste Zeit zu überbrücken und zu verhindern, daß Ihre Gedanken immer wieder um das alte, mit Sorgen beladene Thema kreisen.

Probleme im Zusammenhang mit dem 2. Haus: Wie überwinde ich einen finanziellen Engpaß?

Aus dem 2. Haus urteilt man über materielle Mittel, Besitz und Reserven, Ökonomie des Verhaltens im Materiellen, Geld, Kapital.

Es gibt da zunächst eine sehr einfache Antwort, die rein praktisch zwar stimmt, aber zu banal ist, um zu befriedigen. Es hilft nur zu sparen. Doch bleiben wir zunächst einmal bei einer vordergründigen Betrachtung: Machen Sie sich einen Ausgabenplan, und halten Sie eisern daran fest. Verschließen Sie Ihre Augen vor Verführern, und unterlassen Sie alles Spekulieren! Selbst wenn Ihr Horoskop Ihnen demnächst erfreuliche Zeiten signalisiert, sind dadurch keineswegs automatisch Chancen im Spiel oder durch andere Spekulationen angezeigt. Trennen Sie sich schnell von allem Ballast, denn es wäre gut, sich künftig so wenig Sorgen wie möglich zu machen. Verzichten Sie in nächster Zeit auf jede Neuanschaffung, die nicht absolut notwendig ist!

Jupiter sollte prognostisch fördernde Transite bilden oder als Signifikator (= Anzeiger) durch andere Gestirne aufgewertet werden. Das böte Aussichten, besser über die Runden zu kommen. Besonders vorteilhaft wäre ein Bezug Jupiters auf das 2. Haus, zum Beispiel wenn der Planet einen harmonischen Aspekt bildet.

Würde aber Jupiter z. B. durch Saturn oder Uranus kritische Transitaspekte empfangen, wäre der Trend nachteilig zu beurteilen. In diesem Falle müßten Sie sehr vorsichtig handeln, d. h., Risiken vermeiden, um keine Verluste zu erleiden.

Soweit die vordergründige Betrachtung, die indessen dem Komplex des 2. Hauses keineswegs voll gerecht wird. Wir dürfen die Frage nach der Überwindung der finanziellen Klemme nicht so eng sehen, wie sie gestellt ist.

Machen wir uns klar: Mit der Einführung der Sozialversicherung durch Bismarck wurde in Deutschland ein soziales Netz geknüpft. Seit gut hundert Jahren, also über mehr als drei Generationen, hat sich dadurch bei uns ein gewisses Anspruchsdenken herausgebildet. Ausgehend vom Verlangen nach materieller, d. h., finanzieller Sicherheit, bringen wir es daher nicht (mehr) fertig, nach dem Bibelwort (Matth. 6, 26) zu leben: „Sehet die Vögel unter dem Himmel an: sie säen nicht, sie ernten nicht, sie sammeln nicht in Scheunen; und euer himmlischer Vater nährt sie doch."

Angesichts einer allgemein schwierigen Wirtschaftssituation, die den einzelnen über Gebühr belastet, ist es mehr noch erforderlich, das Leben in die eigenen Hände zu nehmen. In der Regel kann man auf zwei Arten versuchen, sein Einkommen zu mehren. Einmal, indem man schneller arbeitet, also in einer vorgegebenen Zeit mehr schafft. Oder man versucht, seine Arbeit zu rationalisieren. Eine bessere Organisation spart Zeit, die sich nutzbringend anwenden läßt.

Eine andere Methode wäre es, die eigene Kreativität anzukurbeln, die eigenen Talente zu erforschen und etwa nach Marktlücken und damit Einkommensquellen zu spähen. Daß Spekulationen nicht dazu zählen sollten, wurde eingangs dargelegt.

Weil aber die Sache so umfassend ist, mögen einige esoterische Überlegungen erlaubt sein. Sehen wir einmal vom Existenzminimum ab, erhebt sich die Frage, ob es denn wirklich nötig ist, das Einkommen erheblich steigern zu wollen. *Erhard F. Freitag* erzählt in dem Zusammenhang eine hübsche Geschichte[23]: „Ein armer Fischer sitzt an einem See und angelt. Ein Mann kommt hinzu, und nachdem er ihn einige Zeit beobachtet hat, sagt er: ,Warum machst du das so? Nimm doch einen Kredit auf, kauf dir ein Boot, heuere ein paar Leute an und zieh einen Fischfang in großem Stil auf. Die Fische verkaufst du dann auf dem Markt und verdienst viel Geld damit. Mit dem Geld kannst du dich dann zur Ruhe setzen und dein Leben genießen.' Da sagte der Angler: ‚Ja und? Genau das tue ich ja gerade.'"

Hängt also wirklich so viel davon ab, Geld aufzuhäufen, anstatt zu leben? *Tschechow* sah es noch zugespitzter: „Das Leben stimmt nicht mit der Philosophie überein: Es gibt kein Glück ohne Müßiggang, und nur das Nutzlose bereitet Vergnügen."

Die Geldfrage ist komplex. Eine befriedigende Antwort hat sehr viel mit dem Selbstwertgefühl zu tun. Von ihm hängt ab, wie teuer wir unsere Arbeitskraft verkaufen. Deshalb ist es vordringlich, dieses zu entwickeln. Z. B. ist entscheidend, wie wir uns als Stellenbewerber vorstellen, wie wir an die Abwicklung eines Geschäfts herangehen, überhaupt wie wir kommunizieren. Das Horoskop weist uns Wege, weil es uns unsere Talente und Anlagen erkennen läßt. Viele Menschen, vor allem die der älteren Generation, unterschätzen sich aus Bescheidenheit, zu der sie erzogen wurden. Es ist noch gar nicht lange her, da meinte man, Kinder wie Spalierobst ziehen zu sollen. Es heißt, daß ohne den preußischen Schulmeister die Schlacht bei Sedan nicht gewonnen worden wäre. Doch Untertanengeist („Führer befiehl, wir folgen", „Die Fahne ist mehr als der Tod") machte die Katastrophe des 2. Weltkrieges möglich. Diese Gesinnung stand noch vierzig Jahre nach dem 2. Weltkrieg politisch Pate, bis sich neues Selbstwertgefühl formulierte: „Wir sind das Volk." Das alles will sagen, daß eine moderne *Erziehung* die Aufgabe hat, die Individualität und damit das Selbstwertgefühl zu stärken. Wobei eine moderne nicht als antiautoritäre Erziehung mißverstanden werden sollte, wie sie Ende der sechziger Jahre propagiert wurde. Der demokratische Staat schafft die Rahmenbedingungen, einen selbständig denkenden und verantwortungsbewußt handelnden Staatsbürger zu bilden.

Entwicklung braucht Zeit, es fällt kein Meister vom Himmel. Doch ab der Pubertät darf man erwarten, daß jeder bewußt an sich arbeitet. Dazu gehört auch, sich etwas zuzutrauen, auszuprobieren, was man vermag, was und wieviel man leisten kann. Es wird mehr sein, als man sich vorstellt. Praktische Lebensregel: Wuchere mit deinen Pfunden! Sei überzeugt von dir! Gedanken sind als mächtige, „ziehende" Kräfte voller Einfluß auf die Realität. *Dr. Murphy*, einer der bekanntesten Lebensberater, machte seinen Lesern und Zuhörern daher klar: „Du mußt fest von dem überzeugt sein, was du dir vornimmst, dann schaffst du es. Deshalb ist es hilfreich, sich auszumalen, was man mit dem Geld, das man verdienen wird, machen kann. Sieh nicht den momentanen finanziellen Engpaß!" Ich ergänze diesen Rat: Schauen Sie auf Ihr Horoskop! Seien Sie überzeugt, daß es in den Zeiten positiver kosmischer Rhythmen aufwärts- und vorangehen wird. Die astrologische Prognose vermag Trends anzuzeigen. Doch es liegt am eigenen Einsatz, ob und wie man sie ausnützt und wie weit sie tragen. Insofern stimmt die alte Volksweisheit: Glück hat auf Dauer nur der Tüchtige.

Körper, Seele und Geist sind eine Einheit. Der Geist ist der Motor. Der spirituelle Effekt unserer Aktionen schlägt deshalb auch in einen physischen um. Wer es gelernt hat, sich wie ein Schwimmer den Wellen anzuvertrauen, wird keine Kräfte vergeuden und unnütz gegen die Flut ankämpfen. In „Julius Cäsar" sagt *Shakespeare:*

„Der Strom der menschlichen Geschäfte wechselt;
Nimmt man die Flut wahr, führet sie zum Glück;
Versäumt man sie, so muß die ganze Reise
Des Lebens sich durch Not und Klippen winden."

Hier wird eine der bedenkenswertesten Lebensregeln angesprochen, die durch das Horoskop Bedeutung und Richtung gewinnt. Wie wichtig es ist, zur rechten Zeit auf den Zug aufzuspringen, machte *Nicolo Machiavelli* in seinem „Il Principe" deutlich:

„Ferner glaub ich, daß der Glück hat,
welcher mit seiner Art zu handeln in die Zeit paßt,
und ebenso der Unglück hat,
dessen Handlungsweise nicht zur Zeit stimmt."

Sehen wir die Frage nach dem Ausweg aus einer finanziellen Notlage in einem größeren Zusammenhang, wird der Nutzen einer spirituellen Betrachtung in Verbindung mit den Fingerzeigen des Horoskops klar.

Wie und wann kann ich Geld anlegen? Auch bei der ganz praktischen Frage der Geldanlage muß man auf die Position Jupiters im Radix und auf seinen Lauf achten. Stellt Ihnen das 2. Haus Ihres Geburtshoroskops prinzipiell geordnete Finanzen in Aussicht, können Sie in den Zeiten harmonischer Transite Jupiters expandieren, etwa an der Börse. Es können sich Vorteile durch Wertpapiere ergeben. Ist Jupiter mit Saturn harmonisch im Aspekt oder begünstigt Saturn die Jupiterposition, kommt eine Chance zu langfristigen Anlagen, Vorteile durch Immobilien, also Wohnung, Haus, Grundstücke betreffend. Jupiters Verbindung mit Uranus kann dagegen in der Regel plötzliche finanzielle Aktivitäten, einen Wechsel oder eine unvermutete Veränderung, eine Chance anzeigen. Doch in jedem Fall ist das Geburtshoroskop ausschlaggebend.

Probleme im Zusammenhang mit dem 3. Haus: Ich habe Lampenfieber. Zu den Angelegenheiten des 3. Hauses zählt, was mit geistigen Fähigkeiten, Denken, Ausbildung, Erziehung und der Umwelt zu tun hat, was die allgemeine Beweglichkeit anbelangt. Die Tradition urteilt aus diesem Sektor über kurze Reisen, Briefe, Schriftstücke, Dokumente, Urkunden, Schriftstellerei, Literatur, über Brüder, Schwestern, andere Blutsverwandte, Nachbarn.

Sehr wahrscheinlich machen Sie sich zum Opfer Ihrer Einbildung, wenn Sie Lampenfieber haben. Stellen Sie sich doch vor, wie Sie die Situation meistern werden, wie Sie vor die Menschen hintreten, daß und wie man Ihnen zuhört, wie man Sie respektiert!

Horoskopisch hat eine Unsicherheit meistens mit Merkur zu tun. Vielleicht ist der Planet in Ihrem Radix in gespanntem Winkel zu Neptun oder zum Mond, beides Repräsentanten der Phantasie. Legen Sie einen öffentlichen Auftritt am besten auf einen Termin, zu dem Merkur kräftigende Aspekte empfängt, am besten positive Transite von Saturn oder Jupiter. Selbst wenn die Gestirne im Geburtshoroskop etwas gespannt zu Merkur stünden, hieße das nur, daß der zu erwartende positive Trend nicht sehr nachhaltig ausfallen dürfte. Immerhin könnte selbst ein schwächerer Impuls ausreichen, Lampenfieber nicht aufkommen zu lassen. Auch ein stärkender Marseinfluß an besagtem Datum ist eine wünschenswerte Voraussetzung, denn das spräche für Unternehmungsgeist, Energie und für mehr Selbstbewußtsein.

Keine Frage, am besten überwindet man Unsicherheiten in der Kommunikation durch gute und gründliche Vorbereitung auf das anstehende Thema. Müssen Sie sich im Rahmen einer Bewerbung vorstellen, gehen Sie strategisch vor. Wählen Sie die passende Kleidung, überlegen Sie sich, wie Sie auftreten. Versuchen Sie dabei aber nicht, eine Schwäche zu überspielen. Indem Sie anderen etwas vormachen, werden Sie unnatürlich. Was macht es schon, eine Schwäche einzugestehen? Denken Sie ganz sachlich, was das ungünstigste Ergebnis sein könnte. Aber grübeln Sie nicht darüber nach, denn pessimistisch zu sein, wäre Vergeudung Ihrer Energie, Ihrer Talente und brächte Sie nicht weiter.

Behaupten Sie nie vor sich selbst: „Ich habe Angst." Sie würden nur tatsächlich ängstlich werden. Der Blick ins individuelle Horoskop sollte Ihren Blick für die Realität schärfen. Sie dürfen sich nicht selbst verunsichern.

Probleme im Zu-
sammenhang mit
dem 4. Haus:
Warum habe ich
Probleme mit mei-
nem Vater (mit
der Mutter, den
Eltern)?

Aus dem 4. Haus urteilt man über die Herkunft, über Eltern, die Heimat und das Heim, das eigene Alter. Traditionell ist es der horoskopische Ort für Haus- und Grundbesitz, Land- und Gartenwirtschaft. Esoteriker meinen, hieraus eine Verbindung mit dem Jenseits zu ersehen.

Den Biographien vieler bedeutender Persönlichkeiten ist zu entnehmen, daß diese keine glückliche und unbeschwerte Kindheit hatten. Aber sie haben sich durchgesetzt, abzulesen an hochwertigen Horoskopen. So bezeichnet man Geburtsbilder, die sich durch markante Planetenpositionen auszeichnen. Hier stehen Sonne, Mond oder andere Planeten an Ecken, d. h., unmittelbar am Aszendenten bzw. am Deszendenten, also dem Horizont, oder am Meridian (MC–IC). Hochwertig ist keinesfalls moralisch zu verstehen. Männer oder Frauen mit hochwertigen Horoskopen ragen aus der Masse heraus, haben daher auch kein Allerweltsschicksal.

Wie schon weiter oben erwähnt, vererben sich Faktoren des Horoskops. Daher ist zu beobachten, daß sich Eltern und Kinder entweder besonders gut oder besonders schlecht verstehen, abgesehen von mehr neutralem Verhalten. Die Qualität der Beziehung ist daran ablesbar, wie die Faktoren der Horoskope aufeinander bezogen sind. Praktisch läuft das auf einen Horoskopvergleich hinaus. Ist eine Geburtsfigur negativ saturnisch geprägt, wird man im Sinne des Problems z. B. auf Spannungen mit dem Vater schließen können, befindet sich der Mond in kritischen Aspekten, kann sich dies neben anderer Weise besonders im Kontakt zur Mutter manifestieren.

Passen die Eltern nicht zusammen, wird das zu Konflikten geführt haben, was eine Horoskopanalyse erkennen ließe. Elterliche Disharmonien werden sich vermutlich in den Horoskopen der Kinder in Form charakterlich bedingter Spannungen wiederfinden. Weil für Kinder die Eltern oberste Autorität sind, meinen sie, daß ein bestimmtes Verhalten ihrer Eltern aus deren Veranlagung resultiert. Kleine

164

Kinder haben noch nicht die psychologische Einsicht, die Schuld für ein Fehlverhalten bei sich selbst zu suchen. Diese Unfähigkeit kann sogar noch lange über die Pubertät hinaus bewirken, daß eine vorhandene Kluft zwischen Kindern und Eltern bestehen bleibt oder sich verfestigt.

Es ist wertvoll zu wissen, daß eine Vergleichsanalyse der Horoskope die Ursachen ganz offensichtlich tiefergehender Probleme im Verhältnis zu den Eltern aufzudecken vermag. Eine solche Bearbeitung erlaubt, entsprechende Schlüsse zu ziehen. Liegt nur ein offensichtlich temporäres Mißverständnis vor, wird die eine oder andere Seite erfolgreich erste Schritte unternehmen können, um die Beziehung zu klären. Ist diese jedoch irreparabel, sollte man sich damit abfinden. Nicht anders ist es mit den Konsequenzen aus einer Partnerschaft, der nach dem Partnerhoroskopvergleich von Anfang an keine Chance zu geben war.

Das 5. Haus gibt Auskunft über Triebkräfte und Triebverfassung des Nativen, über Handlungen, die auf Selbstvertrauen beruhen, über Liebe, Kinder, Lebensfreude, die pädagogische Befähigung, Spiel, Spekulation, Wette und Lotterie.

Probleme im Zusammenhang mit dem 5. Haus: Hilflos bei Eifersucht?

Eifersucht ist eines der häufigsten Mordmotive und kann die Betroffenen an den Rand der Verzweiflung bringen. Zu Recht schreibt *Stendhal:* „Die Eifersucht ist das Äußerste, was das Menschenherz an ohnmächtiger Wut und Selbstverachtung aushalten kann." Das Wichtigste in diesem Satz scheint mir weniger die Beschreibung zu sein, wie die Eifersucht einen Menschen vergewaltigen kann, als vielmehr der Hinweis darauf, daß sie auszuhalten ist. Gewiß, ein schwacher Trost, weil man doch zu sehr Gefangener oder Gefangene des eigenen Sexualtriebs ist. Daher wird meistens falsch reagiert, oder die Unternehmungen, die aus dem Dilemma herausführen sollen, bleiben wirkungslos.

Tatsache ist, daß die Menschen von ihrer Veranlagung her doch aus unterschiedlichen Gründen Eifersucht empfinden, obwohl der Anlaß meistens der gleiche ist: Untreue des Partners oder der Partnerin. Natürlich können auch Kinder eifersüchtig sein, doch ist diese Form des Neides hier ebensowenig gemeint wie eine andere Art eifersüchtiger Mißgunst, etwa im Beruf. Echte Grundlage der eigentlichen Eifersucht ist das Sexualverhalten, weshalb jene Naturen besonders darunter leiden, die stark triebhaft motiviert sind.

Es dürfte inzwischen klargeworden sein, daß nicht nur die zwölf astrologischen Typen des Tierkreiszeichens ausschlaggebend sind. Vielmehr kommt es darauf an, wie diese Felder im individuellen Horoskop besetzt sind bzw. welche Rolle sie spielen. Diese zwölf Typen sind, für sich betrachtet, aus sehr unterschiedlichen Gründen eifersüchtig, so daß ausführlich untersucht wurde, wie sich die Eifersucht in dem einzelnen Tierkreiszeichen manifestiert[24].

Um der Frage in einem konkreten Fall auf den Grund zu gehen, kann die Feststellung nicht genügen, daß Löwe und Skorpion die eifersüchtigsten Typen sind. Das wäre zu allgemein, denn jeder Leser würde sogleich jene Menschen am meisten durch diese Sucht als gefährdet einstufen, die zwischen dem 23.7. und dem 23.8. geboren sind, wenn die Sonne durch den Löwen zieht, bzw. die „im Skorpion geboren" wurden, in dem sich die Sonne zwischen dem 24.10. und dem 22.11. eines jeden Jahres aufhält. Um sich ein stichhaltiges Urteil zu bilden, muß man das ganze Horoskop studieren.

Die Sonnenposition liefert wesentliche Aufschlüsse über die Charaktereigenschaften, da sie der wichtigste Faktor der Geburtsfigur ist. Nun hat aber Eifersucht sehr stark mit Gefühlen und Empfindungen zu tun, deren Repräsentant der Mond ist. Deswegen kommt ihm eine besondere Bedeutung zu. Ferner ist der Intellekt angesprochen, und dadurch ist dessen Symbol Merkur hier einschlägig wichtig. Stehen Merkur und Mond im Horoskop in disharmonischer Beziehung, wird eine Diskrepanz zwischen Vernunft und Gefühl vorliegen. Gefühle können die Vernunft verwirren und umgekehrt. Das wäre keine gute Voraussetzung, gegen Eifersucht anzugehen. Sind dagegen Mond und Merkur im Geburtshoroskop harmonisch verbunden, werden Situationen, Erfahrungen und Menschen zutreffend eingeschätzt, und es kann von gesundem Menschenverstand gesprochen werden. Es kommt sehr darauf an, welches Gestirn kräftiger als das andere beurteilt wird. Ein Merkur in den Zwillingen ist einem Steinbockmond überlegen, ein Mond in seinem eigenen, von ihm regierten Zeichen Krebs einem Schützemerkur. Die Gründe dafür zu nennen, muß Lehrbüchern vorbehalten bleiben, an dieser Stelle ist es nur möglich, allgemein auf Zusammenhänge hinzuweisen.

Eine starke Merkurposition kann für die Lösung einer Eifersuchtskrise eine große Hilfe sein. Ein Charakter mit starkem Zwillinge-Einschlag wird Eifersucht an sich nicht extrem empfinden. Wäre gar noch Merkur in diesem Zeichen anwesend, gäbe es Chancen, sich abzulenken. Selbst ein Zwillingemond könnte eine Hilfe sein, weil in diesem Fall Emotionen selten unter die Haut gehen. Wohl ist auch Jungfrau ein Merkurzeichen. Aber der Jungfrau-Merkur ist weniger anpassend, vielmehr kritisch. Das heißt, die Intelligenz würde nach immer neuen Argumenten bohren, die den Partner oder die Partnerin treffen sollen. Selbstkritik würde dieser Merkur nicht unterstützen. Keine Hilfe bei einem Eifersuchtsfall wäre ein Merkur im Krebs, im Skorpion oder in den Fischen. Da dies Wasser-, d. h., Gefühlszeichen sind, wären damit vernunftgemäße Überlegungen zu stark von Empfindungen besetzt. Käme dann noch ein Gefühlsüberschwang hinzu, wie bei dem Mond in diesen Zeichen, würde der Native erheblich unter Eifersucht leiden. Ein stark Skorpionbeeinflußter würde allerdings leidenschaftlich Gegenmaßnahmen ergreifen. Dieser Typ (für sich genommen) kann hassen und sich durch Rache abreagieren.

Vor allem aber sind die Positionen von Mars und Venus im Horoskop aufschlußreich. Mars steht für Sex, Venus für Erotik. Beide sind diametral aufeinander bezogen, drücken Polarität aus. Wer über sexuelle Handlungsmotive eines Menschen urteilen will, muß daher in erster Linie im Horoskop auf Mars und Venus sehen. Sind beide miteinander verspannt, sei es durch Konjunktion, Opposition oder Quadratur, sind Kurzschlüsse möglich; ist der partnerschaftliche Wahlinstinkt beirrbar, kann das Triebleben kompliziert ausfallen, bzw. ist der Schicksalsablauf selten gradlinig. Solche Naturen werden ihre eifersüchtigen Regungen schwer beherrschen. Verstärkt wäre das möglich, wenn diese Signifikatoren auf das 5. Haus determiniert sind oder mit dessen Regenten einen Aspekt bilden.

Eine weitere Verschärfung der Situation kann durch Uranus und Neptun möglich werden, wenn diese Planeten kritische Aspekte zu Mars und/oder Venus bilden. Uranus steigert die Leidenschaft, signalisiert die Tendenz zu plötzlichen Ab- oder Umbrüchen, zu raschem Verliebtsein, andererseits aber auch zu plötzlicher Trennung. Neptun stiftet mehr Verwirrung und sorgt für Unklarheiten. Ist Neptun an Aspekten beteiligt, wird der Betreffende unter den Vorspiegelungen seiner Phantasie leiden.

Wie also findet man aus einem Eifersuchtsfall heraus? Dazu ist Offenheit gegenüber dem Astrologen nötig, der hier als Therapeut helfen kann. Zunächst muß er sich prinzipiell über diese Partnerschaft und deren Aussichten ein Urteil durch einen Horoskopvergleich bilden. Danach kann er mutmaßen, ob die Verbindung für die Zukunft überhaupt eine Chance hat, ganz abgesehen von den horoskopisch nicht erfaßbaren Umständen. Ob ein Anlaß zur Eifersucht vorliegen könnte, läßt sich durch eine astrologische Partnerschaftsanalyse der beiden betroffenen Personen herausfinden und für einen gegebenen Termin nach der Prognose.

Kommt der Astrologe zu dem Schluß, daß die Nebenverbindung intensiver ist als die ursprüngliche, vielleicht durch Hinweise auf stärkere sexuelle Kontakte (Mars-Venus-Aspekt), mag sich vielleicht eine Trennung als Ausweg abzeichnen. Deuten noch andere Fakten in die gleiche Richtung, wäre „besser ein Ende mit Schrecken als ein Schrecken ohne Ende". Ließe sich jedoch aus dem ganzen bearbeiteten Komplex absehen, daß die Nebenverbindung vermutlich nur temporärer Natur ist, kann der Astrologe seinem Klienten durch eine Prognose helfen, die Situation zu bewältigen und damit diese Krise durchzustehen.

In jedem Fall, so oder so, sind die Trends der Zeit zu untersuchen, sowohl der nächsten wie der weiteren Zukunft. Häufig ist es möglich, an den Konstellationen abzulesen, wann sich ein Ende der Eifersuchtstragödie (denn als solche wird sie ja empfunden) abzeichnen könnte. Dies wird der Fall sein, wenn in beiden Horoskopen harmonische Trends vorliegen, im dritten Horoskop, dem des Verlierers, aber zu dieser Zeit negativ wirkende Konstellationen vorherrschen.

Ganz so übersichtlich wie das hier dargestellt ist, liegen die Dinge leider nur sehr selten, dazu ist das Seelenleben und sind die Umstände individuell zu unterschiedlich. Es heißt zwar, man stürbe nicht an gebrochenem Herzen, doch stimmt das wohl nicht. Wer zur Eifersucht neigt, dazu noch lebensunerfahren ist, nach seinem Naturell auch nur begrenzt tolerant zu sein vermag, kann einen Schock erleiden, der noch über viele Jahre nachwirkt.

Immerhin, gerade weil Astrologie den Faktor Zeit berücksichtigt, vermag das Horoskop eine größere Hilfe zu sein als der Rat eines Psychologen. Dieser kann zwar auf seine Art die psychologischen Zusammenhänge durchleuchten, ist aber nicht in der Lage, die zeitliche Entwicklung zu berücksichtigen und damit zu einer Prognose zu kommen, die begründet eine Klärung erhoffen läßt.

Probleme im Zu-
sammenhang mit
dem 6. Haus: Wie
lange werde ich in
der Klinik bleiben
müssen?

Das 6. Haus gibt Auskunft über das Notwendige, dem der Körper unterworfen ist: Gesundheit, Hygiene und Widerstandskraft. Dazu gehören aber auch nachgeordnet die Arbeits- und Angestelltenverhältnisse, der Arbeitsplatz allgemein, das Verhältnis zu Mitarbeitern und abhängigen Personen. Traditionell: Mieter, Schwiegervater, Anverwandte 2. Grades (Onkel und Tanten), kleine Tiere.

Die Frage: „Wie lange werde ich in der Klinik bleiben müssen?" kann am besten der behandelnde Arzt beantworten. Allerdings darf man nicht übersehen, daß das psychische Verhalten, das ja wesentlich aus dem Horoskop erschließbar ist, einen ganz entscheidenden Einfluß auf alle gesundheitlichen Prozesse ausübt. In diesem Zusammenhang äußerte sich *Prof. Dieter Frey* von der Universität Kiel: „Die Dauer des Klinikaufenthaltes war nur zu 20 bis 30 Prozent durch die Schwere der Verletzung verursacht. Zu 50 Prozent waren psychologische Faktoren ausschlaggebend."[25]

Zu einem wesentlichen Teil des psychologischen Spektrums hat man Zugang durch das Horoskop. So erhellt die Geburtskonstellation die psychische Grundstruktur und gibt damit Hinweise auf grundsätzliche Trends im Verhalten. Die Prognose erlaubt darauf aufbauend die Wahl geeigneter Termine. Eben deswegen ist es wichtig, sich zu einem Eingriff zu entschließen, wenn die Konstellationen nicht nur das Operationsdatum begünstigen, sondern wenn auch für die Folgezeit der Rekonvaleszenz fördernde, aufbauende Trends ersichtlich sind. Der Kieler Experte sagt dazu: „Patienten, die sicher waren, ihre Genesung mitsteuern zu können, kehrten im Schnitt nach 80 Tagen in den Beruf zurück. Bei den anderen waren es 140 Tage."

Nachgewiesen wurde von einer Arbeitsgruppe des Professors Frey sogar der positive Einfluß psychischer Faktoren auf das Immunsystem. Er vertritt diese These: „Durch psychologische Intervention, die zu positivem Denken und einer aktiven Haltung anregt, werden die Patienten schneller

170

gesund und gehen wesentlich früher wieder zur Arbeit."

Der richtige Umgang mit dem Horoskop führt ganz zwangsläufig zu einer positiven Lebenseinstellung und vermag somit direkten Einfluß auf die Vitalität zu nehmen.

Nur wenige können in Zeiten der wirtschaftlichen Rezession, wie wir sie aktuell erleben, in ihrem Beruf, zu dem sie sich im Sinne des Wortes „berufen" fühlen, arbeiten. Gewiß, mancher weiß zeitlebens nicht, wozu er eigentlich taugt. Am Horoskop ist dieser Zustand recht gut abzulesen, etwa an einer Disharmonie zwischen Aszendent und Meridian. Im allgemeinen wird man davon ausgehen können, daß jedermann in der Jugend die Chance hat, eine bestimmte Richtung der beruflichen Laufbahn einzuschlagen. Umstände aller Art können das erleichtern oder erschweren. Ist jemand mit seinem frei gewählten Beruf unzufrieden, wird er sich vermutlich nicht richtig entschieden haben. Häufiger ist zu beobachten, daß der Job, die Art wie man seinen Lebensunterhalt verdienen muß, anstrengt. Leerlauf mangels inneren Engagements stumpft ab und kann zur Ursache von Pessimismus oder gar von Depressionen werden.

Meine Arbeit nervt mich, sie ist entsetzlich langweilig.

In einem solchen Fall muß man sich prüfen, ob die persönliche Veranlagung wie die Lebensumstände es nicht ratsam erscheinen lassen, die nächstbeste Gelegenheit zum Aus- bzw. Umsteigen wahrzunehmen. An Hand der Prognose ist abzulesen, wann uranische Konstellationen vorliegen, unter denen man meistens angestoßen wird, dem Leben eine andere Richtung zu geben. Sich beruflich (oder auch partnerschaftlich) völlig zu verändern, ist kein Privileg Bessergestellter. Allerdings brächte es nichts, mit dem Gedanken an Wechsel und Veränderungen nur zu spielen. Wenn man einen solchen entscheidenden Schritt vorhat, sollte man ihn beherzt tun. Meistens bleibt einem dazu fast ein ganzes Jahr, denn innerhalb dieses Zeitraums pendeln die großen und in diesem Fall ausschlaggebenden Gestirne über MC, ASZ, Sonnen- bzw. Mondort. Deswegen ist es günstig, sich nach einer Prognose zu orientieren, die einen etwas längeren Zeitraum umfaßt als nur die nächsten Monate.

Die Problematik eines solchen Schritts ist bekannt, muß das Für und Wider doch reiflich abgewogen werden, ohne daß man deutlich sieht, welchem Pendelausschlag man folgen kann. Wahrscheinlich spiegelt das Horoskop die unklare Situation ebenso wie das Zwanghafte, das zur Veränderung treibt. Wer da erwartet, daß das Horoskop einem die Entscheidung abnimmt, überschätzt den „Fahrplan-Charakter" einer Prognose. Doch ist es in jedem Fall nützlich, die Anschlußchancen zu kennen, selbst wenn man sie nicht wahrnehmen will oder kann. Ein Horoskop bewahrt nur bedingt davor, sich zwischen zwei Stühle zu setzen. Wäre etwa der Astrologe selbst betroffen, so ist er parteiisch, denn er hegt Hoffnungen oder verdrängt Befürchtungen. Hieran zeigt sich, daß klares Erkennen keineswegs gleichbedeutend ist mit der Umsetzung der notwendigen Schritte. Ob man eine astrologische Warnung beherzigt oder den Rat eines Freundes, dem man sich anvertraut, läuft aufs gleiche hinaus. Den eigenen Lebensweg muß man gemäß der eigenen Anlagen allemal selbst gehen.

In Anlehnung an ein Bibelzitat (Sirach 7, 40) heißt es in einem lateinischen Spruch: „Was immer du tust, handle klug und bedenke das Ende." Wohl also dem, der dank eines starken Willens dem Rat der Vernunft folgt und nicht der Stimme seines Herzens. Wirklich? Das kann nicht immer die Maxime für unser Handeln sein, denn eine Vernunft, die taub für unsere Gefühle wäre, etwa für das Triebhafte in unserer Natur, böte keine Garantie für innere Zufriedenheit. Es scheint, als gäbe es aus dem Dilemma keinen anderen Ausweg, als jene Schritte zu tun, durch die man sich selbst und andere am wenigsten unglücklich macht. Es heißt, daß jeder seines eigenen Glückes Schmied sei. Für Robinson auf einer Insel mochte das zutreffen. Wir allerdings sind Kinder unserer Zeit, verstrickt in soziale und etliche andere Bindungen bzw. Zwänge. Wer wollte da behaupten, er könne sich frei entscheiden?

Astrologie als Therapie – das klingt zu anspruchsvoll, um es ohne Kommentar hinzunehmen. In den USA hat man sehr erfolgreiche Versuche mit Patienten durchgeführt, die an Asthma oder an Allergien, auch an Süchten litten. Es sind Leiden, die seelisch bedingt sind oder zumindest eine starke psychische Komponente haben. Dies zeigt bereits, in welcher Hinsicht jedermann Nutzen aus der Kenntnis seines Horoskops in Zusammenhang mit einer Prognose ziehen kann. Heilung durchs Horoskop

Das Horoskop ist ein sehr brauchbares Werkzeug, das Ich aus jenen Fesseln zu befreien, die uns hindern, zum Kern unserer Persönlichkeit vorzustoßen. Das aber ist schließlich das höchste Ziel, das der Mensch sich stellen kann, ganz bewußt der zu werden, der er schon seit seiner Geburt ist. Das Auskristallisieren seines Ich bedeutet, frei zu werden vom Ergebnis aller erlittenen Verbiegungen und Zwänge. Das erfordert abzustreifen, was uns hindert, vollkommen zu sein, etwa Zorn, Neid und ähnliches Verhalten. Die meisten Menschen gehen den Weg des geringsten Widerstandes, indem sie sich aus Furcht vor dem Unbekannten anpassen und alles mit sich machen lassen. Der Ausweg wäre, ein stärkeres Selbstwertgefühl zu entwickeln, mehr Zutrauen zu sich selbst zu fassen und sich im Kosmischen beheimatet zu fühlen. Für diesen Weg erweist sich das Horoskop als die geeignete Straßenkarte.

Sie führt uns zu den verborgenen Quellen der Lebensfreude in uns. Es gibt da einen therapeutischen Effekt, nicht anders, als wenn man regelmäßig zur Kirche geht. Es kommt gar nicht so sehr darauf an, was man tut, nur darf man das Ziel nicht aus den Augen verlieren.

Patienten fragen meistens: „Was kann mich heilen?" Angesichts der großen Zahl psychosomatischer Beschwerden sollte man darauf antworten: „Akzeptieren Sie sich so, wie Sie sind, mögen Sie sich aus ganzem Herzen, finden

Sie zu sich selbst. Hören Sie auf, Ihre Fehler zu entschuldigen und Ausreden für Ihren Frust zu suchen oder anderen die Verantwortung zuzuschieben. Tun Sie mehr, was Ihnen Spaß macht, und Sie werden gesund."

Allerdings bedarf es dazu zweier Voraussetzungen:

1. Sie müssen motiviert sein und es wirklich wollen.
2. Es muß der richtige Zeitpunkt sein, sich auf den Weg zu sich zu machen.

Zum ersten Punkt: Haben Sie Wünsche! Sie müssen hochmotiviert sein, denn je intensiver und inniger Sie sich etwas wünschen, um so stärker kurbeln Sie Ihr Unbewußtes an. Damit werden die verborgenen Schichten Ihrer Persönlichkeit zum Motor, der Sie auf Touren bringt. Sie brauchen nur ernsthaft zu wollen, und der Weg wird für Sie frei.

In der gedanklichen Auseinandersetzung mit Ihrer Geburtskonstellation finden Sie zu sich und entdecken, wer Sie sind und was in Ihnen steckt. Charakter aber ist Schicksal. Man macht es sich zu einfach, wenn man die Form der Existenz allein auf äußere Einflüsse, etwa auf die Umwelt, zurückführt. Die Art, wie wir uns mit unserem Wesen auseinandersetzen, ist nur von uns selbst abhängig. Um Erfolg zu haben, muß man den geeigneten Zeitpunkt für den vollen Einsatz kennen. Ihn liefert die astrologische Vorausschau, die ja auf dem Geburtshoroskop aufbaut.

Den Umgang mit der Prognose muß man lernen. Anfangs sollte man nicht zuviel erwarten, vor allem keine Wunder. Das Horoskop, das trifft auch auf die Prognose zu, ist ein handwerkliches Produkt, wenn auch durchaus kreativ gestaltet. Man muß sich da erst einlesen, das ablaufende Geschehen eine Zeitlang mit der Voraussage vergleichen, Übereinstimmungen ebenso feststellen wie Unstimmigkeiten. Was Laien meistens übersehen: Alle Aussagen können nur beispielhafte Entsprechungen der astrologischen Symbolik für die Zeitqualität sein, denn für diese stehen ja die Konstellationen. Es ist nicht einfach, da durchzublicken, denn Symbole sind in vieler Hinsicht interpretierbar. Es kommt darauf an, die Richtung zu erkennen. Der eigentliche Wert eines Horoskops liegt jedoch nicht in der Prognose, sondern in der Rückschau auf das gelebte Leben.

Wie oft ist es doch schon geschehen, daß wir uns über ein bestimmtes Ereignis geärgert hatten, das sich aber schließlich als Glücksfall erwies – oder umgekehrt. Ich erinnere an die chinesische Parabel „Der Mann und das Fort". Gar manchmal entfährt uns der bange, fragende Stoßseufzer: „Wer weiß, wozu das gut ist?!"

Als geradezu ideal erweisen sich die Schicksalskurven der „Astro Complett Prognose". Überblickt man etwa an Hand der 20-Jahre-Übersicht einen größeren Teil der zurückgelegten Lebensstrecke, wird man Interessantes erkennen. Einer Periode, deren Bewertung nicht mehr von Naherlebnissen beeinträchtigt wird, stehen wir objektiver gegenüber. Ob wirtschaftlich, beruflich, partnerschaftlich – der Kurvenverlauf vermag deutlich zu zeigen, daß Entscheidungen, Taten, Ereignisse, die wir erst als böse, einschränkend und enttäuschend empfanden, schließlich zu unserem Besten waren. Andererseits haben wir einst dieses oder jenes, was verlockte, mit Nachdruck angestrebt, ja mit Gewalt realisieren wollen, doch es hat uns schließlich keinen Segen gebracht. Wäre es anders, gäbe es nicht so viele Scheidungen. Auch hier trifft zu: „Was immer du tust, handle klug und bedenke das Ende."

Es geht nicht ohne astrologische Regelbücher. Wer Horoskopieren lernt, braucht sie. Sie unterscheiden zwar ausschließlich positive und negative Trends, beschreiben die Sachverhalte schwarz-weiß, tun so, als gäbe es nur ein Entweder-Oder. Doch im konkreten Fall ist das Leben anders, farbiger, vielschichtig. Kaum ein Ereignis ist ganz schlecht. Wie gute Kochbücher können Prognosehilfen nur Grundrezepte bieten. Eine tüchtige Hausfrau versteht es,

Rezepte für ihre Bedürfnisse auszulegen und sie gemäß ihrer Erfahrung zu verfeinern. So muß auch der Astrologe oder jener verfahren, der eine Prognose studiert und Nutzen daraus ziehen möchte.

Dazu gehört in erster Linie, sich immer wieder zu fragen: Was fördert mich, was stört oder hindert, was hilft mir, was muß ich unterlassen? Wer von einer astrologischen Vorschau eindeutige Aussagen erwartet, die man gedankenlos konsumieren kann, Ergebnisse, die alle Zweifel ausräumen, verkennt die Realität und übersieht die Notwendigkeit der eigenen Mitarbeit an der Prognose.

Probleme im Zusammenhang mit dem 7. Haus: Glück in der Liebe, Pech in der Ehe? Das 7. Haus gibt Auskunft über den Partner, die Ehe, die Öffentlichkeit und Bündnisse. Traditionell: Teilhaberschaft, Zivilprozesse, öffentliche Feinde und deren Kritik.

Liebe und Ehe sind als zentrale Themen unserer Existenz auch Quellen vieler Probleme. Die Astrologie vertritt dazu eine ganz dezidierte Auffassung, die sich in den Kategorien des Horoskops ausdrückt.

Die zwölf Häuser begreifen wir als Ereignisebenen unseres Daseins. Sie lassen insofern auf die Struktur des Wesens schließen, als wir aus den Konstellationen in Zusammenhang mit den Häusern ersehen, wie der Mensch für seinen persönlichen Schicksalsablauf gerüstet ist, was er an Talenten mitbekommen hat, an Gaben, die ihn in diesen oder jenen Bereichen fördern oder hemmen können. Deutlich unterscheidet das Horoskop das 5. Feld als den Ort, der über Liebe urteilen läßt, vom 7. Feld, dem Ehehaus.

Der 5. Sektor gibt Hinweise auf die Triebnatur des Menschen, ist daher signifikant für die vitalen Wünsche, für das sexuelle Verlangen, das die natürliche Voraussetzung für die Zeugung der Nachkommen ist, weshalb aus diesem 5. Feld auch über Kinder geurteilt wird. Dem Zeugungsakt geht das Liebesspiel voraus, wie man es bei allen Lebewesen beobachtet. Es ist durchaus eine Phase der Kreativität, weshalb Liebe auch so stimulierend wirken kann. Der erotisch angeregte Mensch lebt intensiver, fühlt sich beschwingt, leistungsfähiger, gewinnt seinem Dasein neue Seiten ab. Ganz offensichtlich beweisen das Künstler durch ihre Werke.

Gibt das 5. Haus Hinweise auf die Gestaltung des persönlichen Naturtriebs, symbolisiert das gegenüberliegende 11. Haus (Freunde) dessen spirituelle Erhöhung und hat dadurch Zivilisationsgehalt. Da dem 5. Haus auch das spielerische Element zugeordnet ist, entsteht bei einer nur oberflächlichen Beschäftigung mit dem Horoskop der Eindruck, dieser Sektor sei unbedeutend. Das Gegenteil ist der Fall, ablesbar an der Tatsache, daß das 5. Haus dem 5. Zeichen, dem Sonnenfeld, dem Löwen, entspricht. Im Spiel können wir den Ausdruck einer im Vitalen wurzelnden Sehnsucht begreifen. Damit steht es auf einer anderen Ebene als Pflicht und Notwendigkeit, die durch das 6. Haus bezeichnet werden. Mindestens seit *Sigmund Freud* (1856–1939), dem Begründer der Psychoanalyse, wissen wir um die Bedeutung der Libido als einer zentralen Macht des unbewußten Teils der Menschennatur.

Was in der Charakteristik des 5. Hauses wie willkürlich zusammengestellt erscheint – Liebe, Kinder, Spiel, Kreativität – erweist sich bei näherer Betrachtung als sehr sinnvoller Zusammenhang und offenbart dadurch ganz anderes als der 7. Sektor.

Entsprechend sieht Thomas Ring, der hervorragende Fachautor, in der Liebe das Ineinanderpassen triebmäßiger Regungen, wogegen das Gelingen einer Ehe vom Verständnis füreinander abhängt, das alle Belastungen ertragen läßt, das die Brücke schlägt vom Ich zum Du[26]. Somit ist es geradezu eine Ausnahme, ein Idealfall, wenn das triebhafte Ineinander einer Begegnung durch ein verständnisvolles Mit- und Füreinander gekrönt wird.

Das 7. Feld, das Ehehaus, liegt als der eigentliche Du-Bereich im Horoskopschema dem 1. Feld, dem Ich-Haus, gegenüber, verbunden durch eine der beiden Hauptachsen des Horoskops, den Horizont. Man kann diese Linie vom

Aszendenten zum Deszendenten, den Spitzen der beiden Häuser, als Entwicklungsrichtung ansehen, vom Ich zum Du. So ist die frühe Lebensperiode der Kindheit astrologisch weniger durch den Sonnenstand zu erfassen als durch den Aszendenten. Es ist dies ja auch die Zeit der ersten Selbstfindung. Denn zunächst muß das Kind sich selbst entdecken, bis nach der Pubertät die Voraussetzung für eine echte Partnerschaft gegeben ist, die über Kinderfreundschaften hinausgeht. Das 7. Haus „zielt auf die Integration des Menschen in der Gemeinschaft, auf seine Ergänzung durch das, was ihm wesensmäßig fehlt, auf seine Harmonisierung", schreibt *Arthur Schult*, ein astrologischer Autor[27].

Erich Fromm sieht das so: „Das tiefste Bedürfnis des Menschen ist demnach, seine Abgetrenntheit zu überwinden und aus dem Gefängnis seiner Einsamkeit herauszukommen." Das Du tritt uns nicht nur als als Einzelperson entgegen, es ist vielmehr Teil der Gesellschaft oder Öffentlichkeit. Das Miteinander kann sich freilich auch als Gegeneinander erweisen, also im Kampf, statt in einträchtiger Harmonie bestehen. Am Gegner wächst man schließlich auch. Prozesse um Verträge, wie die Ehe ja auch einer ist, können da eine wichtige Rolle spielen.

Es ist demnach nicht damit getan, den 7. Ort des Horoskops einfach Ehehaus zu benennen. Vielmehr bilden Partnerschaften, Ehe, Öffentlichkeit, Gegner und Prozesse einen in sich zusammenhängenden Bereich, der in unserer Natur ganz anders wurzelt als der durch das 5. Haus umschriebene.

Die Gleichung Liebe = Ehe oder der Umkehrschluß Ehe = Liebe stimmt nicht. Aber: „Der Mensch sieht sich – zu allen Zeiten in allen Kulturen – vor das Problem der Lösung der einen und immer gleichen Frage gestellt: wie er sein Abgetrenntsein überwinden, wie er zur Vereinigung gelangen, wie er sein eigenes einzelnes Leben transzendieren und das Einswerden erreichen kann." (E. Fromm)

Das gilt für den Nomaden des Altertums, den Bauern und Händler im Mittelalter wie für den Büromenschen am Computer in der Gegenwart. Eine in den Ritualen primitiver Stämme deutlich werdende Art der Problemlösung weist auf die Macht des sexuellen Erlebens. Der von Priestern und Medizinmännern gebilligte und geforderte Akt gemeinsamer sexueller Orgien erzeugt keine Schuld- oder Schamgefühle, sondern kann vielmehr das Abgetrenntsein mildern bis zum nächsten Mal. Gemeinhin läßt sich die persönliche Isolation aber nicht durch Zuflucht zum Orgasmus überwinden, ebensowenig durch Alkohol oder andere Drogen. Fromm spricht in diesem Zusammenhang vom „verzweifelten Versuch, der durch das Abgetrenntsein erzeugten Angst zu entrinnen, und führt zu einem ständig wachsenden Gefühl des Abgetrenntseins, da der ohne Liebe vollzogene Sexualakt höchstens für den Augenblick die Kluft zwischen zwei menschlichen Wesen überbrücken kann."

Der Tatsache, daß Liebe und Ehe zwei verschiedene Lebens- und Interessengebiete sind, trägt das Horoskop Rechnung. Die Aspekte, die das 5. und 7. Haus im individuellen Radix verbinden, lassen erkennen, in welchem Maß diese Lebensfelder vereinbar oder konfliktbesetzt sind, welche Erwartungen der einzelne damit verknüpft und wie sich die Auseinandersetzung des Ich mit dem Du vollzieht. Es können die besten Anlagen im Alltag der Ehe verkümmern, bis dahin, daß kleine Differenzen schließlich zur Scheidung führen.

Im konkreten Fall kann es nur lohnend sein, sich über die Struktur des eigenen Horoskops wie der des Partners, der Partnerin, Gedanken zu machen. Es heißt, daß der Weise die Sterne regiert. Aber um die Sterne in der eigenen Brust zu beherrschen, muß man sie erst kennen, anders ausgedrückt, man muß um die Motive des eigenen wie des partnerschaftlichen Verhaltens wissen.

Allerdings hieße es die Astrologie überschätzen, wollte man etwa aus einem horoskopischen Partnervergleich alles über eine Verbindung herauslesen. „Alles, was man aus Horoskopen erkennen kann, ist die Art und Weise der gegenseitigen Beziehung, die zu erwarten ist, falls das Individuum sich entschließt, diese Beziehung einzugehen."[29]

Immerhin, man sollte es nicht erst zu einer großen Auseinandersetzung, etwa in Zusammenhang mit einem Fehltritt, kommen lassen, um nach den Ursachen zu forschen. Wer um die eigenen menschlichen Schwächen weiß, wird sich vor unbedachter Schuldzuweisung an den Partner hüten.

Wer hat Schuld? Erfahrungen mit dem Zerbrechen einer Liebesbeziehung gehören zu unserem Leben, sie sind ein Allerweltsschicksal. Obwohl *Heinrich Heine* deswegen zwar fast beiläufig lakonisch resümiert, übersieht er dabei keineswegs, wie schwer es die Betroffenen haben:

„Es ist eine alte Geschichte, doch sie bleibt immer neu; und wem sie just passieret, dem bricht das Herz entzwei."

Zutiefst menschlich rührt *Kurt Tucholskys* traurigschöne Bilanz an. Sie stellt die Kardinalfrage nach der Schuld in den Mittelpunkt:

„Aus!
Einmal müssen wir auseinandergehn;
einmal will einer den andern nicht mehr verstehn –
einmal gabelt sich jeder Weg –
und jeder geht allein –
wer ist daran schuld?
Es gibt keine Schuld. Es gibt nur den Ablauf der Zeit.
Solche Straßen schneiden sich in der Unendlichkeit.
Jedes trägt den andern mit sich herum –
etwas bleibt immer zurück.
Einmal hat es euch zusammengespült,
ihr habt euch erhitzt, seid zusammengeschmolzen
und dann erkühlt –
Ihr wart euer Kind. Jede Hälfte sinkt nun herab –:
ein neuer Mensch.

Jeder geht seinem kleinen Schicksal zu.
Leben ist Wandlung. Jedes Ich sucht ein Du.
Jeder sucht seine Zukunft.
Und geht nun mit stockendem Fuß,
vorwärtsgerissen vom Willen,
ohne Erklärung und ohne Gruß
in ein fernes Land."

Es ist der übliche Tatbestand: Einer will (oder mag, vielleicht kann) den anderen nicht mehr verstehen, einmal gabelt sich der gemeinsame Weg. Der Astrologe sieht auf den Kern der Aussage:
Frage: Wer ist daran schuld?
Antwort: Es gibt keine Schuld. Es gibt nur den Ablauf der Zeit.

Die Menschen sind, wie sie sind. Und nicht nur die Grundzüge ihres Charakters mit allen Vorzügen und Schwächen lesen wir aus der Geburtskonstellation. Zwei Horoskope gleichen zwei Zahnrädern, jedes für sich eine funktionstüchtige Einheit. Doch sollen sie ständig glatt ineinandergreifen, muß einiges mehr passen.

Im Honigmond ihrer Liebe glauben die zwei in eins zu verschmelzen: „Ihr wart euer Kind." Doch zwangsläufig fordert die Individualität schließlich ihr Recht, wenn sie sich zunehmend stärker ausprägt, denn: „Jeder geht seinem kleinen Schicksal zu" – und jeder wird für sich bleiben, denn beider Straßen schneiden sich erst in der Unendlichkeit.

Astrologie lehrt die Qualität der Zeit, deren Rhythmus in der Vorausschau wie in der Rückschau deutlich wird. Das Geburtshoroskop ist ein Längsschnitt durch unser Leben und enthält damit bereits eine Prognose. Sie erschließt dem Kundigen die Trends der Entwicklung und die Entfaltung dessen, was mit unserer Geburt in uns beschlossen wurde. Damit ist das Horoskop weit mehr als nur eine Analyse des Wesens; unser Charakter wird uns zum Schicksal.

Weil die Liebe ein zentrales Thema unseres Lebens ist, kann nach einem Abschied keiner mehr derselbe sein, der er vordem war. Auch weiterhin „trägt jedes den anderen mit sich herum". Zwar „ein neuer Mensch" wurde geboren, doch „etwas bleibt immer zurück". So bereichert jede Beziehung durch neue Erfahrungen, auch oder gerade durch die schmerzlichen. Leben ist Wandlung. Dazu C.G. Jung in der nüchternen Sprache des Wissenschaftlers: „Das Zusammentreffen von zwei Persönlichkeiten ist wie die Mischung zweier verschiedener chemischer Körper: tritt eine Verbindung überhaupt ein, so sind beide gewandelt."

Es gibt Zeiten der Harmonie ebenso wie länger anhaltende Perioden der Spannung oder der Veränderungen, die weit über den Tag hinausreichen. In diesen formt sich das seit der Geburt des Menschen in ihm angelegte charakteristische Potential aus. Da bleibt es nicht aus, daß der eine mehr als der andere oder daß beide auf unterschiedliche Weise eigene Wege gehen müssen, indem sie ihrer eigenen Gesetzmäßigkeit folgen. Das ist das immanente Ziel unserer irdischen Existenz. Die Menschen tun, wozu sie motiviert sind: „Jeder sucht seine Zukunft". Kommt es zum Eklat, ist die Konsequenz bitter. Und wem die Geschichte „just passiert, dem bricht das Herz entzwei".

Soll es nicht dazu kommen, müßte der Betroffene rechtzeitig auf das Ende sehen. Doch wie blutlos, verknöchert und ohne Herz müßte man sein, sich das zuzutrauen? Eiskalt innige Wünsche unterdrücken und eisern der Vernunft zu folgen? Wie oft stehen wir im prallen Leben an entscheidenden Wegkreuzungen. Wer Erfahrung mit seinem Horoskop gesammelt hat, weiß, daß dieses ihm raten und Trost spenden kann. Es vermag ihm das Ende seiner Nöte anzuzeigen, den Termin zu nennen, zu dem seine Lebenskurve wieder aufsteigen wird, vielleicht sogar, wenn er in dem „fernen Land" ankommen wird, in das er „mit stockendem Fuß und vorwärtsgerissen vom Willen und ohne Erklärung und Gruß" aufbricht.

Das 8. Haus ist das Haus der Bewußtseinsübergänge, das Gewinn und Verlust als Bilanz des Lebens und des Todes anzeigt. Traditionell: Ort und Ursache des Todes, dessen nähere Umstände, das Begräbnis, Erbschaften und Mitgift, Geheimnisse des Geborenen und seiner Familie.

Probleme im Zusammenhang mit dem 8. Haus: Was geschieht, wenn wir sterben?

Knüpfen wir beim Kapitel Polarität an, wie sie sich u. a. im Horoskop in der Symbolik der Planeten und der Tierkreiszeichen darstellt. Die Polarität von Mars und Venus belegt, daß Gegensätze einander ergänzen können, ja müssen. Wir sehen z. B. im Reifen eines Menschen durchaus einen Entwicklungsvorgang. Es ist aber unzulässig, im Kind einen halben, unfertigen Menschen zu sehen. Es ist ebenso vollkommen wie ein junger oder älterer Erwachsener oder ein Greis, wie jeder Mensch gemäß seinem jeweiligen Entwicklungsstand. Trotzdem hieße es aber die Tatsachen zu verkennen, wenn im momentanen Entwicklungsstand der Höhepunkt gesehen würde. Die körperliche Entwicklung des Wesens oder besser die möglichen Veränderungen im Naturell sind astrologisch erfaßbar.

Wer etwa mit einem Aszendenten im Widder geboren wurde, wird sich im Laufe seines Lebens in Richtung auf das Gegenzeichen Waage hin entwickeln. Es wird sich zeigen, daß das anfangs stark Marsische im Temperament somit verbindlicher, venushafter, geduldiger wird. Jemand, der in jungen Jahren die eher weichen, femininen Züge seines Krebsaszendenten auslebt, wird im Alter gemäß dem Gegenzeichen Steinbock härter werden.

Der innere Wandel drückt sich im polaren Verständnis von Yang und Yin aus. Auf dieser Philosophie beruht das I Ging, das Buch der Wandlungen. Es lehrt, wie bei der Anwendung der Wahrsagepraktiken beispielsweise aus einem alten Yang ein junges Yin wird. An einem bestimmten Punkt der Entwicklung schlagen Gegensätze in eine andere Qualität um. Daß es eine sinnstiftende Vereinigung der Gegensätze gibt, können wir mannigfach erleben. So hat manche Krankheit ihr Gutes. Viele, vielleicht sogar die meisten Krankheiten, sind psychosomatischer Natur, d. h., seelisch bedingt. Eine Lebenskrise, sei sie in Beruf oder Partnerschaft, kann auf der körperlichen Ebene Konsequenzen nach sich ziehen. Der Patient kann sie als Katharsis erleben, als das Bewußtsein eines komplexen seelischen Prozesses. Sooft im Bösen damit das Gute steckt, vermag andererseits auch das Gute zu einer bösen Konsequenz zu führen. So kann sich einer, von saftiger Vitalität erfüllt, zu Leichtsinn hinreißen lassen und über die Stränge schlagen, es kann ein Riesengewinn zum Fluch werden. Dieser Sachverhalt macht deutlich, daß der Mensch im Spannungsfeld von Polaritäten lebt.

Am Beginn unserer Betrachtung des Kapitels über die Polarität war die Rede von der altpersischen Religion. Für Zarathustra oder Zoroaster (um 600 v. Chr.) gab es das Böse seit dem Anbeginn der Zeiten. Es zeigt sich im ständigen Kampf der Heerscharen Ahura Mazdas, dem Geist des Guten, mit denen Ahrimans, dem Geist des Bösen. Nach der *zoroastrischen Religion* sind die Menschen aufgerufen, sich auf die Seite des Guten zu schlagen. Der Widerstreit des Guten mit dem Bösen zeigt sich in Ordnung und Unordnung. Nach der Ethik Zarathustras kann der Mensch sich frei entscheiden, auf welche Seite er treten will. Der Weise wird dann für die Wahrheit, für die Ordnung, für das Gute kämpfen. Das ergibt für den Alltag eine positive, konstruktive Haltung.

Der Mystiker und Gottsucher *Jakob Böhme* aus Görlitz (1575–1624) hatte sein religiöses Schlüsselerlebnis, als er sah, wie einmal plötzlich ein dunkler Zinnteller im hellen Sonnenlicht erstrahlte. Wie andere gläubige Christen hatte ihn die Frage gemartert, woher das Böse in der Welt, also auch im Menschen, stamme, da diese Welt doch von Gott sei, dem Inbegriff alles Guten. Das war es: Das Licht der Sonne macht den Tag und unser Dasein hell. Wir empfinden das als selbstverständlich und nehmen nichts Besonderes dabei wahr. Aber nur, wenn sich das Licht in einem

Gegenstand spiegelt, wenn dieser erhellt wird und aufleuchtet, gewahren wir das Licht und seine Strahlkraft. Ist es nicht Gott ähnlich? Gutes und Böses muß in ihm beschlossen sein, denn nur vom Dunkeln, vom Bösen, vermag sich das Gute, Helle abzuheben. Gott ist der Urgrund der Dinge, er ist alles. Und der Mensch, den der Gott der Bibel sich zu seinem Ebenbild geschaffen hat, ist aus dem ganzen Wesen Gottes gemacht.

Erforschen wir unser Gewissen, werden wir uns unseres Schwankens zwischen Gut und Böse auf unserem Lebensweg bewußt. Rückschauend zeigt uns der Spiegel des Horoskops, wie unsere Entwicklung im Spannungsfeld solcher Polaritäten abgelaufen ist. Wie aus der Raupe ein Schmetterling wird, so wird aus dem Kind der Erwachsene. Welche Stufe der Entwicklung ist die vollkommene, wann erleben wir unser Dasein am intensivsten?

Nach Aristoteles ist die erste Entelechie eines Körpers die Seele. Entelechie bezeichnet das jedem Wesen innewohnende Formprinzip, das sinnstiftende Urbild, wie *Hans Driesch* meint, ein die Ganzheit schaffender Faktor, der die organischen Prozesse steuert. Jeder Same eines Baumes trägt diese Entelechie als Organisator seines Lebens in sich. Es befindet sich in steter Wandlung. Alle Lebewesen – Pflanzen, Tiere, Menschen – haben auf ihre Weise Anteil an dem Prozeß der Transformation. Die Pflanze bezieht ihre Kräfte aus Erde, Luft und Licht, die Pflanze wird zur Nahrung der Tiere und des Menschen, der sich auch vom Fleisch der Tiere ernährt. Und er wird wieder zu Erde. Ewiger Kreislauf. Der Tod ist kein Ende, wohl aber Schnittpunkt des Übergangs von einem Zustand in einen anderen, der Übergang in eine andere Dimension, ein Umschlagen der Polarität. Im allgemeinen sehen wir den Tod als böse an, als ein nicht abwendbares Schicksal. Es ist seit unserer Geburt vorgegeben und doch nur ein Etappenziel, kein endgültiges. Das offensichtlich Böse hat sein Gutes. „Leid ist das Pferd, das am schnellsten zur

Erkenntnis führt", sagen die Araber. Weil es den Tod als Ende nicht gibt, kann man ihn auch nicht prognostisch erfassen, ist er aus dem Horoskop nicht erkennbar.

Schon der griechische Philosoph *Epikur* (341–271 v. Chr.) sah das so: „Das angeblich Schaurigste aller Übel, der Tod, hat für uns keine Bedeutung; denn so lange wir noch da sind, ist der Tod nicht da; stellt sich aber der Tod ein, so sind wir nicht mehr da." Und der Philosoph *Ludwig Wittgenstein* (1889–1951) merkte zu diesem Hauptthema der Religion und der Philosophie im gleichen Sinne an: „Der Tod ist kein Ereignis des Lebens. Den Tod erlebt man nicht." Das klingt wohl doch ein wenig spitzfindig, kann aber trösten bzw. die ärgste Furcht vor dem unausweichlichen Ende mildern.

Die astrologische Erfahrung spricht dafür, daß mit dem Tod nicht alles aus ist. Oft wurden z. B. Künstler erst nach ihrem Ableben berühmt. Und gerade zu dieser Zeit läßt das weitergerechnete Horoskop prognostisch entsprechende Trends erkennen. Das kann kein Zufall sein. Ein Astrologe darf auf die Erkenntnis vertrauen, daß der körperliche Tod den Weg eröffnet für das Weiterleben in einer anderen Dimension. Mehr darüber wissen die Religionen.

Für Buddhisten bedeutet Sterben die Erlösung vom Durst, von der Lebensgier, der Quelle allen Übels. Weil es der Buddhisten höchste Sehnsucht ist, frei zu werden von der Fessel der Wiedergeburt, einzugehen ins Nirwana, hat der Tod keine Schrecken. Die westliche Kultur hat Angst vor dem Sterben. Es ist die Angst, ins Nichts zu fallen, tausend Jahre, eine Ewigkeit, ein Nichts zu sein.

Doch was waren wir eigentlich vor unserer Geburt? Waren wir tausend Jahre zuvor, eine Ewigkeit lang, ein Nichts? Wurden wir aus einem Nichts gezeugt? Nie und nimmer. Wir spüren doch, daß wir diese oder jene Eigenschaften und Verhaltensneigungen, die wir an Eltern und Großeltern beobachtet haben, in uns wiederfinden, daß wir sie an unsere Kinder und Enkel weitervererbt haben. Wir sind durchaus ein Glied in einer Kette der Generationen.

Die meisten Menschen nehmen an, daß sie von sich viel wissen. Doch wie steht es um unsere Identität? Wir tragen einen Namen, den wir nicht gewählt haben. Wir leben mit einem Körper, auf dessen Entstehung wir keinen Einfluß hatten. Wir konnten nicht entscheiden, 170 oder 190 cm lang zu sein, nicht über Schuhgröße oder Kragenweite befinden, nicht über Form des Gesichts und unserer Hände, nicht über die Funktionsfähigkeit der Organe, alles war vorgegeben und ist vererbt. Und die gesellschaftlichen Konditionen, unter denen wir heute leben, sind mehr das Ergebnis materieller Zwänge als freier Selbstbestimmung.

Vergleichen wir unser Horoskop mit den Horoskopen unserer Eltern wie mit denen unserer Kinder und Enkel, wird deutlich, was wir sehen und fühlen. Wir müssen schon vor unserer Zeugung und Geburt dagewesen sein, und wir werden weiter existieren nach unserem irdischen Tod.

An meinen Söhnen beobachte ich Talente meiner Großväter. Alles bestätigt der Horoskopvergleich. So ist meine Tochter unter dem gleichen Aszendenten geboren wie meine Mutter, und ihre Sonne steht am Platz meines Aszendenten. Mein ältester Sohn teilt mit mir die gleichen Positionen von Mond und Merkur, hat seine Sonne im selben Zeichen wie seine Mutter. Mein Aszendent und der meines zweiten Sohnes sind identisch usw., was alles eine ganz konkrete Bedeutung hat und sich im Naturell spiegelt. Meine Kinder sind, was ich bin oder was ich auch bin, was ihre Mutter ist und die Großeltern waren. Also erfolgt keine Geburt aus dem Nichts.

Lassen wir außer Betracht, daß mittels der Hypnose Rückführungen in die Leben vor dem jetzigen Leben versucht werden[30]. Die Erinnerung an unser seit Tausenden von Jahren währendes Leben bleibt uns erspart. Wir könnten nicht leben, müßten wir unsere ungezählten Existenzen im Gedächtnis bewahren. Alles verblaßt: Erlebte Freuden und Genüsse erzeugen im nachhinein nicht mehr das ursprüngliche Glücksgefühl. Doch auch Bitterkeit und Schmerzen der Vergangenheit sind überwunden. Und die tausend Jahre vor unserer jetzigen Existenz sind uns gleichgültig, schaffen keine Beunruhigung. Warum also sollten wir uns vor dem ängstigen, was kommt, wenn wir das Tor zu einer anderen Existenz, zu einer neuen Form durchschreiten, die wir auch Ich nennen werden?

Dem Dichter steht es an, in Worte zu fassen, was wir ahnen:

„Meine Seele flieht zurück,
Bis wo vor tausend vergessenen Jahren
Der Vogel und der wehende Wind
Mir ähnlich und meine Brüder waren.
Meine Seele wird ein Baum
Und ein Tier und ein Wolkenweben.
Verwandelt und fremd kehrt sie zurück
Und fragt mich. Wie soll ich Antwort geben?"

Aus *Hermann Hesse*, „Manchmal". Seine Lyrik[31] hat ja vieles zum Themenkreis Zeit – Tod – Wiedergeburt zu sagen. So auch in den „Stufen":

„Wir sollen heiter Raum um Raum durchschreiten,
An keinem wie an einer Heimat hängen,
Der Weltgeist will nicht fesseln uns und engen,
Er will uns Stuf' um Stufe heben, weiten.
Kaum sind wir heimisch einem Lebenskreise
Und traulich eingewohnt, so droht Erschlaffen,
Nur wer bereit zu Aufbruch ist und Reise,
Mag lähmender Gewöhnung sich entraffen.

Es wird vielleicht auch noch die Todesstunde
Uns neuen Räumen jung entgegen senden,

188

Des Lebens Ruf an uns wird niemals enden ...
Wohlan denn, Herz, nimm Abschied und gesunde!"

Manchmal, keineswegs immer, geht es ans Sterben, wenn kritische, meistens saturnische Konstellationen vorliegen. Doch ebenso häufig findet man immer wieder Todeskonstellationen, an denen Jupiter beteiligt ist. Wir fürchten uns vor dem Sterben, solange wir den Tod aus der materiellen, saturnischen Perspektive beurteilen. Wohl entwickelt sich unser Dasein auf der Basis der Materie. Sehen wir dagegen den Komplex Sterben und Tod einmal spirituell! Welche ziehenden Kräfte sind doch unsere Gedanken! Noch stärker wird unser Tun und Lassen von dem gesteuert, was uns unbewußt ist. Die moderne Medizin bringt es durch die Fortschritte der Technik und der Pharmaindustrie fertig, die durchschnittliche Lebenserwartung zu erhöhen. Heute überleben viele Menschen schwere Erkrankungen oder Unfälle, an denen man früher sicher gestorben wäre. Doch beliebig verlängern läßt das Leben sich nicht. Die Auseinandersetzung mit dem Sterben und dem Tod wird nur aufgeschoben, sie erhält eine Galgenfrist. Sie gilt es zu nützen.

Mit einem guten Horoskop läßt es sich erfüllter leben. Doch hilft es auch, leichter und in Würde zu sterben? Natürlich gibt es zahlreiche uralte Deutungsregeln, die sich mit dem Sterben und dem Tod befassen, ist das doch neben der Liebe das zentrale Thema unserer Existenz. Unbesehen darf man den uralten Aussagen heutzutage nicht mehr trauen, da der hohe Stand der Medizin so manche gesundheitliche Krise entschärft hat. Ob ein schlecht aspektierter Mars im 8. Haus des Horoskops auf ein gewaltsames Ende deutet, wie man bei Ptolemäus (Tetrabiblos) nachlesen kann, sei dahingestellt. Mord und Totschlag waren vor zweitausend Jahren kaum häufiger als heute, da ja in unserer Zeit weltweit Bürgerkriege ihre grausamen Opfer fordern und der Krieg auf unseren Straßen in der Konsequenz auch nicht zu anderen Ergebnissen führt.

Astrologen sollte man nicht mit der Frage nach den Umständen des Ablebens kommen. Zu leicht wird eine dumme Antwort gegeben, die irreparablen Schaden stiftet. Keiner, dem in irgendeiner Weise der Tod vorausgesagt wird, bleibt unbeeindruckt. Astrologen, die sich zu derartigen Spekulationen für andere hinreißen lassen, wollen sich wichtig machen und handeln kriminell. Wer in horoskopischer Praxis bewandert ist, mag für sich entsprechende Schlüsse ziehen und dürfte zu Ergebnissen kommen, die Lebens- bzw. Sterbehilfe sind. Viele Deutungen, die der astrologischen Tradition zugeordnet werden müssen, sind allerdings unhaltbare Behauptungen, die einer Nachprüfung nicht standhalten. Ganz besonders trifft das auf Hinweise zu, die das Sterben bzw. den Tod angehen. Wir sollten bedenken, daß das Horoskop nur bedingt als ein „Fahrplan" bezeichnet werden kann. Schließlich fehlen stichhaltige Hinweise auf die „Endstation".

Probleme im Zusammenhang mit dem 9. Haus: Ist es Sünde, Horoskope zu stellen und zu lesen?

Im 9. Haus sind die höheren geistigen Interessen, ist die Weltanschauung beheimatet. Traditionell: Was gedanklich fern liegt, Religion, Philosophie, Metaphysik, höhere geistige und seelische Einstellung, Moral, auch Rechtswissenschaft, Behörden, weite Reisen, persönliche und geschäftliche Beziehungen zum Ausland, trad. Schwager und Schwägerin.

„Nun sag, wie hast du's mit der Religion?
Du bist ein herzlich guter Mann,
Allein ich glaub', du hältst nicht viel davon."

So fragt das gläubige Gretchen den Doktor Faust und will ganz sichergehen: „Glaubst du an Gott?"

Das 9. Haus des Horoskops heißt Deus, lat. der Gott. Es ist jener Sektor, der westlich an den Meridian anschließt. In dieses Haus tritt die Sonne auf ihrem Tageslauf ein, wenn sie die Kulmination überschritten hat. Vergleichsweise hat der Mensch, ist er im neunten Haus sei-

nes Lebens, gleichsam das Maximum an äußeren Erfolgs-
möglichkeiten erreicht, denn der Zenit des Daseins ist
überschritten. Alle Lebenserfahrungen, alles, was die irdischen Positionen bieten konnten, alles Erreichte kann nun
eingebracht werden in die Bewältigung der zweiten Lebenshälfte bzw. dessen, was nötig ist, um zu bestehen, damit die Auseinandersetzung mit den Aufgaben des nächsten Sektors gelingt. Es ist der 8. Sektor, das Haus des
Todes.

Der neunte Ort erfaßt Religion, Weisheit, Philosophie
und ist ein deutlicher Beweis, daß Astrologie gar nicht
gottlos sein kann. Es gibt keinen Hinweis auf Gottesleug-
nung oder Gottesverneinung. Unberührt bleibt jedoch die
Vorstellung des Gottesbildes, wie es die Religionen unterschiedlich lehren.

Es bleibt jedem unbenommen, sich einen allmächtigen
persönlichen Schöpfergott vorzustellen, der dann durch die
Konstellationen den Menschen etwas sagen will, ganz im
Sinne mittelalterlicher Vorstellungen.

Für den Astrologen ist es unerheblich, im „Herrgott" ein
höheres Wesen zu sehen oder eine höhere Macht, die sich
in der Naturgesetzlichkeit ausdrückt. Östliche Weisheits-
lehren oder Religionen wie etwa der Hinduismus, Buddhismus oder Taoismus lehren die Einheit des Weltganzen,
sehen in Gott eine unpersönliche Realität. Im Sinne des
Pantheismus ist Gott „alles in allem". Für sie wie für die
Moslems ist es kein Problem, seriöse Astrologie gelten zu
lassen, sie ist mit ihrem Glauben ohne weiteres vereinbar.
Astrologie engt keine Religion ein, sie steht daher auch
christlicher Überzeugung nicht entgegen.

Eine Stellungnahme zur Frage, ob Astrologie und Horo-
skopstellen Sünde sei, erwarten wohl vor allem katholische Leser, doch dürfte auch für die Bekenner anderer
christlicher Konfessionen eine Antwort interessant sein.

Bis zum Erscheinen des neuen Katechismus 1993
konnte man davon ausgehen, daß die römisch-katholische

Kirche zwar den Mißbrauch der Zeitungs-„Horoskope" mißbilligte, doch ist das ein Standpunkt, den auch alle seriös arbeitenden Astrologen einnehmen. Den Mitgliedern vieler Astrologenverbände ist es durch deren Satzungen verboten, Sonnenzeichenprognosen als „Horoskope" auszugeben und zu verbreiten.

Die katholische Kirche hält sich viel zugute auf ihre Tradition. Allerdings läßt sie nur gelten, was die Kirchenoberen als erinnernswert billigen. Zu verstehen ist ja, daß man sich heute nicht gern auf Hexenprozesse und auf Folterungen, auf Mord und Totschlag ansprechen läßt, auf blutige Kriege, die im Namen Gottes geführt wurden, seien es die Kreuzzüge oder der 30jährige Krieg, die Ausrottung der Indianer, die Tolerierung des Sklavenhandels und anderer Scheußlichkeiten. Die professionellen Vertreter der Nächstenliebe haben viel Schuld auf sich geladen.

Eine Aversion des Urchristentums gegenüber der Astrologie erklärt sich aus der Tatsache, daß die als heidnisch bezeichneten römischen Kaiser der ersten nachchristlichen Jahrhunderte sich zur *Mithrasreligion* bekannten. Älter als das Christentum, wurzelnd in der Lehre Zarathustras, geformt durch babylonische Einflüsse, huldigten die Anhänger des Lichtgottes *Mithras* einem Glauben, dessen Theologie die Astrologie war. Viele Riten des Mithraismus wie Sakramente, Taufe, das gemeinsame Mahl, Prozessionen u. a. m. finden sich auch in der christlichen Religion. Es erübrigt sich zu fragen, wer was vom anderen übernommen hat. Dagegen ist es wichtig festzustellen, daß im Jahr 312 mit dem Sieg *Konstantins*, den die christlichen Geschichtsschreiber den Großen nannten, der Untergang des Mithraismus eingeläutet wurde. Aus Rache vernichteten die siegreichen Christen alles, was irgendwie an ihre religiöse Konkurrenz erinnern mochte. Den von der Astrologie überzeugten, verdienstvollen *Kaiser Julian* (331–363) schmähte man mit dem Beinamen eines Abtrünnigen, ein ungeheurer Vorwurf in einer Zeit, in der Religion das Leben der Menschen total bestimmte.

Es hat einige Jahrhunderte gedauert, bis sich die Astrologie von diesem Schlag erholen konnte. Freilich glänzte sie dann während des ganzen Mittelalters bis zum Beginn der Neuzeit als Königin der Wissenschaften und hatte an den Höfen von Königen und Fürsten wie auch den Hochschulen ihre Heimstätte, an den berühmten italienischen Universitäten, auch in Wittenberg, wo Philipp Melanchthon astrologische Vorlesungen hielt.

Der Kirchenvater Origines hatte formuliert: „Begreife, daß du eine Welt im Kleinen bist, daß es in deinem Innern Sonne, Mond und Sterne gibt. Zweifelst du noch, da doch gesagt wird, du seiest das Licht der Welt?"

Papst Silvester (um das Jahr 1000) steht am Beginn einer ganzen Reihe von Päpsten, die entweder wie er selbst Astrologen von Rang waren oder die wie *Johann XIX.* und *Benedict VIII.* sich rückhaltlos zur Sterndeutung bekannten. Wie andere Fürsten zählten auch etliche Päpste Hofastrologen zu ihren Beratern.

Sogar Konzilien wurden zu Terminen einberufen, zu denen Astrologen geraten hatten. *Albertus Magnus* war nicht nur ein großer Naturforscher, Philosoph und Theologe, er schrieb auch das bedeutendste Werk der mittelalterlichen Astrologie, das „Speculum Astronomiae" (1277). Darin führt er aus, daß die Astrologie „die Gedanken der Menschen zu Gott führe". Es ist schon recht merkwürdig, daß dem Astrologiefeind *Johannes Paul II.* diese Tatsache verborgen geblieben sein sollte, obwohl doch gerade dieser Heilige von ihm besonders verehrt wird. Auch Alberts Schüler, der große Kirchenlehrer Thomas v. Aquin, verteidigte die wahre Astrologie und läßt selbst astrologische Voraussagen zu, soweit sie sich auf natürliche Dinge beziehen.

Graf Heinrich Rantzau (1526–1597), der dem Kaiser wie auch dem Dänenkönig diente, schließlich Statthalter von Schleswig-Holstein war, verdanken wir das schöne Wort:

„Die Sterne lenken den Menschen,
aber Gott lenkt die Sterne.
Die Sterne gehorchen Gott,
Gott selber hört auf die Gebete der Frommen."

Der Theologe Garezzo, ein Franziskaner, formulierte: „Die Astrologie ist keine rationale, sondern eine empirische Wissenschaft. Ihre Angaben sind gültig, insofern sie sich in der Praxis bewahrheiten. Sofern die Astrologie behauptet, daß die Sterne einen Einfluß auf den Menschen ausüben, enthält sie nichts der Wissenschaft oder dem Glauben Widerlaufendes. Sie ist eine Wissenschaft von den Ursachen (causarum) und nicht von unentrinnbaren Gegebenheiten (fatalitatem). Die Sterne zwingen nicht (non necessitant), sie machen nur geneigt (inclinant)."

1941 bezogen Noldin und Schmitt, zwei katholische Moraltheologen, recht aufschlußreich Stellung: „Wissenschaftliche Untersuchungen der Zusammenhänge zwischen Planetenbewegungen und menschlichem Körper sind durchaus statthaft, nicht aber die Verbreitung ihrer Ergebnisse im Volk, um nicht das Aufkommen fatalistischer und abergläubischer Vorstellungen zu fördern."

Was man als wahr erkannt hat, darf nicht verbreitet werden. Es können also keine Glaubensgründe sein, aus denen heraus heute gegen die Astrologie gehetzt wird, es ist die Angst vor weiteren Kirchenaustritten. Es ist eine alte Methode, das Volk unwissend zu halten und zu bestimmen, was geglaubt werden darf. In vielen Gesprächen und in Diskussionen mit katholischen Geistlichen, auch mit Hochschullehrern, mußte ich feststellen, daß diese nicht informiert waren und sich mit Astrologie nie beschäftigt hatten. Pater Gerhard Voß ist da eine Ausnahme. Doch auch auf evangelischer Seite gibt es Kirchenmänner, die sich zwar nie mit Astrologie ernsthaft auseinandergesetzt haben, ihr Unwissen aber in Schriften verbreiten. Der Sektenbeauftragte Friedrich-Wilhelm Haack prüfte, ohne fachlich kompetent zu sein, „ob christlicher Glaube und Astrologie sich nicht doch unter einen Hut bringen lassen". Und er kommt zu dem Schluß, „von der Astrologie aus ginge das schon", doch „vom christlichen Glauben her ist die Astrologie unnötig". Der Herr Pfarrer hat recht. Astrologie hat nie behauptet, auf irgendeine Religion Einfluß zu haben. Wohl aber kann sie die Bereitschaft wekken, über die Vernunft hinaus zum Glauben zu gelangen. Das Studium der Horoskope führt zur Überzeugung, daß unser irdisches Dasein von einer höheren Macht, wie auch immer man diese nennen mag, gelenkt ist.

Ob jemand das Horoskopieren als eine vordergründig zu handhabende Kulturtechnik wie Fotografieren, Maschineschreiben oder Autofahren ansieht oder als Freizeitbeschäftigung etwa wie das Briefmarkensammeln oder das Skatspielen, sollte jedermanns Privatsache sein. Wer sich davon abbringen läßt, ist selbst schuld. Denn er verzichtet auf ein wichtiges Mittel, sein Leben besser, erfüllter und sinnvoller zu gestalten.

Da der neue katholische Katechismus das Gedankenleben seiner Anhänger in unkirchlichen Dingen zensiert, brauchen sich die Verfasser nicht zu wundern, wenn die Gläubigen sich nicht mehr bevormunden lassen. Die moderne Astrologie hat ein festes Fundament und ist heute durchaus fähig, Menschen auf Grund eigener persönlicher Erfahrung eine geistige Heimat zu geben und sie aufgeschlossen für religiöse Überzeugungen werden zu lassen.

"Sollt' ich nur einen Tag vergessen,
wär' meine Seele mir geringer."
George Meredith

Hand aufs Herz, können Sie sich an die Zeit heute vor drei, zehn oder zwanzig Jahren erinnern? Fragen Sie nicht: „Warum sollte ich wohl?", denn es gäbe zu viele nützliche Gründe. Sie fallen Ihnen ein, wenn Sie nur einmal über Ihr vergangenes Leben insgesamt nachdenken.

Ein astrologischer Sinn von Tagebuchnotizen ist zunächst weniger offensichtlich. Jedoch sehen wir, daß die Sonne ziemlich regelmäßig durch den Tierkreis zieht, weshalb sie alljährlich jeweils zum gleichen Termin eine gleiche Position einnimmt. Jedenfalls bildet sie jedes Jahr zum gleichen Datum bestimmte Winkel zu jener Position im Tierkreis, die sie an unserem Geburtstag eingenommen hat, ebenso auch zu allen anderen Planetenorten. Wer sich Aufzeichnungen zu den einzelnen Kalendertagen macht, kann vergleichen und wird darauf stoßen, daß im Ablauf der Jahre bestimmte Termine jeweils von einer ähnlichen Tagesqualität sind. Das aber könnten erste Schritte sein, sich einen eigenen „Fahrplan" zusammenzustellen.[34]

Hätten die großen Persönlichkeiten der Vergangenheit wie etwa Goethe oder sein Sekretär *Eckermann* nicht Tagebuch geführt, wüßten wir wenig oder nichts vom damaligen Leben und von den Begebenheiten lange vor unserer Zeit.

Offensichtlich nützt ein Tagebuch, weil es in uns Erinnerungen weckt. Denn allzu viele Erlebnisse vergessen wir. Ohne es zu wollen, müssen wir sie aus unserem Bewußtsein verdrängen, um den Speicher unseres Gedächtnisses für gegenwärtige Eindrücke aufnahmebereit zu halten. Wer etwas von Computern versteht, weiß um solche Speicherprobleme.

Machen wir uns nichts vor: Zeiten, die wir vergessen, die schönen wie die schlimmen, scheinen aus unserem Leben getilgt. Sie tragen keine Früchte. Beschämt stellen wir bisweilen fest, daß in unserem Dasein schrecklich viel Leerlauf gewesen sein muß, weil wir uns nur so weniger Einzelheiten entsinnen. Dabei haben wir doch selbst im

196

Alltag eine Menge erlebt und darüber nachgedacht. Noch einmal möchte ich den erwähnten bedeutsamen Aphorismus zitieren, der so entscheidend für das Horoskopverständnis ist: „Nicht, was wir erleben, sondern wie wir empfinden, was wir erleben, macht unser Schicksal aus."

Je älter wir werden, um so häufiger sind die Gelegenheiten, die uns motivieren, uns mit der eigenen Vergangenheit auseinanderzusetzen. Ein Horoskop bietet eine gute Gelegenheit dazu. Seine Auswertung erlaubt dem Leser, die künftige Zeit, die das Horoskop behandelt, richtig einzuordnen. Gemessen an zurückliegenden Jahren läßt sich abschätzen, welchen Stellenwert die kommenden Monate im Vergleich zu vergangenen einnehmen könnten.

Am Kurvenverlauf, also an Hand der persönlichen Konstellationen, läßt sich das Auf und Ab des eigenen Lebens nachvollziehen. Ersichtlich sind die Trends und damit die Möglichkeiten der zurückliegenden anderthalb Jahrzehnte ebenso wie jene fünf, die vor uns liegen. Je genauer man sich nun an die Termine vergangener Geschehnisse erinnert und wie man auf sie reagiert hat, um so größer ist der Nutzen.

Markante Ereignisse wie Hochzeit, Kindgeburten, Sterbefälle, Kündigung, Umzug, einen Unfall oder eine schwere Krankheit, auch eine weite Reise oder vielleicht einen tollen Lottotreffer oder andere Glücksfälle hat man wohl im Gedächtnis. Wäre aber eine solche Handvoll *Ereignisdaten* nicht doch ein bißchen dürftig für ein ganzes, langes Leben? Nicht zuletzt hat die Lektüre des eigenen Tagebuchs auch einen therapeutischen Effekt. Wir werden uns ungelöster Probleme bewußt und können sie aufarbeiten.

Es ist nie zu spät, mit Aufzeichnungen zu beginnen und seine Gedanken zu Papier zu bringen. So kann man sich Glückliches bewahren und was bedrückt, von der Seele schreiben.

Wer sich ein Horoskop beschafft, sollte neben die Prognose notieren, wie sich diese realisiert hat, was tatsächlich geschehen ist und welche Empfindungen man hatte. Diese eigene Mitarbeit am Horoskop erweist sich als die beste Gedächtnisstütze gemäß dem Wort des Schülers aus dem Faust: „Was man schwarz auf weiß besitzt, kann man getrost nach Hause tragen."

Geduld – der Schlüssel zum Erfolg Wie schwer fällt es uns oft, geduldig zu sein! Und doch muß der Astrologe seinen Klienten häufig empfehlen, geduldig abzuwarten, bis die Zeit reif sein wird.

Die Chinesen beachten seit jeher Wu-Wei. Übersetzen könnte man den Begriff mit „Nichthandeln", was keineswegs gleichbedeutend mit unserem Wort Nichtstun ist. Denn wir bezeichnen damit Entschlußlosigkeit, Trägheit. Offensichtlich gibt es in unserer Sprache keinen gleichwertigen Begriff für Wu-Wei, das doch meint, zum richtigen Zeitpunkt das Richtige zu tun. Es ist die Lebenskunst des Tao, der chinesischen Philosophie.

Sich im Nicht-Tun zu üben, erfordert die Fähigkeit, loszulassen. Dem entspricht die Forderung: Lebe in der Gegenwart! Es bringt nichts, sich wegen morgen zu verzehren und darüber den heutigen Tag ungenutzt zu lassen. „Wer meint, daß alle Früchte zugleich mit den Erdbeeren reifen, versteht nichts von den Trauben", notierte der astrologiekundige und lebenserfahrene Paracelsus.

Ein starker Mars im Horoskop, kritisch verbunden mit Sonne, Merkur oder dem Mond, vielleicht noch dazu Uranus in gespannten Winkeln, sind deutliche Anzeichen für Ungeduld. „Wer aber ungeduldig ist, der offenbart seine Torheit", heißt es in den Sprüchen Salomos. Verfügt man über eine gute astrologische Prognose, weiß man mehr als andere. Man erkennt die Zeiten, in denen man nicht säumen sollte. Dann und nur dann darf man Druck machen, weil dann und nur dann ein bleibender Erfolg möglich wird.

Die Erfahrung ist die größte Lehrmeisterin. Glücklich, wer sich ihrer Erkenntnis zu beugen vermag. Wer nicht, wird sich noch die Hörner abstoßen müssen. Zur falschen

Zeit investieren, kostet Geld; nicht abwarten zu können, weil Ehrgeiz voranpeitscht, fordert das Mißgeschick heraus. Wohl dem, in dessen Horoskop z. B. Saturn als Bremser des Übermaßes zu erkennen ist. Er vermag ein „feuriges" Widder- oder Schützetemperament zu dämpfen, einen allzu spontanen Willen zu kontrollieren. Denn Widder und Schütze sind Feuer-, d. h., Willenszeichen.

Es spielt keine Rolle, ob Ungeduld materielle Absichten beeinträchtigt, sich auf Geld und Gut (die Schwäche eines Stier- oder Steinbocktemperaments) bezieht oder auf Geschäfte, Studien, Kommunikation (typisch für merkurische Einschläge etwa von den Zwillingen her). Das „wäßrige" Temperament, vorwiegend am Mondeinfluß bzw. an den Zeichen Krebs und Fische zu erkennen, gefährdet durch Ungeduld das Herzensglück. Die Grenzen sind fließend.

Man mache sich einmal in einer stillen Stunde klar, wieviele Verluste man schon durch Ungeduld erlitten hat, Einbußen, weil man nicht abwarten mochte. Nicht nur junge Leute sind gefährdet, weil sie nichts verpassen wollen, oder ältere, weil ihnen die offensichtlich noch verbleibende Zeit knapp wird. Die Midlife-Crisis, die Krise um die Lebensmitte, ist die Periode, in der mancher versucht, das Steuer herumzureißen, aus- oder umzusteigen, um vielleicht ein letztes Mal dem Dasein eine neue Richtung zu geben. Ob dergleichen gelingt, ist nicht nur eine Sache der Charakterstärke, der Rücksicht auf Sachzwänge und der Risikobereitschaft, denn es kann heißen „alles oder nichts". Ungeduld ist zwar verständlich, jedoch die schlechteste Triebfeder. *Martin Luther* preist in seinen Tischreden: „Geduld ist die beste Tugend, so in der Heiligen Schrift vom Heiligen Geist hochgelobt und gerühmt wird." Einst schrieb sich ein pommerscher Herzog aufs Panier: Fata ferenda, ferendo parit patientia palmam, was heißt: „Das Schicksal muß ertragen werden; im Ertragen aber bringt Geduld die Siegespalme." Der lateinische Spruch enthält das Wort patientia = Geduld. Davon ist abgeleitet die Patience, das Geduldpiel, auch das Wort Patient. Geduldig überwindet dieser seine Krankheit, die in der Prognose wahrscheinlich als ein Tief ausgewiesen ist. Treffend hat *Stephen Arroyo*[36] formuliert: „Die Astrologie hilft uns, Geduld zu entwickeln; denn wenn wir sehen, daß die grundlegenden strukturellen Aspekte unserer Existenz einer im voraus feststehenden Periodizität und zyklischen Rhythmen unterliegen, dann ist es viel leichter, in der Gegenwart zu verweilen mit einer geduldigen Annahme des Hier und Jetzt, in dem Wissen, daß die gegenwärtige Phase zu Ende gehen wird, wenn ihr Sinn und Zweck ausgelebt sind. Diese Art Geduld, die mit Hilfe der Astrologie entwickelt werden kann, wurde von einem Autor einmal als eine ‚Anpassung an den Zeitplan Gottes‘ bezeichnet.“

Die „Astro Complett Prognose“ veranschaulicht es an den Kurven, daß mit Sicherheit nach einem Abschwung wieder ein Aufschwung folgt. Diese Termine werden damit zu den Lichtpunkten, nach denen man sich orientieren darf. So gelte ein Wort *Chamissos*:

„Geduld! Laß kreisen Sonne, Mond und Sterne,
Und Regenschauer mit der Sonnenglut
Abwechselnd über Dir; Geduld erlerne!“

Probleme im Zusammenhang mit dem 10. Haus: einsteigen, umsteigen, aussteigen: Perspektiven der beruflichen und gesellschaftlichen Existenz

Das 10. Haus gibt Auskunft über Beruf (Berufung), gesellschaftliche Position, soziale Stellung, Erfolg, Ansehen. Traditionell: Ehre, Auszeichnungen, Titel etc., Vorgesetzte.

Wir erleben gegenwärtig weltweit eine Rezession und politische, kriegerische Unruhen. Insgesamt stellt das beginnende neue Zeitalter des Wassermanns die Menschheit vor neue, in ihrem Umfang noch gar nicht abzusehende Aufgaben. Die Technik wurde zum Vorreiter gesellschaftlicher Veränderungen, die noch zu gewaltigen Eingriffen in die Schicksale der einzelnen führen werden. Nichts wird so bleiben, wie es ist.

Ein Blick in die Zeitung lehrt, wie rasch jemand zu beruflicher Umstellung gezwungen sein kann. Die zunehmende Automatisierung wird viele jener Arbeitsplätze vernichten, die von der Rezession verschont wurden. Das Gespenst der Kündigung wird die Arbeitnehmer zunehmend bedrohen.

Wie kann das Horoskop dem einzelnen helfen? Grundvoraussetzung ist Ehrlichkeit sich selbst gegenüber. Die schönsten Konstellationen können keine berufliche Tätigkeit herbeizaubern, die der Arbeitsmarkt nicht hergibt. Alle Prognosen sind zwangsläufig relativ. Also muß man sich im Falle eines Falles klarwerden, was man auf dem Arbeitsmarkt anbieten kann: Wie gesund und wie alt ist man? Welche Kenntnisse kann man vorweisen, welche Ausbildung durch Zeugnisse belegen? Doch vor allem: Besteht wirklich ein Zwang, den Job zu wechseln?

Jugendliche, die ins Wirtschaftsleben eintreten, sollten sich prüfen, welche Talente sie haben, worin sie begabt sind bzw. welche Tätigkeit sie ausüben möchten. Das ist nichts Neues. Doch mancher legt sich voreilig fest, um schließlich zu erkennen, daß die zu rasche Entscheidung in eine Sackgasse geführt hat. Ein Horoskop kann hilfreich sein und solche Enttäuschungen vermeiden helfen. Es zeigt, wo Begabungen liegen.

Gibt es von der Situation her eine Chance oder ist man gezwungen umzusteigen, muß man nicht nur die Geburtskonstellation durcharbeiten, sondern prüfen, ob der ins Auge gefaßte Zeitpunkt eine positive Weiterentwicklung der Pläne möglich machen wird oder ob man sich auf Hemmungen und Schwierigkeiten einstellen müßte.

Ist Aussteigen geboten, d. h., wird eine völlig neue Tätigkeit angestrebt, vielleicht mit einem Ortswechsel verbunden, liegen die Dinge ähnlich. Wahrscheinlich finden sich im Horoskop bereits Anzeichen einer Uranuskrise, wie sie um die Zeit des 21., 42. bzw. 63. Jahres häufig vorkommen, wenn der Planet seit der Geburt einen viertel, einen halben oder einen dreiviertel Umlauf zurückgelegt hat. Der in diesen Zahlen enthaltene siebenjährige Rhythmus kann noch saturnisch verstärkt sein, bzw. sind Einschnitte saturnischer Perioden um das 7., 14., 21., 28., 35., 42., 49., 56., 63. oder 70. Jahr spürbar.

In jedem Fall wird der Astrologe zu untersuchen haben, warum gerade jetzt der Horoskopeigner das dringende Bedürfnis hat, zu wechseln. Oft werden ihm äußere Umstände als der Anlaß genannt, doch die Erfahrung spricht dafür, daß wahrscheinlich eine innere Entwicklung bis zu jenem Punkt gediehen ist, der nun Konsequenzen unausweichlich macht. Nicht anders ist dies bei Krisen in der Partnerschaft.

Unterscheiden muß man in jedem Fall den bloßen Gelderwerb von einem Beruf. Die Durchforstung des Geburtshoroskops verschafft Klarheit. Um sich etwa berufen zu fühlen, Lehrer oder Lehrerin zu werden oder zu sein, muß man schon Merkur in markanter Stellung haben, am besten auf das 5. Haus bezogen, auf das Feld der Kinder. Doch Merkur ist schließlich auch Symbolstern der Kaufleute, der Händler, der Journalisten wie aller, die mit Kommunikation zu tun haben. Wo steht nun Merkur im Horoskop? Ist er im 7. Haus, darf man ein Echo aus der Öffentlichkeit erwarten. Befindet er sich im 10. Haus, wird eine betont vermittelnde, „merkurische" Tätigkeit viel Befriedigung verschaffen.

Wie sind ferner die Distanzen oder Winkel der Planeten zum MC, der Himmelsmitte (lat. medium coeli), also zur Spitze des 10. Hauses? Harmonische Aspekte von Sonne, Jupiter und Venus können beruflich oder gesellschaftlich fördern, gespannte Winkel dagegen wirken verschärfend, also würde die Karriere nicht glatt ablaufen. Ein positiv gestellter Mars beschleunigt, ein harmonischer Winkel von Saturn verlangsamt den Aufstieg, sichert ihn jedoch ab. Kritische Aspekte dieser beiden Gestirne, auch von Uranus, Neptun und Pluto zum MC, weisen auf Störungen, Enttäuschungen oder signalisieren Gefahren.

Eine Hilfe kann auch die Überlegung sein, einen Beruf zu wählen gemäß dem Haus, auf das Sonne, Jupiter oder Venus stark bezogen sind. Wäre es etwa das 2., dann drehte sich vieles um Geld und Gut, sei es, was deren Erwerb oder deren Verwaltung angeht. Kaufleute wie auch Finanzbeamte haben oft ein starkes 2. Haus. Ein betontes 3. Haus würde dagegen Journalisten, Kaufleute oder Tätigkeiten fördern, die mit Reisen zu tun haben, etwa als Korrespondent oder eine Arbeit in einem Reisebüro, als Reiseleiter u. a. m.

Auf diese Weise muß der Astrologe das betreffende Radixhoroskop durcharbeiten, denn grundsätzlich gilt, daß nur realisierbar wird, was da angezeigt ist. Nun gibt es heute Berufe, die man sich vor zehn oder zwanzig Jahren noch nicht hat vorstellen können, weil sie vom technischen Fortschritt abhängen. Zwar denkt man dabei zuerst an alles, was mit dem Computer zusammenhängt, doch auch in der Chemie, Biologie, Medizin, Ökologie, im Umweltschutz gibt es heute völlig neuartige Arbeitsplätze. Dennoch lassen sich die meisten Tätigkeiten auf bestimmte Grundelemente zurückführen.

Die Sonne bezeichnet eine unternehmerische, verantwortungsvolle, leitende Position. Der Mond weist mehr auf einen dienenden Beruf, auf Hilfe und Fürsorge. Auch Ärzte dienen. Manchmal sind Berufe durch verschiedene Kriterien zu erfassen. So ist auch Jupiter als „der große Heiler" im Horoskop eines Arztes häufiger. Saturnisch sind konstruktive Tätigkeiten wie die des Architekten, des Bildhauers. Traditionell werden auch Bergleute, Gärtner, schwer Arbeitende als „Kinder des Saturn" auf alten Holzschnitten dargestellt. Mars ist typisch für Mechaniker, Maschinisten, Soldaten, Polizisten, Sportler, Berufe, die Mut, Kraft und Einsatzfreude erfordern. Mars gilt aber auch als Symbolstern der Chirurgen. Uranus weist auf Ingenieure, Erfinder, Reformer, politische Agitatoren, Neptun auf Dichter, Musiker, Außenseiter. Über Merkur wurde schon berichtet.

Da die zwölf Häuser auch in gewisser Weise mit den Planeten bzw. mit den zwölf Zeichen korrespondieren, so steht Widder auch für Mars oder das 1. Haus, Stier auch für Venus oder das 2., Zwillinge für Merkur oder für das 3.usw.

Einige Grundregeln können helfen, die Akzente zu erkennen, die ein Horoskop setzt. Gibt es etwa in einem Haus oder Zeichen eine Häufung von Gestirnen, kann der so herausgehobene Lebensbereich beruflich maximal bedeutsam sein, vor allem, wenn die Planeten Winkel zum MC bilden.

Sind dagegen die Gestirne über die Felder und Zeichen verteilt, wird man ausgeprägte Neigungen weniger erkennen. Ein solcher Horoskopeigner wird sich anpassen, daher auch weniger mit Härte durchsetzen, was ihm vorschwebt. Er ist dann wohl eher als Mitarbeiter geeignet denn als Chef.

Sind in einem Radix viele Oppositionen, d. h., stehen Planeten einander auffallend gegenüber, vermag der Horoskopeigner beachtliche Kräfte zu mobilisieren. Er bricht Widerstand, setzt sich erfolgreich durch und fühlt sich als Vorgesetzter eher gefordert und zufrieden denn als Mitarbeiter.

Das Hauptkriterium für Erfolgsaussichten ist die Anbindung der Gestirne an den Meridian. Besonders wenn Planeten eng beim MC stehen, darf man Chancen für die Karriere erwarten. Das trifft häufig auf jene zu, die um die Mittagszeit geboren wurden, denn da hat die Sonne sichtbaren Einfluß auf den Meridian, steht sie doch an höchster Stelle ihres Tagbogens.

Diese Beispiele mögen genügen, Interesse zu wecken. Die Lektüre der Fachliteratur befriedigt weitergehende Ansprüche. Es gibt da durchaus preiswerte Hilfen.[37]

Probleme im Zusammenhang mit dem 11. Haus: Astrologie und Humor

Das 11. Haus ist der Ort der Wünsche und Hoffnungen, der Freunde und Bekannten, der Protektion, Verbindungen, Projekte, Gesellschaften und Vereine.

Frage: „Wo bleibt denn in der Astrologie der Humor?" Schließlich ist Freude doch ein Elixier des Lebens. Heißt es nicht: „Lachen ist gesund", oder es sei „die beste Medizin"? Gegenfrage: „Wo ist der Humor in der Religion, in Glaubenssachen, in Philosophie und Psychologie, in den Naturwissenschaften?" Es scheint, daß es weite Bereiche des Lebens gibt, in denen der Mensch nichts zu lachen hat. Offensichtlich darf nur gelten, was in ernstem Ton abgehandelt wird. Tatsächlich fällt auf, daß in *Balthasar Gracians* hochgerühmtem „Handorakel und Kunst der Weltklugheit"[38] unter 300 wohlmeinenden Ratschlägen keiner dem Humor gewidmet ist. Mag sein, daß wer die Dinge heiter sieht, leicht für einen Possenreißer, einen Witzbold gehalten wird, unwürdig, gegenüber anderen zu den großen Fragen des Seins Stellung zu nehmen. Das TV-Universum, der Götze Fernsehen, teilt seine Welt in „E" und „U". Produktionen der Kategorie mit dem Merker „E" gleich ernst werden in Kultur und Kunst nicht angezweifelt. „E"-Themen werden daher von den TV-Machern ohne Frage für das Programm akzeptiert, als hinge nur von diesen das Wohl und Wehe der Menschheit ab. Als bedenklich dagegen gilt für die Sinnfindung, was in der Schublade unter „U", gleich Unterhaltung, abgelegt wird.

In den Medien rangiert Astrologie noch immer unter „U". Welche Verkennung ihres wahren Wesens! Sehr zaghaft sind demnach die Versuche, dieses Thema ernsthaft, das heißt, sinnvoll abzuhandeln. Natürlich ist es richtig, die Zeitungs-„Horoskope" auf den Unterhaltungsseiten abzudrucken, denn dort gehören sie hin. Leider sind sie meistens Schmarren, Krampf, Nonsens, und man kann sehr geteilter Meinung sein, ob sie tatsächlich unterhalten oder gar humorvoll sind. Fatal ist nur, daß viele Leser in dieser Rubrik tatsächlich Lebenshilfe suchen. Daß Kritiker ihren ganzen Scharfsinn aufbieten, Astrologie in dieser Form als Unfug zu entlarven, könnte man belächeln, wäre es nicht ärgerlich. Denn es ist ja nicht so, daß sie den Sack schlagen und den Esel meinen. Sie wissen es wirklich nicht besser, haben sie sich doch noch nie mit echten Horoskopen auseinandergesetzt.

Eine Unzahl von Tierkreiszeichen-Büchern überschwemmt den Markt. Sie haben zum Teil hohe Auflagen, weil die Leser Informationen suchen. In diesen Bändchen freilich vergebens. Die Leser können nicht auf ihre Kosten kommen, denn was diese Art astrologischer Literatur bietet, ist nur eine gebundene Form der Zeitungs-„Horoskope". Leider meint, wer dafür Geld ausgibt, er hätte nun die ganze Astrologie begriffen. Wie sollte er es auch besser wissen?

Auf eine vergnügliche Ausnahme sei hingewiesen: „Astrologie sonnenklar"[39]. Diese amüsante astrologische Charakterkunde der Autorin *Linda Goodman* ist selbst in der Übersetzung brillant. Natürlich werden auch hier nur die zwölf bekannten Grundtypen beleuchtet, doch aus verschiedenen Perspektiven. Allerdings macht die Lektüre Appetit, sich etwas eingehender mit Astrologie zu beschäftigen.

Der Astrologie-Markt kann schon belustigen. An den echten Horoskopen scheiden sich freilich die Geister, denn Lebenshilfe kann man nur in seriöser Form und nicht spaßhaft bieten. Allenfalls können sprachlich verunglückte Versuche einer Deutung oder Prognose den Leser schmunzeln lassen.

Auf die Frage: „Wo findet man in der Astrologie den Humor?" gibt es wohl nur eine Antwort: Hoffentlich beim Leser. Er sollte Zeitungs-„Horoskope" als das lesen, was sie sind: eine mehr oder weniger gelungene Unterhaltung. Seriöse Prognosen verdienen, sich mit ihnen gelassen zu beschäftigen. Humor bedeutet eine ausgeglichene Seelenlage. Die vielen kleinen und großen Unzulänglichkeiten des Alltags wollen ausbalanciert werden. Mit Sturheit und Bierernst, mit einer verbiesterten, gar pessimistischen Grundstimmung schafft man das nicht, doch auch nicht mit Witz oder Spott. To be in a good humor, wäre das englische Rezept.

Wie schön für den Astrologiekundigen, wenn er z. B. aus einer Niederlage nicht nur ernste Lehren zieht, sondern das Negative ein bißchen der „U"-Seite des Lebens zuordnet. Klar, weder ein Beinbruch noch eine Scheidung oder Kündigung sind zum Lachen. Sich dadurch aber nicht aus dem Gleichgewicht bringen zu lassen, und wenn doch, sich wieder einzupendeln und zur Gelassenheit zurückzufinden, das hieße Lebenskunst. Wie einfach drückt es doch der Prediger Salomo aus, wenn er sagt (Sal. 3): „Ein jegliches hat seine Zeit ... weinen hat seine Zeit, lachen hat seine Zeit ..." und: „So sah ich denn, daß nichts Besseres ist, als daß ein Mensch fröhlich sei in seiner Arbeit; denn das ist sein Teil."

Wer in der Astrologie den Humor sucht, findet ihn im Leben, doch nicht in dessen Interpretation, dem Horoskop.

Es ist nicht gut, daß der Mensch allein sei, weiß die Bibel. Doch das Interesse an Freundschaften und Geselligkeit ist unterschiedlich. Es ist wesentlich eine Sache der Veranlagung, ob jemand das dringende Bedürfnis verspürt, in Gesellschaft zu sein. Schopenhauer hat sich gründlich mit diesem Thema beschäftigt.[40]

Über Geselligkeit und den Umgang mit Freunden

Treten Probleme auf, ist es günstig, sich zunächst kritisch zu fragen, ob oder wie sehr man der Gesellschaft anderer bedarf, bevor man etwa diese oder jene Lebensumstände beklagt, durch die man sich zurückgesetzt oder allein fühlt. Das Geburtshoroskop zeigt, zu welchem Typ man gehört. Ist etwa Zwillinge im Radix dominant oder ist in diesem Zeichen der Platz der Venus, wird man weniger gut allein sein können, als wenn etwa der Steinbock auf solche Art betont wäre. Auch ist es durchaus vom Lebensalter abhängig, wie sehr man Geselligkeit sucht. Schopenhauer fordert, das Alleinsein von Jugend an einzuüben. Ein älterer Mensch bedarf weniger der Gesellschaft. Einsam zu sein, sieht dieser Philosoph als Voraussetzung an, überhaupt gemäß dem eigenen Naturell leben zu können und damit ein Höchstmaß an innerer Freiheit zu gewinnen.

Schopenhauer ist überzeugt, daß die „Gewöhnlichen" (was er nicht abwertend meint) „gesellig sind und überall so leicht recht gute Gesellschaft finden – so rechte, liebe, wackere Leute". Dissonanzen entstehen nach seiner Meinung dadurch, daß die Menschen unterschiedlich gestimmt sind. In dem Fall kann das Horoskop Gründe aufdecken, denn Stimmungen werde ja durch die Transite angezeigt. Diese aber sind abhängig von den Radixpositionen der Gestirne. Passen diese von Partnern oder Bekannten gut zusammen, harmonieren die Faktoren ihrer Horoskope, werden auch die jeweiligen Stimmungen dieser Menschen weniger gegensätzlich empfunden. Diese wichtige Tatsache wird bei Horoskopvergleichen viel zuwenig beachtet.

Nun meint Schopenhauer: „Keiner kann über sich sehn ... Jeder sieht am anderen nur so viel, als er selber auch ist: denn er kann ihn nur nach Maßgabe seiner eigenen Intelligenz fassen und verstehn." Die Konsequenz wäre: „Erwägt man nun, wie durchaus niedrig gesinnt und niedrig begabt, also wie durchaus gemein die meisten Menschen sind, so wird man einsehn, daß es nicht möglich ist, mit ihnen zu reden, ohne auf solche Zeit selbst gemein zu werden ... Auch wird man einsehn, daß Dummköpfen und Narren gegenüber es nur einen Weg gibt, seinen Verstand an den Tag zu legen, und der ist, daß man nicht mit ihnen redet."

Eingehend hat auch Prentice Mulford den Wert des geselligen Umgangs mit anderen untersucht.[41] Der bekannte amerikanische Erfolgsautor (1843–1891), geistiger Ahnherr der modernen Lebensberater, sagt: „Sympathie ist Kraft. Wenn ein überlegener Geist viel an einen minderwertigen Menschen denkt, sendet er ihm einen Strom von Macht, Inspiration und Energie. Da er aber nicht gleiches zurückerhält, wird er geschädigt an Leib und Seele." Was Mulford da auf die Ehe bezieht, mag, für sich genommen, überheblich klingen, doch sollte man über die Realität nachdenken. Lohnt es sich, mit dieser oder jener Person

Kontakt zu pflegen, ihre Freundschaft zu begehren? Auf den rechten Umgang muß man nicht nur bei Kindern und Heranwachsenden achten, wenn man sich Sorgen ersparen will.

Mulford weiß um die „ziehende Kraft der Gedanken". „Gedanken, die am öftesten gedacht werden, materialisieren sich auch am stärksten im Organismus. Wir absorbieren die Fehler und Unvollkommenheiten anderer, da wir uns psychisch mit ihnen beschäftigen. Klatsch ist faszinierend! ... Am Ende aber kommt uns dieses Vergnügen recht teuer zu stehen." Lebensberater unserer Tage wie Murphy oder Carnegie vertreten Vorstellungen, die Mulford bereits deutlich ausgesprochen hat: „Wer, aus welchen Gründen auch immer, viel von Krankheit spricht, mit Kranken verkehrt oder über sie nachdenkt, zieht eine Welle auf sich, deren böse Folgen sich endlich an seinem Leibe materialisieren. Wir haben weit mehr an uns zu retten und zu schützen, als wir ahnen."

Es ist nicht möglich, an dieser Stelle ausführlicher zu werden, doch sei abschließend noch ein Gedanke Mulfords wiedergegeben: „Sympathie ist der wichtigste Faktor jeden Schicksals. Die Manie für alles Billige strömt parallel mit Furcht und Mißgeschick, trifft nie auf den Strom der Tatenlust und der siegenden Kraft! Die Individuen, die in diesen Strömen leben, treffen nie aufeinander – wer sich den Siegern des Lebens nähern will, muß die Richtung seiner Geistigkeit ändern, und sie werden an seinem Weg stehen!"

Berücksichtigen wir, was Schopenhauer und Mulford über den Umgang mit anderen sagen oder was sie raten, wäre daraus die Konsequenz zu ziehen, das eigene Horoskop gründlich zu studieren, ob überhaupt und wann es sich lohnt, eigene Zurückhaltung aufzugeben und aus sich herauszugehen und Anschluß zu suchen. Freundschaften und Geselligkeit sind ein zu wichtiges Kapitel, als daß man die Dinge dem Selbstlauf überlassen dürfte. Doch beginnt das Nachdenken meistens erst, wenn man sich Ärger durch falsche Freunde eingehandelt hat.

Für das Gelingen von Angelegenheiten, die dem 11. Haus zugeordnet sind, wäre bei der Prognose auf fördernde Transite zu achten. Das sind u. a. Aspekte von und zu Sonne, Merkur und Venus. Wichtig sind Zeiten, in denen diese Gestirne durch den 11. Sektor, das Haus der Freundschaft, ziehen. Dann könnten Tagestrends ausgelöst werden. Hat aber Jupiter Bezug aufs 11. Haus, werden Erfolge in einer längeren Periode möglich werden, wogegen ein Durchzug Saturns für Probleme spricht. Auch ist die Anwesenheit von Uranus und Neptun in diesem Sektor keine Empfehlung, auf andere zu setzen. Bei Uranus können Beziehungen abrupt abbrechen, bei Neptun durch Unklarheiten, Irrtum oder Intrigen gefährdet sein. Ist dieses Haus im Radix etwa durch die Sonne besetzt – so bei jenen, die um die mittleren Stunden des Vormittags geboren wurden – können die Dinge dieses Hauses im Leben maximal bedeutsam werden. Der Astrologe vermag an den Aspekten der Gestirne zur Sonne abzulesen, wie es um Freundschaft und Geselligkeit bestellt ist, ob diese zur Quelle der Freude und Ermunterung werden können, oder ob man durch sie eher belastet wird.

Probleme im Zusammenhang mit dem 12. Haus: Schatten im Horoskop: die „dunklen Häuser"

Das 12. Haus gibt Aufschluß über Prüfungen und Feinde, aber auch die Besinnung und Läuterung sind hier beheimatet. Traditionell: Sorgen, Kummer, Trauer, Witwerschaft, Anfeindung, Hindernisse, Widerwärtigkeiten, Konflikte mit Behörden und dem Strafgesetz, unfreiwilliger Aufenthalt in Krankenhäusern, Anstalten, Gefängnissen; Diebstahl, Karma, Verleumdung, Schwiegermutter, große Tiere.

Das 8. Haus heißt zwar Haus des Todes, und weil dieser das warme, schöne Leben beendet, zählt man es zu den drei dunklen Häusern. (Goethe: „... doch ist nie der Tod ein ganz willkommner Gast".) Dazu muß man wohl bemerken, daß viele Menschen zu bestimmten Zeiten ihres

Lebens ihr Dasein keineswegs als beglückend empfinden, der Tod vielmehr als eine Erlösung angesehen, ja erstrebt wird. Das meinte schon Plutarch: „Soviel ist gewiß, daß der Tod in den meisten Fällen anstatt noch viel größerer Übel kommt."

Es ist eine gar nicht so merkwürdige Verstrickung von Tod und Sex gegeben, korrespondiert das 8. Haus doch mit dem 8. Zeichen, dem Skorpion. Deshalb gehen gerade von diesem Haus auch nicht selten starke vitale Impulse aus.

Man urteilt in der modernen Astrologie aus diesem Sektor zunehmend über alles, was mit den Bewußtseinsübergängen zusammenhängt. Nun liegt das 8. Haus dem 2. gegenüber, das Bezug zum materiellen Besitz, zu den Reserven hat, die wir zum Daseinsvollzug mitbekommen haben. Demgemäß wirkt das 8. entäußernd, den materiellen Besitz zerstörend – oder aber aufbauend, was den geistigen anbelangt. Geibel: „So ist der Tod auch ein Bad nur. Aber drüben, am andern Ufer, liegt uns bereitet ein neues Gewand." Der Tod, das Tor zum Leben.

Mithin erfolgt die Zuordnung des 8. Hauses zu den „dunklen" Zonen des Horoskops mehr aus Gründen der Tradition als aus innerer Berechtigung.

Anders ist es mit dem 6. und 12. Haus. Einander gegenüber gelegen, bilden sie gewissermaßen die Sorgen- oder Kummerachse des Horoskops. Das 6. Haus liegt unter dem westlichen Horizont, das 12. im Dunstkreis des Aszendenten über diesem.

Das 6. Haus zeigt, welches Kreuz man zu tragen hat, angefangen von Dienst und Pflichten bis hin zu Krankheiten und Sorgen und der Frage, welches Karma man abtragen muß.

Das 12. Haus hieß früher das der Feinde. Widerwärtigkeiten aller Art haben hier ihren Platz. Es umschreibt die Trends der Auflösung, der Schwäche, des Abbaues der Vitalität. Das 12. Haus ist das letzte des Tierkreises, Symbol der Verneinung, des Endes. Hinsichtlich seiner Qualität ist es auf eine andere Weise signifikant für den Tod als das 8. Haus.

Der Aszendent bezeichnet die Nahtstelle zum dominanten, lebensbejahenden ersten Haus. Die Sorgen, Mühen und drückenden Pflichten aus dem 6. Haus finden ihr Ende im 12. In diesem Ort setzen die Feinde ihre Hebel an, sorgen durch Intrigen oder offenen Krieg für die Vernichtung des Lebens. Gefängnisse, Verbannung, Lager und KZ sind die Orte des 12. Hauses. Doch ist auch hier eine Korrespondenz mit dem Zeichen Fische gegeben, dem Symbol der Mildtätigkeit und Humanität. Deswegen ist das 12. Haus auch der Ort der Kliniken, Kranken- oder Heilanstalten, der Wirkungskreis für Ärzte und Pflegepersonal, also keineswegs nur für die Schergen der Staatsgewalt, für die Henkersknechte.

Unsere Probleme und Sorgen, solche, die aus Krankheiten wie aus vitalem Unvermögen resultieren, und solche, die uns durch Unangepaßtheit durch andere zugefügt werden, haben mit dem 12. Haus zu tun. Doch hier ist auch der horoskopische Ort, Trost zu ersehen.

Vor zweitausend Jahren huldigten die Stoiker dem Ideal „Ziehe dich in dich selbst zurück!" *Seneca*, der Lehrer *Neros*, und der große Kaiser *Marc Aurel* haben durch ihr Leben und Wirken bewiesen, daß ein Leben gemäß dieser Forderung nicht träges Nichtstun bedeuten muß. Nun ist die stoische Philosophie nicht gerade eine der Lebensfreude. Doch wer ihr huldigt, muß deswegen nicht auf Glück verzichten. Nur sucht der Stoiker es da, wo es zu finden ist: in der Lebensweisheit. Das 12. Haus des Horoskops ist das des Verzichts. Unter dem 12. Haus das Glück zu finden, kann nur bedeuten, es in einer weisen Beschränkung auf das Mögliche zu sehen, gelassen zu bleiben und keine überspannten Erwartungen zu hegen. Das aber wäre der rechte Umgang mit dem eigenen Horoskop.

Sorgen, Kummer, Widerstand Untersuchen wir den zeitlichen Ablauf des Auf und Ab des Lebens, finden wir, daß eine Neigung zu Kummer und

212

Sorgen, zu Pessimismus und Widrigkeiten oftmals zyklisch auftritt. Da sind es vor allem die saturnisch geprägten Termine, zu denen wir uns nicht in Form fühlen, schlecht gestimmt sind und so auch Kummer und Sorgen anziehen. Gehen wir nur die Kausalkette eines bestimmten bösen Ereignisses einmal hinreichend weit zurück, werden wir feststellen, daß wir selbst bzw. unser Verhalten die eigentliche und tiefe Ursache negativen Geschehens waren.

„Vom Unglück erst zieh ab die Schuld, was übrig ist, trag in Geduld!" (*Theodor Storm*). Das wäre der erste Schritt, zwar ein Fazit zu ziehen, doch ohne in lähmende Selbstanklage zu verfallen. Wer immer nur mit der Betrachtung des eigenen Unglücks beschäftigt ist, verhärtet und findet keine Sympathie und Freunde.

Das Horoskop kann in zweierlei Hinsicht eine Hilfe sein. Erstens weist es uns auf den Weg der Erkenntnis. Wir können feststellen, warum uns das Unglück getroffen hat, worin unser Anteil besteht, wohl auch, wie groß der Anteil fremder Einwirkung ist.

Der erste Schritt wäre die Analyse, der zweite, die zeitlichen Bedingungen bzw. Chancen auszuloten. Es lebt sich leichter, weiß man, wann eine Pechsträhne enden könnte. Der junge Mensch ist da im Vorteil, hat er doch noch eine lange Lebenszeit vor sich, die Lehren zu beherzigen.

Eine der Auswirkungen der Midlife-Crisis ist, sich der Kürze der noch verbleibenden Zeit bewußt zu werden. Nicht wenige machen dann den Fehler, in Hektik zu verfallen, weil sie meinen, Versäumtes nachholen zu müssen. Das kann nur scheitern.

Je nachdem, wie der Lebensplan angelegt ist, wird er ablaufen. Das hat nichts mit Fatalismus zu tun. Aber am Horoskop kann man recht gut ablesen, in welcher Periode des Daseins der größte Lebenserfolg zu erwarten ist. Ist er erst spät im Leben zu veranschlagen, wird man in der Jugend nichts erzwingen. War er dagegen schon früh zu erwarten und wurde die Chance nicht wahrgenommen, wird man sich im reifen Alter umsonst abmühen. Man würde gegen seine Zeit leben.

Was viele nicht bedenken und nicht bedenken können, ist der Umstand, daß man in der Jugend andere Bedürfnisse hat als im Alter, daß die Ziele der ersten Lebenszeit nach Jahrzehnten keineswegs noch ebenso attraktiv sind. Dagegen schließt man sich mit den Jahren neue Tore auf, kann sich andere Möglichkeiten eröffnen, weil man auch ganz andere Bedürfnisse hat. Insofern kann eine mit den Jahren noch verbleibende Wegstrecke anders genutzt werden. Damit ist die Feststellung: „Mir bleibt nur noch kurze Zeit" durchaus relativ.

Ein junger Mann oder eine junge Frau werden sich anders entscheiden als alte Leute. Es brächte nichts, wollte man Weichenstellungen der Jugendzeit beklagen, weil wir Jahrzehnte später wissen, daß sie falsch waren. Wir haben uns lediglich die Frage zu beantworten, ob wir leichtfertig gehandelt haben. Doch selbst in diesem Fall wird es für eine Korrektur meistens zu spät sein. Das Leben im Alter verläuft nach anderen Gesetzen. Gefragt sind Zuversicht und Einklang mit sich selbst, nicht Verbitterung und bohrende Selbstzweifel.

Wie man Liebe und Freundschaft nicht ungestraft verwechselt, so darf man auch an Jugend und Alter nicht den gleichen Maßstab anlegen. „In der Jugend lernt man, im Alter versteht man", sagt Marie v. Ebner-Eschenbach.

Natürlich haben Kummer und Sorgen individuelle Ursachen je nach dem Naturell der Menschen, ebenso der Widerstand, der unseren Aktionen entgegensteht. Das hat viel mit unserer Umwelt zu tun, mit unserem Herkommen, der Familie, der materiellen Ausgangslage, was alles astrologisch nicht zu erfassen ist. Doch steht außer Zweifel, welchen Nutzen es hat, die Kenntnis der vergangenen, der gegenwärtigen und der künftigen Zeitqualität, eben das Horoskop, zur Grundlage jener Überlegungen wie Hoffnungen zu machen, wie wir den Widrigkeiten des Lebens gelassen und mit Erfolg begegnen können.

Der US-amerikanische Vizepräsident *Al Gore* zog nach seiner Inauguration im Januar 1993 in einer TV-Rede Bilanz. Schlimmer als die ökonomische und die ökologische Krise, unter denen die USA in der Gegenwart leiden, sei die persönliche Sinnkrise der Bürger, denn sehr viele Amerikaner zweifelten am Sinn des Lebens. Dazu bemerkte in einem TV-Interview vom 28.2.1993 *Victor Frankl* (geb. 1905), der international geschätzte Wiener Psychotherapeut, daß an einer bekannten US-Universität 80% der Studenten beklagten, sie sähen in ihrem Leben keinen Sinn mehr. Man darf annehmen, daß sich auch in unserem Land ein ähnlich negativer Trend immer deutlicher abzeichnet.

Sinnkrise und Sinnfindung des Lebens

Mit der Frage nach dem Sinn verbindet sich das Streben nach einem Ziel. Zum Warum kommt das Wozu. Aus Inspiration schlagen wir eine bestimmte Richtung auf ein fernes Ziel ein, das am Horizont im Nebel liegt. Viele mögen insgeheim auch gar nicht überzeugt sein, es jemals zu erreichen. Dazu spielt die Frage nach dem Nutzen eine Rolle, wenn es um Werte geht, die unsere zwischenmenschlichen Beziehungen betreffen. Diejenigen, die als überzeugte Gläubige jenseits von Zweifel und den Momenten der Leere stehen, haben zwar ein stetes inneres, geistiges Licht als einen festen Bezugspunkt. Wer aber tiefer bohrt, findet auf die zentralen Fragen nach Leid und dem Bösen keine Antwort. Wie kann ein gütiger persönlicher Gott ungezählte Massaker mit Tausenden, Hunderttausenden, Millionen Toter zulassen, wobei hinter jedem einzelnen von ihnen unsägliches, qualvolles Leid steht? Es wäre wirklich die äußerste Möglichkeit, sich der Unbegreiflichkeit eines solchen Gottes auszuliefern. Wen vermöchte wohl ein derartiges Versagen der Religion zu befriedigen? Soll der Mensch auf die Probe gestellt werden? Eine ungeheuerliche Annahme, denkt man an die Berge von Kinderleichen als Opfer verbrecherischer Politik. Das Buch Hiob macht doch deutlich: Der Preis für das Bestehen der Probe sind die zur Prüfung ermordeten Kinder. Ist es einem Menschen überhaupt möglich, das in der Erinnerung verankerte Leid mit der Freude des Bestehens einer Prüfung zu vereinen oder gar zu kompensieren?

Die Frage, ob man religiös oder ungläubig ist, verliert an Gewicht, wenn man sich für andere, für eine Gemeinschaft einsetzt, ja aufopfert wie jener polnische Kinderarzt *Janusz Korczak*, der freiwillig seinen Schutzbefohlenen ins Todeslager Treblinka folgte.

Totalitäre Staaten reglementieren das geistige Leben ihrer Bürger. Ob Nazismus, Faschismus, Kommunismus – diese wie andere Diktaturen, etwa die der Mullahs, konnten und können sich unter anderem nur halten, weil die Machthaber Ideale korrumpieren. Aus welchen Gründen immer, hängt ein großer Teil der Bevölkerung an der jeweils verordneten Ideologie. Diese zu stärken, ist die Vorgabe des Staates im Hinblick auf die von ihm erstrebte rechte Erziehung und Schulung der Jugend. Leicht zu begeistern, unkritisch und bar jeglicher Vergleichsmöglichkeiten, ist diese anfällig für den Mißbrauch der Ideale. In vergangenen Jahrhunderten setzte der dominierende Einfluß der Kirchen die Akzente. Ebenfalls aus nationalen und Glaubensüberzeugungen stürzten sich die japanischen Kamikazepiloten in den Tod. Denn meistens ist es ein Glaube, der den Menschen das Modell für den Sinn des eigenen Lebens liefert.

Die Zunahme der Gewalt, der wirtschaftlichen Depression, Politikverdrossenheit, wachsendes Desinteresse am Gemeinwohl zählen zu den Ursachen dafür, daß die Frage nach dem Sinn des Lebens heute offensichtlich zu einem Massenphänomen wird. Doch immer ist es der einzelne Mensch, der sich im Brennpunkt aller Existenzfragen sieht. Zum Problem wird ihm der Mangel einer persönlichen Perspektive.

Die wirkliche Freiheit in einer Demokratie ist die Chance, daß jeder seinem persönlichen Leben einen Sinn geben kann. Sie wahrzunehmen setzt voraus, zunächst zu sich selbst zu finden. Das wohlverstandene Horoskop weist Wege. Selbsterkenntnis plus Erfahrungen, die man im Laufe seines Lebens gemacht hat, müßten ein Fazit erlauben, die eigene Existenz sinnvoll zu gestalten. Vielfältige Aufgaben kann man sich stellen, ein erfülltes Leben zu führen – etwa die Sorge für die Familie, die Pflege eines kranken Kindes oder Partners, berufliches Streben oder humanitäres Wirken. Je vollkommener ein Mensch durch seine Aufgabe motiviert wird, um so eher vermag er in seinem Dasein einen Sinn zu sehen. Ein wahrhafter Christ wird es nicht dabei belassen, nur in seinem Glauben zu leben; er wird sich aus diesem heraus einer lebenspraktischen Aufgabe widmen und in seiner Tätigkeit aufgehen. Auch Kranke finden in ihrer Existenz einen Sinn. Ideelles hat Vorrang. Wer in Geld und Gut, im Machtgewinn über andere oder im Anhäufen irgendwelcher äußerer materieller Dinge den Sinn seines Lebens sehen wollte, wird früher oder später scheitern. Das war schon in biblischen Zeiten so. Es sagt Salomo 4,12: „Es ist ein böses Übel, das ich sah unter der Sonne: Reichtum, wohl verwahrt, wird zum Schaden dem, der ihn hat."

Sehr wahrscheinlich bedenken wir unser Leben neu, wenn wir plötzlich in mißliche Verhältnisse geraten. Gewiß ist vorstellbar, daß z. B. eine glückliche und erfüllte Beziehung Anlaß gibt, im Dasein einen neuen Inhalt zu sehen. Ob solches von Bestand ist, bleibt abzuwarten. Das Studium des Partnerhoroskops könnte hier vor einer Enttäuschung, vor einer Sinnkrise der Zweisamkeit bewahren. Weder sie noch Sinnfindung sind an das Alter gebunden.

Eine verläßliche, seriöse Prognose läßt sowohl die glücklichen Perioden im voraus erkennen wie auch die Täler, die wir durchschreiten müssen. Sie können, müssen aber nicht, Zeiten bezeichnen, in denen wir am Sinn unseres Daseins zweifeln, in denen wir, aus welchen Gründen auch immer, leiden oder depressive Phasen erleben. Es sind entwicklungsbedingte Phasen. Die Perioden, in denen wir um geistige Klarheit ringen, sind vorübergehender Natur. Wenn unser Leben nicht das Produkt eines Zufalls ist, sondern eine Aufgabe, die uns mit unserer Geburt gestellt wurde, dann müssen wir uns bemühen, sie zu lösen. Der Umgang mit dem Horoskop lehrt, daß uns für jedes Suchen eines (neuen) Lebensinhalts eine Frist gewährt ist, eine vorgegebene, zugemessene Zeitspanne. Also handelt klug, wer nichts überstürzt oder erzwingen will, statt dessen sich den Strömungen oder Schwingungen anpaßt in der Gewißheit, daß die Stunde der Erkenntnis kommen wird.

Häufig geraten wir in eine Sinnkrise, wenn eine Beziehung zerbricht, nach einem persönlichen Verlust, auch infolge einer schwierigen wirtschaftlichen Notlage und oft auch durch eine Krankheit. Deswegen müssen wir, kommt unser Lebensschiff in stürmische Gewässer, auch alle Umstände unserer Existenz sehen, deren indeelle wie materielle Bedingungen wie das körperliche Befinden. Wer gelernt hat, mit seiner Prognose zu leben, scheint mehr gefeit gegen Überraschungen als der Ahnungslose, dem als Ausweg nur eine vage Hoffnung bleibt.

Das 12. Haus des Horoskops, der Ort der Schwierigkeiten und Probleme, der Nöte und des Unglücks, grenzt an den Aszendenten, an das 1. Haus. Damit erweist sich der Horizont der Horoskopzeichnung als optische Zäsur im Lebensablauf. Gestirne, die auf ihrer Bahn um die Sonne (oder durch den Tierkreis, was das gleiche ist) in das 1. Haus wechseln, bezeichnen je nach der Natur ihrer Symbolik die Aussichten auf eine Schicksalswende – so oder so.

Schließen wir das Kapitel über die Sinnfindung mit einer wunderschönen poetischen Formel für ein glückliches

Leben, die wir *Rabindranath Tagore*, dem indischen Dichter, Philosophen und Maler verdanken:

„Ich schlief und träumte, das Leben wäre Freude. Ich erwachte und sah, das Leben war Pflicht. Ich handelte, und siehe, die Pflicht war Freude."

„Was aber ist deine Pflicht?" fragt Goethe in seinen „Maximen und Reflexionen" und gibt die Antwort: „Die Forderung des Tages!" Indem wir uns ihr stellen, sind wir auf dem Weg, den Sinn unseres persönlichen Daseins zu entdecken.

Das Horoskop – ein Meditationsbild

Vereinfacht kann man sagen, daß meditieren ein Nachsinnen über einen Sachverhalt ist. Dabei geht es jedoch nicht darum, von außen neue Informationen zu erlangen, sondern man möchte aus sich selbst heraus etwas erfahren. Meditieren bedeutet nichts anderes, als die Gedanken nach innen zu richten, Erlebnisse oder Eindrücke zu verarbeiten bzw. aus ihnen zu schöpfen. Indem wir einen Gedanken prüfen, seinem eigentlichen Sinn nachspüren, also Fakten vor unserem geistigen Auge wenden, versuchen wir uns zu erinnern, möchten wir zu den tieferen Schichten unseres Bewußtseins vorstoßen und sie anzapfen, um uns alles zum Thema zu vergegenwärtigen, was dazu bereits in uns vorhanden ist. Insofern gleicht die Meditation einem Besuch in der Registratur unseres Unbewußten. Die Ganzheit bleibt gewahrt, denn die Akten werden geprüft und wieder zurückgestellt. Es geht darum, durch eine Wanderung in das unbekannte Land unserer Seele den Schwerpunkt in uns selbst zu entdecken. Während uns der Intellekt Fakten sammeln, ordnen und erklären läßt, regen wir durch die Meditation den Spürsinn unserer Intuition an. So bringt Meditation Sinnfindung durch Besinnung.

Seit Jahrtausenden meditieren Menschen, um zu sich selbst zu kommen. Asiaten bedienten sich dazu besonderer

Vom Wesen der Meditation

Techniken wie Zen, Yoga oder Tantra. Sie zielen alle darauf ab, den Meditierenden frei zu machen von Unruhe und Hektik, eine bestimmte Situation zu schaffen, damit seine Gedanken gleichsam wie im Spiel fließen.

Meditation ist keine „Arbeit" im üblichen Sinne. Wohl kann man bei einer Tätigkeit meditieren wie etwa die frommen Mönche der Ostkirche, wenn sie ihre Ikonen malten. Auch die Arbeit in einem japanischen Garten verrät durch ihr Ergebnis, daß geistige Inhalte durch körperliche Arbeit ausgedrückt werden.

Westlicher und östlicher Erkenntnisweg Wir sind gewohnt, Probleme auf dem westlichen Weg des kritischen Beobachtens, des Forschens, durch Kombination und aktives zielgerichtetes Denken anzugehen: Wir suchen, um zu finden. Suchen aber erfordert Zeit, ist eine Aktivität, die Konzentration und damit eine Anspannung und Ausrichtung alles Geistigen erfordert. Doch durch ein solches Verfahren verschließen wir die Schatzkammer unseres Unbewußten, anstatt sie zu öffnen, denn absichtsvolles Handeln ist zwanghaft. Es verhindert, daß sich die tief in unserem Unbewußten wirkenden Kräfte entfalten können. Damit treten wir uns bei bestimmten Überlegungen sozusagen selbst in den Weg. Ein einfaches Beispiel: Wir haben die Schlüssel verlegt oder wollen uns an ein bestimmtes Wort, an einen Zusammenhang erinnern. Je mehr wir uns abmühen, um so aussichtsloser ist es, weil wir die Gedanken in bestimmte Bahnen zwingen. Doch schalten wir ab, beschäftigen wir uns mit etwas ganz anderem, fällt uns die Lösung als Ergebnis einer unbewußten Gedankentätigkeit plötzlich ein.

Die Meditation bedient sich dieses östlichen Wegs. Ihr innerstes Wesen ist Passivität, nämlich etwas geschehen lassen. Um etwas zu finden, ohne direkt danach zu suchen, müssen wir in unser Unbewußtes hinabtauchen. Natürlich muß uns eine Frage beschäftigen, gewissermaßen eine Problemstellung vorgegeben sein, wie sie sich auch beim aufmerksamen Lesen ergibt. Wir müssen uns nur in eine entsprechende Verfassung bringen, die den freien Fluß der Gedanken möglich macht.

Sehr günstig ist es, sich etwa durch autogenes Training in den Zustand der Entspannung zu versetzen und damit abzuschalten.

Was unser Thema Astrologie angeht, so führen bekanntlich viele Wege nach Rom. Man kann durch gezielte Studien Kenntnisse erwerben, also das Horoskopieren erlernen. Der Vergleich mit einem Mosaik liegt nahe, das durch jedes neue Steinchen, das wir hinzufügen, an Vollständigkeit und Farbe gewinnt. Doch viele Zusammenhänge werden wir erst wirklich verstehen, wenn wir das großartige Bild des alten Sternenwissens verinnerlichen. Die Auseinandersetzung mit der astrologischen Symbolik kann dazu ebenso eine Hilfe sein wie die Vertiefung in entsprechende Werke der Kunst, etwa der Malerei, der Graphik, doch auch der Lyrik.

Wird eine Horoskopzeichnung als Meditationsbild angeschaut, kann es nicht gleichgültig sein, ob dies nur eine flüchtige Skizze ist oder ob es sich um eine ästhetisch ansprechende, sauber ausgeführte Graphik handelt. Man könnte vermuten, daß eine vom Computer mehrfarbig hergestellte Zeichnung das Optimum wäre. M.E. ist es aber sinnvoller, wenn der Astrologe sich mit Hilfe des Computers zwar eine sauber schwarz-weiß gedruckte Graphik anfertigt, sie dann aber selbst ausgestaltet, etwa indem er mit farbigen Stiften die Aspektlinien einzeichnet. Pädagogen wissen, wie wertvoll eine manuelle Betätigung ist, die einen optischen Eindruck vertieft. Eine solche Beschäftigung regt die im Unbewußten schlummernde Kombinationsgabe an. Beim Einzeichnen der Aspekte leistet man gedanklich konzentrierte Arbeit und denkt bewußt kombinierend über die horoskopischen Fakten nach oder erfaßt Wesentliches intuitiv.

Danach sollte man den nächsten Schritt tun: sich entspannen, die Augen schließen und abschalten, also medi-

Meditation mit dem Horoskop

tieren. Allerdings wäre es falsch, nach Ablauf einer gewissen Zeit irgendwelche glorreichen Ergebnisse zu erwarten. Eher wird es so sein wie bei den verlegten Schlüsseln. Wir haben unser Unbewußtes auf eine Spur gesetzt, die irgendwann konkret wird.

Ein solches Verfahren betrifft die praktische Tätigkeit am Horoskop. Man würde auf eine wichtige Chance verzichten, wollte man Astrologie nur derart vordergründig verstehen. Ein jedes Horoskop, das der Astrologe bearbeitet, kann für ihn oder sollte für einen Klienten ein Tor aufstoßen zur Astrosophie. Es ist die Weisheit, die uns die Sterne lehren. Es bedarf des inneren Ohres, die Sphärenmusik zu vernehmen, die im ganzen Universum tönt und die „auch in den Gesteinen und Metallen, in der Flora und in der Fauna und schließlich auch im Menschen, in seiner Seele, aber auch in den Organen und Gliedern seines Leibes, ihre Entsprechungen hat".[42]

Horoskope sind sowohl das Ergebnis exakter Berechnungen als auch eine Sache assoziativer Logik. Nach meinem Verständnis und meiner Erfahrung kann es mit einer vordergründigen Deutung nicht sein Bewenden haben. Ob man Verbindungen zu Philosophie und Religion sieht, mag jeder für sich herausfinden. Wer sich ernsthaft und auch meditierend mit der Astrologie auseinandersetzt, bekommt einen roten Faden in die Hand, der aus dem Labyrinth alltäglicher Unzulänglichkeiten herausführt.

Die Botschaft der Sterne

Immanuel Kant schrieb dazu (1838/39): „Zwei Dinge erfüllen das Gemüt mit immer neuer und zunehmender Bewunderung und Ehrfurcht, je öfter und anhaltender sich das Nachdenken damit beschäftigt: – der bestirnte Himmel über mir und das moralische Gesetz in mir; – denn sie beweisen mir, daß ein Gott über mir und ein Gott in mir ist."

Dieses persönliche Bekenntnis des Philosophen könnte ein schönes Schlußwort sein, wüßte ich nicht, daß manche Leserin oder mancher Leser darüber hinaus von diesem

222

Buch auch so etwas wie eine Initiation, eine Einweihung in das Geheimnis der Astrologie, erwartet. Gibt es einen solchen tiefsten, verborgenen Sinn überhaupt? Wenn ja, dann wäre das der Gedanke der Einheit der Welt, die Übereinstimmung des Oben mit dem Unten, unsere Beheimatung im Kosmischen.

Doch warum sollte diese Erkenntnis heute eine besondere *Einweihung* rechtfertigen? Tatsache ist allerdings, daß es so etwas einmal gegeben hat – als Astrologie Bestandteil einer Religion und als solcher noch eine Geheimlehre war. Gemeint ist der *Mithraskult*, der Gegenspieler des Urchristentums, worüber bereits berichtet wurde.

Es ist bald zweitausend Jahre her, daß in den unterirdischen Tempeln der Mithrasbekenner überall im weiten Römerreich, doch besonders am Limes in Germanien, die Feueraltäre zu Ehren der Planetengötter brannten. Daß man darüber sehr wenig weiß, ist die Folge strikter Geheimhaltung. Damit waren, wie auch bei anderen Religionen, bestimmte Belehrungen und Rituale verbunden, in die der Novize nach und nach eingeführt wurde.

Geheimnisvoll waren etwa die furchterregenden Standbilder *Zervans*, des löwenköpfigen Gottes der unendlichen Zeit. Um dessen Leib windet sich eine Schlange, Symbol der Ekliptik, des Wegs der Sonne durch die Bilder des Himmels. Der orientalischen Auffassung entsprach die Vorstellung, sich den Ablauf der Zeit spiralförmig zu denken. Es ist der Gedanke der Wiederkehr des Gleichen unter veränderten Umständen. Der Mithrasbekenner sah in den sieben- oder vierfachen Windungen der Zeitspirale den Weg zum Licht der Erkenntnis, zum Löwenhaupt, dem Sonnensymbol; denn 7 war die heilige Zahl der Planeten, und die 4 entsprach den Elementen, die man verehrte.

Besonders vom Geheimnis umgeben war der sakrale Akt des Stieropfers. In dem dabei vergossenen Blut sahen die Mysten die Voraussetzung für die Existenz alles irdischen Lebens. Sieben Grade der Einweihung kannte die

Mithrasreligion, und auf jeder höheren Stufe erfuhr der Myste mehr von den Geheimnissen seiner Religion. Doch nicht nur Wissen erwarb der Gläubige, er mußte sich auch geheimen Ritualen unterwerfen wie etwa der *Bluttaufe*. Interessierte Leser verweise ich auf meine Untersuchung „Mithras und die geheimen Kulte der Römer" (s. Anhang).

Was früher unter dem Siegel der Geheimhaltung an astrologischem Wissen und an Erkenntnissen nur an die Würdigsten weitergegeben wurde, ist heute offen nachzulesen. Die jedermann zugängliche Lektüre entschleiert die heiligsten Gedanken. Doch selbst die profanen modernen Texte vermögen dem Suchenden noch eine Ahnung einstiger mythischer Wahrheit zu vermitteln. Führer auf dem siebenfachen Pfad der Erleuchtung kann indessen nur das eigene Herz sein. Denn: „Wenn ihr's nicht fühlt, ihr werdet's nicht erjagen, wenn es nicht aus der Seele dringt ..." (Goethe, Faust I).

Unsere deutsche Neigung zu Tiefsinn und das Verlangen, hinter den Vorhang zu blicken, erzeugen jenes feierliche esoterische Interesse, das leider auch die fatale Folge der Selbstüberschätzung hat. Anstatt uns zuviel auf unsere offensichtlich einzigartige Stellung unter den Lebewesen einzubilden, sollten wir uns stets daran erinnern, daß der Mensch nur ein winziges Staubkorn im Kosmos ist. Astrologie stellt uns nicht nur die Aufgabe, das Beste aus unseren persönlichen Anlagen zu machen, sondern auch eine andere Botschaft der Sterne zu verstehen: „Nimm dich nicht so wichtig!"

ANHANG

Astrologisches Lexikon

ACHSE: Das Horoskop hat zwei Hauptachsen, Horizont und Meridian. Da die dreidimensionale Wirklichkeit (Länge, Breite, Höhe) in der Horoskopzeichnung nur zweidimensional wiedergegeben werden kann (nach Länge und Breite), erscheint der Horizont als Linie, die ihrer Bedeutung gemäß zu einer wichtigen Hauptachse wird. Sie erstreckt sich zwischen dem Aszendenten (Abk. ASZ oder AC), dem zur gegebenen Uhrzeit am gegebenen Ort im Osten gerade aufsteigenden Grad des Tierkreises und dem genau gegenüber liegenden Deszendenten oder Untergangspunkt.

Die zweite Hauptachse ist der Meridian, die Mittagslinie. Im Koordinatensystem, das Globus und Landkarten aufweisen, verbinden die Längengrade alle Orte, die zur selben Zeit Mittag haben. Die Eckpunkte des Meridians sind MC und IC. Im MC (lat. medium coeli, die Himmelsmitte) erreicht die Sonne in ihrem Tageslauf um 12 Uhr mittags (nach Ortszeit) ihre höchste Stellung. Gegenüber dem MC liegt das IC (lat. imum coeli, die Himmelstiefe). In dieser Position befindet sich die Sonne um Mitternacht, um 24 bzw. 00 Uhr.

Als Achse bezeichnet man ferner den Schnittpunkt zwischen zwei Planeten. Ist der Mond in 10° Widder, Mars in 20° Widder, so verläuft die Achse dazwischen bei 15° Widder durch den Mittelpunkt der Horoskopzeichnung und dem genau gegenüber liegenden Oppositionspunkt 15° Waage.

Der Astrologe Reinhold Ebertin nannte diese Halbierung einer Distanz zwischen zwei Planeten Halbsumme.

ASPEKTE: Dieser Begriff ist die Übersetzung des lat. Wortes für Anblicke, weil man sich früher die Beziehungen der Gestirne bildlich vorstellte. Ein Aspekt ist die Entfernung zwischen zwei Planetenpositionen, gemessen am Tierkreis. Eigentlich ist ein Aspekt der Winkel zwischen diesen beiden Gestirnen, bezogen auf den Mittelpunkt des Horoskops.

Nach ihrer Qualität unterscheidet man harmonische (positive) und gespannte (negative) Aspekte, nach ihrer Intensität starke und schwache.

☌ **Konjunktion:** Zwei Gestirne stehen eng zusammen oder gar im selben Tierkreisgrad. Die Bewertung des stärksten Aspekts, der Konjunktion, richtet sich nach der Qualität der Aspektpartner. Intensität 100%.

☍ **Opposition:** Zwei Gestirne stehen einander im Abstand von 180° gegenüber. Die Opposition ist ein starker Spannungsaspekt. Intensität etwa 75%.

□ **Quadrat:** Die beiden Aspektpartner sind 90°, also drei Tierkreiszeichen weit voneinander entfernt. Das Quadrat ist ein starker Spannungsaspekt. Intensität etwa 66%.

△ **Trigon:** Die beiden Aspektpartner sind vier Zeichen voneinander entfernt, 120°. Das Trigon wird harmonisch bewertet. Intensität etwa 50%.

✳ **Sextil:** Die beiden Aspektpartner sind zwei Zeichen auseinander oder 60°. Das Sextil ist harmonisch, die Intensität etwa 25%. Schwache und unbedeutende Aspekte sind Halbsextil (30°, harmonisch), Quinkunx (150°, indifferent), Halbquadrat (45°, gespannt) und Anderthalbquadrat (135°, gespannt).

ASZENDENT: Der Punkt des Tierkreises, der zu einer bestimmten Minute im Osten aufsteigt. Jeder der 360 Grade des Tierkreises wird einmal am Tag Aszendent. Der Aszendent ist zugleich die Spitze des 1. Hauses und der eigentliche individuelle Faktor des Horoskops. Er hat Bedeutung für die Beurteilung der körperlichen Verfassung, der Gesundheit, auch der Stellung in der Umwelt.

BOGENGRAD: Ein Bogengrad ist der 360. Teil eines Kreises. Das Zeichen dafür ist °. Ein Bogengrad hat 60 Bogenminuten ('), eine Bogenminute 60 Bogensekunden (").

BREITE: Die Breite eines Gestirns bezeichnet den Winkelabstand zwischen diesem und der Ekliptik (= Sonnenbahn). Es gibt nördliche und südliche Breite, je nachdem, ob das Gestirn gegen den Nordpol oder gegen den Südpol zu von der Ekliptik absteht.

Die geographische Breite und die geographische Länge bilden die Koordinaten, nach denen die Lage eines Punktes auf der Erdoberfläche, z. B. des Geburtsortes, bestimmt wird. Die Breite bezeichnet den Abstand des Ortes vom Äquator und wird in Bogengraden (°), Bogenminuten (') und Bogensekunden (") gemessen. Nördliche Breite von Kiel 54° 19' 34", München 48° 08' 20".

DEKLINATION bezeichnet den Winkelabstand einer Gestirnposition vom Äquator. Die nördliche D. wird mit +, die südliche mit - angegeben.

DIREKT: Ein Planet ist in „direktem" Lauf, wenn er sich in der Abfolge der Tierkreiszeichen voranbewegt (also von Widder über Stier, Zwillinge ... bis Fische). In umgekehrter Richtung sind die Gestirne „rückläufig". In der Ephemeride (= Gestirnstandstabelle) und Horoskopzeichnung wird das durch R angegeben.

DIREKTIONEN sind ein astrologisches Deutungssystem. Es wird die Distanz (nach °, ' und ") zwischen zwei Gestirnen nach einem bestimmten Zeitschlüssel in Jahre, Monate und Tage umgewandelt. Eine Direktion läßt erkennen, wann ein bestimmter im Geburtshoroskop angezeigter Ereignistrend sich realisieren könnte.

ECKHÄUSER sind das 1., 4., 7. und 10. Haus.

EKLIPSE = Finsternis

EKLIPTIK: Es ist die scheinbare Bahn der Sonne, die sie im Laufe eines Jahres vor der Kulisse der zwölf Sternbilder beschreibt. Die Neigung der Ekliptik gegen den Äquator schwankt in langen Zeiträumen und beträgt als Schiefe der Ekliptik gegenwärtig 23° 27'. Die Ekliptik schneidet den Äquator in zwei gegenüberliegenden Punkten. Sie bezeichnen die Äquinoktien, die Punkte der Tagundnachtgleiche, also Frühlings- bzw. Herbstanfang. Zwischen diesen liegen die Solstitien, die Wendepunkte der Sonne, die den Sommer- bzw. Winteranfang bezeichnen.

Die Teilung der Ekliptik in 360° bzw. in 12 gleich große (je 30°) Abschnitte erlaubt es, die Position eines Gestirns nach Länge und Breite zu bestimmen. Breite ist der senkrechte Abstand der Gestirnposition zur Ekliptik, Länge ist die Entfernung vom Nullpunkt (dem Widder- oder Frühlingspunkt).

ELEVIERT ist ein Planet, wenn er näher am MC steht als ein anderer. So ist ein Planet im 11. Haus eleviert gegenüber einem im 12. Haus.

EPHEMERIDE heißt die astronomische Tabelle, welche die täglichen Gestirnstände von Sonne, Mond und Planeten angibt.

FIXSTERNE sind ferne Sonnen. Sie bilden die Sternbilder des Himmels, werden aber in der modernen Astrologie bis auf wenige Ausnahmen nicht mehr beachtet. Fixsterne bilden auch die 12 Sternbilder.

228

FRAGEHOROSKOPE werden als Stundenhoroskope auf jenen Moment errichtet, wenn ein Problem zum erstenmal auftaucht, wenn eine Erfindung gemacht oder eine Entscheidung getroffen wird. Sie sollen Auskunft über den Verlauf einer Sache geben.

FRÜHLINGSPUNKT oder Widderpunkt markiert den Beginn der Ekliptik, der Sonnenbahn. Wenn die Sonne über diesen Punkt wandert, beginnt das astronomische Jahr und damit der Frühling. Infolge der Pendelbewegung der Erdachse, der Präzession, verschiebt sich der Frühlingspunkt pro Jahr um etwa 55 Bogensekunden von Ost nach West. Er befindet sich gegenwärtig am Beginn des Sternbildes Wassermann.

GEBURTSGEBIETER: Als Geburtsherrscher oder Regent der Geburt gilt jener Planet, der das aufsteigende Zeichen, also den Aszendenten, beherrscht. Ist z. B. Widder im Aufgang, ist Mars, der Zeichenherrscher des Widders, der Geburtsregent.

GEBURTSMINUTE: Eine Geburt kann Stunden dauern. Astrologisch bedeutsam ist der erste Atemzug bzw. der auf diesen folgende (und hörbare) „erste Schrei". Mit dem ersten Atemzug füllen sich die Lungen mit Luft und ermöglichen dadurch das Funktionieren des körpereigenen Blutkreislaufs. Die Standesämter müssen die Geburtszeit notieren, doch wird die Zeitangabe oft auf eine Viertelstunde gerundet. Die Geburtszeit wird zwar nicht im Familienstammbuch oder auf einer üblichen Geburtsurkunde aufgeführt, steht aber im großen Registerauszug, der auf Wunsch beim Standesamt erhältlich ist.

GEOZENTRISCH: Selbstverständlich bejaht die Astrologie das heliozentrische Weltbild mit der Sonne als Mittelpunkt. Die Konstellationen werden aber auf die Erde bezogen, denn hier leben wir.

GLÜCKSPUNKT ist ein sog. sensitiver Punkt, der vor allem in der alten Astrologie sehr beachtet wurde. Bei einer Taggeburt bestimmt man die Entfernung von der Sonne zum Mond (in der Abfolge der Tierkreiszeichen). Die so errechnete Gradzahl wird zum Aszendenten hinzugezählt. Bei einer Nachtgeburt (da steht die Sonne unter dem Horizont) wird die Distanz vom Mond zur Sonne ermittelt und dieser Wert dem Aszendenten zugezählt.

HÄUSER des Horoskops: Der Raum zwischen den Hauptachsen Horizont und Meridian wird in zwölf Sektoren geteilt. Man erhält sie durch Teilung des Äquators in zwölf gleich große Abschnitte. Durch die Übertragung auf die Ekliptik, die durch die Schiefe der Erdachse von 23° 27' ebenfalls schief verläuft, entstehen Felder von unterschiedlicher Größe.

HORIZONT siehe Achse

HOROSKOP: Unter diesem Begriff versteht man sowohl das astrologische Meßbild, das eine korrekte Abbildung der astronomischen Situation darstellt, nämlich des Standes von Sonne, Mond und Planeten, bezogen auf eine bestimmte Minute wie auf einen genau nach den geographischen Koordinaten definierten Platz der Erdoberfläche. Üblicherweise wird mit Horoskop auch die Deutung dieses Meßbildes bezeichnet. Horoskop im eigentlichen Sinn darf mithin nur genannt werden, was den genannten Kriterien entspricht, Bezug auf einen bestimmten Zeitpunkt und auf einen bestimmten Ort hat.

Zeitungs-„Horoskope" erfüllen diese Forderung nicht. Es sind unzulässig verallgemeinernde Sonnenstandsprognosen. Sofern sie sich auf einen bestimmten Geburtstag beziehen, also nicht auf ein ganzes Tierkreiszeichen oder dessen Dekade, kann den Aussagen eine gewisse Wahrscheinlichkeit zukommen.[43]

KARDINALE ZEICHEN sind Widder, Krebs, Waage und Steinbock, kardinale Häuser sind 1, 4, 7 und 10. Markante Persönlichkeiten haben betonte kardinale Zeichen und Häuser in ihren Horoskopen.

KARMA bedeutet indisch Tat. In Zusammenhang mit der Lehre von der Wiedergeburt bezeichnet Karma die Abhängigkeit des menschlichen Schicksals nach dem Erdentod von seinem irdischen Wandel. Karma ist demnach die Summe der Taten aus dem letztvergangenen Leben.

KOMETEN bewegen sich in langgestreckten Ellipsen. Sie gehören zu unserem Sonnensystem und wurden in der alten Astrologie als Unheilkünder angesehen.

KONSTELLATION: lat. Zusammenstirnung, gleich Aspekte.

KOSMOBIOLOGIE ist eine moderne Form der Astrologie. Sie versucht ohne die 12 Häuser auszukommen und verwendet neben dem 360°-Meßkreis ein Meßbild mit 90°. Die Halbsummen oder Achsen werden mehr beachtet als in der klassischen Astrologie.

KULMINATION: Wenn ein Planet auf seiner Tageswanderung den Meridian erreicht, also die Konjunktion mit dem MC hat, ist er in der Kulmination, d. h., am höchsten Punkt seiner Tagesbahn.

LÄNGE siehe Breite

LUNAR: von lat. luna = der Mond. Es ist als Monatshoroskop ein Hilfshoroskop und wird auf jenen Zeitpunkt errichtet, wenn der Mond genau die Position erreicht, die er am Geburtstag eingenommen hatte. Das Lunar darf nur zusammen mit dem Geburtshoroskop bewertet werden.

MAGIE heißt heute soviel wie Zauberkunst. Eigentlich aber bedeutet Magie den Inbegriff menschlicher Handlungen, die durch naturwissenschaftlich nicht erfaßbare, übernatürliche Kräfte bestimmte Vorhaben zu realisieren suchen. Magie geht davon aus, daß der Mensch als Mikrokosmos alle Elemente und Strukturen des Makrokosmos, der großen Welt, in sich trägt und diese an sich zu begreifen vermag. Daraus folgt für ihn die Möglichkeit, auf sie durch besondere Verhaltensweisen oder Rituale einzuwirken. So versuchten im Altertum die Menschen durch Sternbeschwörungen sich in Übereinstimmung mit dem kosmischen Spannungsverhältnis zu setzen. Heute kennt Astrologie keinerlei magische Praktiken, vielmehr versucht heute der Horoskopkundige sich mit Hilfe seiner Vernunft auf die durch Konstellationen angezeigten Trends einzustellen und sich damit den kosmischen Rhythmen anzupassen.

MEZ = MITTELEUROPÄISCHE ZEIT: seit 1893 unsere Zonenzeit. Es ist die Ortszeit des 15. Meridians östlich von Greenwich. Der Unterschied zur Weltzeit = Greenwichzeit ist + 1 Stunde.

MONDKNOTEN: Es sind die beiden Schnittpunkte der Bahn des Mondes mit der Ekliptik (= Sonnenbahn). Der aufsteigende Mondknoten (☊) bezeichnet den Schnittpunkt, wenn sich der Mond nordwärts bewegt. Wandert der Mond nach Süden, überschreitet er den absteigenden Knoten (☋). Die beiden Mondknoten liegen im Horoskop einander gegenüber. Eingezeichnet wird in die Horoskopzeichnung nur der aufsteigende Mondknoten, früher Drachenkopf genannt. Er ist das bewährte Symbol für gemeinschaftliche Unternehmungen und wird positiv, verbindend bewertet. Der Drachenschwanz dagegen hat Trennungscharakter.

MORGENSTERN heißt jeder Planet, welcher der Sonne im Tageslauf vorangeht. Befindet sich die Sonne im 1. Haus, Venus dagegen im 12., so ist sie Morgenstern.

MUNDANASTROLOGIE beschäftigt sich mit der Welt (lat. mundus). Politik, Wetter, Wirtschaft sind Themen der Mundanastrologie.

NEUMOND: Bei Neumond steht der Mond im selben Grad des Tierkreises wie die Sonne. Er ist daher nicht zu sehen (Schwarzmond).

ORBIS: Der Orbis gibt an, in welchem Umkreis ein Gestirn als wirksam angesehen wird. Kepler nahm als durchschnittlichen Wert 7° an. Befindet sich die Sonne etwa in 10° Stier, Saturn in 15° Stier, ist somit noch eine Konjunktion gegeben.

ORTSZEIT: Es ist die Zeit, die die Sonnenuhr anzeigt. Aus praktischen Gründen gibt es auf der Erde Zeitzonen, in denen die Zonenzeiten gelten. Bei uns gilt die Mitteleuropäische Zeit, die Ortszeit von Görlitz.

PARALLELE: Man spricht von einem Parallelaspekt, wenn zwei Planeten nördlich und südlich vom Äquator gleich weit abstehen, wenn sie sich im gleichen Grad der Deklination befinden. Es ist lediglich ein Orbis von 1° gestattet.

PARTNERSCHAFTSVERGLEICH: Der Vergleich von zwei Horoskopen etwa bei Liebenden, Eheleuten, Eltern und Kindern, Geschäftspartnern, Lehrer und Schüler, Arzt und Patient. Hier wird untersucht, welche Aspekte die Gestirne des einen zu den Gestirnen des anderen Horoskops bilden, wie sie zu ASZ und MC stehen oder welche Häuser sie besetzen. Daraus kann abgeleitet werden, ob und in welcher Weise ein Zusammenwirken möglich ist, auf welcher Grundlage dies geschieht, wo Schwächen sind.

PLANETEN im astrologischen Sinne sind die Wandelsterne Merkur, Venus, Mars, Jupiter, Saturn, Uranus, Neptun und Pluto, doch gemäß altem Sprachgebrauch auch Sonne und Mond („Lichter" genannt). Die Astrologie sieht in den Planeten nicht die Himmelskörper der Astronomie, sondern sie gelten als Kennmarken bestimmter organischer Kräfte im Menschen. Sie bezeichnen durch ihre Symbolik Bauglieder einer individuellen Struktur.

PRÄZESSION heißt das langsame Weiterrücken des Frühlingspunktes auf der Ekliptik, bedingt durch die rotationsbedingte Verschiebung der Erdachse.

PRIMÄRDIREKTIONEN sind Direktionen auf der Grundlage der primären, d.h., ersten Bewegung der Erde, ihrer Rotation um die eigene Achse. Berechnet wird die scheinbare Bewegung eines Punktes am Himmel zu einem anderen, wie sie sich aus der Rotation ergibt. Der berechnete Bogen wird nach einem bestimmten Schlüssel in Zeit umgewandelt.

PROGRESSIVES HOROSKOP: Das progressive Horoskop beruht auf der sekundären Bewegung der Erde, auf der Wanderung der Erde um die Sonne. Die Konstellationen eines Tages nach der Geburt lassen auf die Auswirkung auf das Geschehen eines Lebensjahres schließen. So entsprechen die Konstellationen des 26. Tages nach der Geburt in Beziehung zum Radix gesetzt den zu erwartenden Trends, das heißt, dem Verlauf des 27. Lebensjahres.

STERNZEIT: Der „Sterntag" entspricht der täglichen Umdrehung der Erde um ihre eigene Achse. Er dauert

23 Std. 56 Min. 4 Sek. Die Rechnung der Sternzeit beginnt stets mit der Kulmination des Frühlingspunktes.

SYMBOL: Planeten, Tierkreiszeichen, Aspekte etc. haben einen symbolischen Charakter. Die tiefere Bedeutung läßt sich nicht ohne weiteres in sachliche Begriffe umsetzen. Daher bleibt die Deutung unausschöpfbar.

TEMPERAMENTE: Im Altertum kannte man vier Temperamente. Sie bezeichneten typische Eigenarten des individuellen Ablaufs seelischer Vorgänge, insbesondere des Tempos, der Auslösbarkeit, des Erregungsgrades und der Störanfälligkeit des Verhaltens.

Der Sanguiniker ist vorwiegend heiter, leicht ansprechbar und erregbar, aktivierbar, doch ohne tiefere Anteilnahme.

Der Choleriker reagiert stark, leidenschaftlich, jähzornig.

Der Phlegmatiker reagiert langsam und schwerfällig, ist gleichgültig und in seinen Gefühlen gering erregbar.

Der Melancholiker hat eine schwermütige Grundstimmung, ist schwer ansprechbar, reagiert stark und ausdauernd.

TIERKREIS: Der Zodiak ist ein breiter Gürtel am Himmelsgewölbe. Durch ihn zieht sich die Ekliptik, das ist die Bahn der Sonne. Wie jeder Kreis ist der Tierkreis in 360° eingeteilt. Jeweils 30° bilden ein Tierkreiszeichen. Die 12 Zeichen tragen den Namen von Sternbildern, die zur Zeit der Namensgebung in dem jeweiligen Raum standen. Es liegt an der Präzession, daß sich der Frühlingspunkt etwa alle 2200 Jahre um ein Zeichen zurückverschiebt. Für die westliche Astrologie sind allein die Tierkreiszeichen, nicht die Sternbilder maßgebend, weil durch sie der Sonnenlauf im Zusammenhang mit dem Naturgeschehen steht.

Der Tierkreis wird vom Himmelsäquator in eine nördliche und in eine südliche Hälfte geteilt. Mit Beginn des Frühlings, wenn die Sonne in das Zeichen Widder eintritt, beginnt das astronomische und damit auch das astrologische Jahr. Bei Herbstbeginn überschreitet die Sonne den Waagepunkt.

TIERKREISZEICHEN: Die 12 Tierkreiszeichen tragen deutsche bzw. lat. Bezeichnungen: Widder – Aries (♈); Stier – Taurus (♉); Zwillinge – Gemini (♊); Krebs – Cancer (♋); Löwe – Leo (♌); Jungfrau – Virgo (♍); Waage – Libra (♎); Skorpion – Scorpio (♏); Schütze – Sagittarius (♐); Steinbock – Capricornus (♑); Wassermann – Aquarius (♒); Fische – Pisces (♓).

TRANSIT: Der Übergang von Sonne, Mond und Planeten über bestimmte Punkte des Horoskops, etwa über einen Planetenort oder den ASZ bzw. über deren Aspektstellen. Transite sind die gebräuchlichste Methode der Prognose.

ZENIT: Es ist der höchste Punkt im Firmament, der senkrecht über dem Beobachter befindliche Scheitelpunkt. Er liegt dem Nadir gegenüber, dem Fußpunkt.

Tabelle der Sommerzeiten in Deutschland
1916–1995

Einfache Sommerzeit
30.04.1916 23 Uhr bis
01.10.1916 01 Uhr

16.04.1917 02 Uhr bis
17.09.1917 03 Uhr

15.04.1918 02 Uhr bis
16.09.1918 03 Uhr

01.04.1940 02 Uhr bis
02.11.1942 03 Uhr

(durchgehend von 1941 bis 1942)

29.03.1943 02 Uhr bis
04.10.1943 03 Uhr

03.04.1944 02 Uhr bis
02.10.1944 03 Uhr

02.04.1945 02 Uhr bis
16.09.1945 03 Uhr

Berlin und Ostdeutschland:
Doppelte Sommerzeit
24.05.1945 02 Uhr bis
24.09.1945 03 Uhr

Einfache Sommerzeit
24.09.1945 03 Uhr bis
18.11.1945 02 Uhr

Ost- und Westdeutschland:
Einfache Sommerzeit
14.04.1946 02 Uhr bis
07.10.1946 03 Uhr

06.04.1947 03 Uhr bis
11.05.1947 03 Uhr

Doppelte Sommerzeit
11.05.1947 03 Uhr bis
29.06.1947 03 Uhr

Einfache Sommerzeit
29.06.1947 03 Uhr bis
05.10.1947 03 Uhr

18.04.1948 02 Uhr*bis
03.10.1948 03 Uhr

10.04.1949 02 Uhr*bis
02.10.1949 03 Uhr

(*Ostdeutschland um 03 Uhr)

06.04.1980 02 Uhr bis
28.09.1980 03 Uhr

29.03.1981 02 Uhr bis
27.09.1981 03 Uhr

28.03.1982 02 Uhr bis
26.09.1982 03 Uhr

27.03.1983 02 Uhr bis
25.09.1983 03 Uhr

25.03.1984 02 Uhr bis
30.09.1984 03 Uhr

31.03.1985 02 Uhr bis
29.09.1985 03 Uhr

30.03.1986 02 Uhr bis
28.09.1986 03 Uhr

29.03.1987 02 Uhr bis
27.09.1987 03 Uhr

27.03.1988 02 Uhr bis
25.09.1988 03 Uhr

26.03.1989 02 Uhr bis
01.10.1989 03 Uhr

25.03.1990 02 Uhr bis
30.09.1990 03 Uhr

31.03.1991 02 Uhr bis
29.09.1991 03 Uhr

29.03.1992 02 Uhr bis
27.09.1992 03 Uhr

28.03.1993 02 Uhr bis
26.09.1993 03 Uhr

27.03.1994 02 Uhr bis
25.09.1994 03 Uhr

26.03.1995 02 Uhr bis
24.09.1995 03 Uhr

Zeichnung des Geburtshoroskops von Helmut Kohl

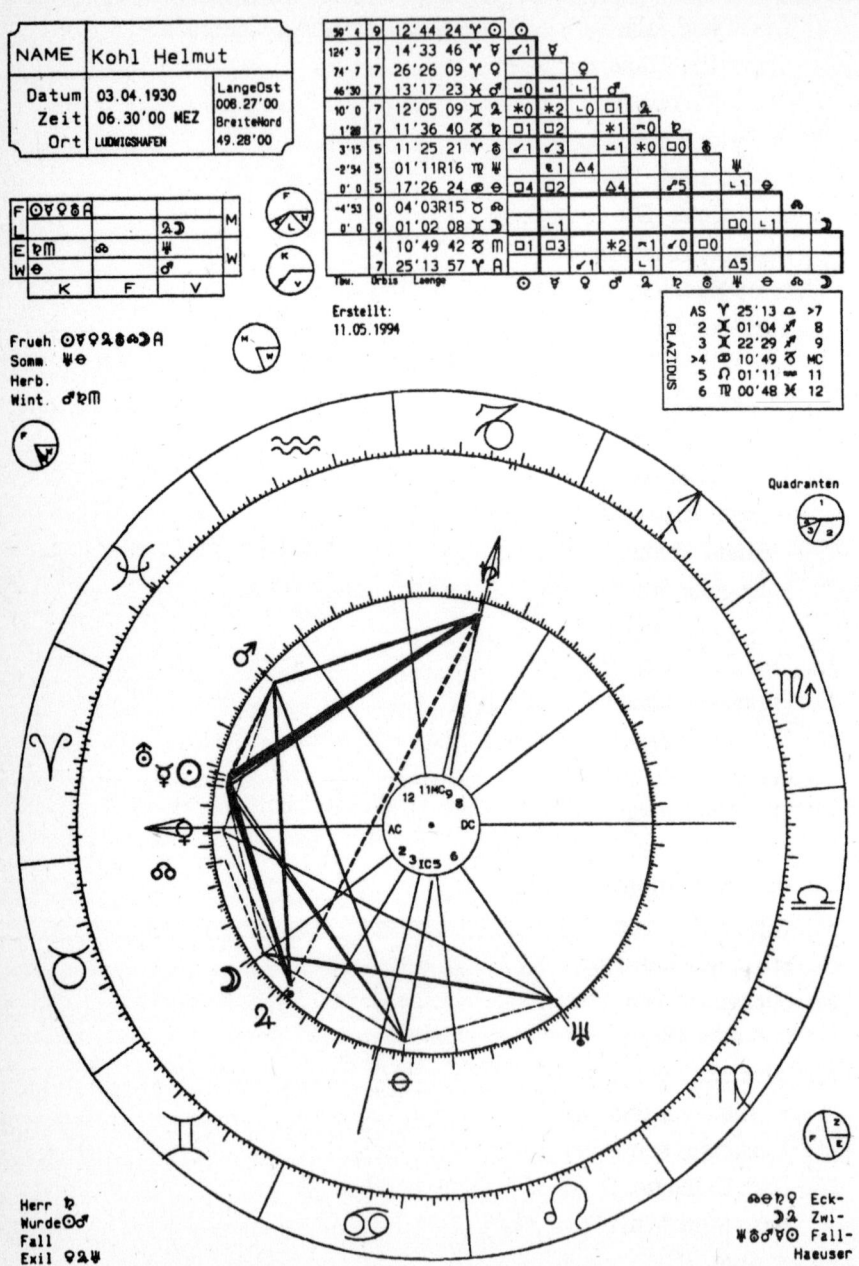

Anmerkungen

1. Derek und Julia Parker, Astrologie – Ursprung-Geschichte-Symbolik, München 1988
2. Derek Parker, Astrologie ohne Geheimnis, Düsseldorf 1973
3. Wilhelm Knappich, Geschichte der Astrologie, Frankfurt/M. 1967
4. Hans Oster, Die zwei Sonnen des Lebens; Konzeptionshoroskope, Essen 1989
5. Dane Rudhyar, Astrologie der Persönlichkeit, München 1979
6. Lin Yutang, Weisheit des lächelnden Lebens, Frankfurt 1955
7. DER SPIEGEL Nr. 53/92
8. Alle genannten Artikel bei Verlagsgemeinschaft Friedrich Zluhan, Bietigheim-Bissingen
9. Gerhard Vehns, Karlsruhe
10. Alexander von Prónay, Helfen Horoskope hoffen? Bietigheim 1973
11. Otto Rumburg, Horoskope und Politik, Bietigheim 1973
12. Alfred Fankhauser, Horoskopie, Zürich 1985
13. Thomas Ring, Astrologische Menschenkunde, 2 Bände, Zürich 1956, 1959, 3. u. 4. Band Freiburg 1969 u. 1973
14. Wilhelm Knappich, Der Mensch im Horoskop, Villach 1951
15. Alexander von Prónay, Die Prognose nach dem Geburtshoroskop, Bietigheim 1984
16. Alexander von Prónay, Das große Transitbuch zur astrologischen Prognose, Bietigheim 1983
17. Alexander von Prónay, Die Deutung des Solarhoroskops und aller Grade des Zodiaks, Bietigheim 1985
18. Alexander von Prónay, Astrologische Direktionen – verständlich und praktisch, Bietigheim 1983
19. Alexander von Prónay, s. Anm. 15–18
20. Dale Carnegie, Sorge dich nicht, lebe! Bern/München/Wien 1984
21. s. Anm. 16

22. Liz Greene, Schicksal und Astrologie, München 1985
23. Erhard F. Freitag mit Carna Zacharias, Erkenne Deine geistige Kraft, München 1987
24. Alexander von Prónay, Glücklich durch richtige Partnerwahl, Bietigheim 1984
25. Welt am Sonntag, Nr. 5 vom 31.1.1993, S. 11
26. Thomas Ring, Astrologische Menschenkunde, Bd. 4, Freiburg 1973
27. Arthur Schult, Astrosophie 2. Bd., Bietigheim 1971
28. Erich Fromm, Die Kunst des Liebens, Frankfurt 1980
29. Liz Greene, Kosmos und Seele, Frankfurt/M. 1978
30. Thorwald Dethlefsen, Schicksal als Chance, München 1979
31. Hermann Hesse, Das Lied des Lebens, Frankfurt am Main, 6. Aufl. 1986
32. Alexander von Prónay, Mithras und die geheimen Kulte der Römer, Freiburg 1989
33. Friedrich-Wilhelm Haack, Astrologie, München o. J.
34. Alexander von Prónay, Sonnenhoroskop, Rastatt 1987
35. Theo Fischer, Wu wei, Reinbek bei Hamburg 1992
36. Stephen Arroyo, Astrologie, Psychologie und die vier Elemente, München 1982
37. F.L. Thilo, Beruf und Erfolg in den Sternen, Warpke-Billerbeck/Hann. o. J.
    o.V., Welche Gestirn-Konstellationen haben Erfolgreiche? Warpke-Billerbeck/Hann. o.J.
38. Balthasar Gracian, Handorakel, Stuttgart 1980
39. Linda Goodman, Astrologie sonnenklar, Bern/München/Wien 1969
40. Arthur Schopenhauer, Aphorismen zur Lebensweisheit, Stuttgart 1949
41. Prentice Mulford, Unfug des Lebens und des Sterbens, Frankfurt/M. 1975
42. s. Anm. 9
43. Vgl. Das Sonnenhoroskop

Register

Bücher des Autors

Helfen Horoskope hoffen? – Testen Sie selbst Astrologie! 1973, Neuauflage o.J.

Otto Rumburg, **Horoskope und Politik** – So stellen Sie selbst Prognosen zum Zeitgeschehen, 1973

Sterne in uns – Überlegungen zur Astrologie, 1975

Die große Partnerschaftsanalyse, 2. Aufl. 1990

Das große Transitbuch zur astrologischen Prognose, 3. Aufl. 1990/91

Astrologische Direktionen – verständlich und **praktisch**, 1983

Die Prognose nach dem Geburtshoroskop, 1984

Glücklich durch richtige Partnerwahl – Die zwölf **antiken Tierkreiszeichen neu gesehen**, 1984

Die Deutung des Solarhoroskops und aller Grade des Zodiaks, 1988

Die Sterne haben doch recht, 1982

Das ASTROBUCH von Menschen – Wetter – Wein, 1986 (vergr.)

Das Sonnenhoroskop, 1987

Handdeutung und Horoskop, 3. Aufl. 1993

Mithras und die geheimen Kulte der Römer, 1989

Karten legen – astrologisch deuten, 1993

Der Autor ist seit 1973 Herausgeber und Redakteur des **Lorcher Astrologischen Kalenders**, ab 1994 **„Prónay, Mein astrologisches Jahrbuch"**

Zuschriften mit Rückporto an die Adresse des Autors:
Alexander von Prónay; Heimstättenweg 38;
D-44577 Castrop-Rauxel